INTRODUCTION
AU THÉÂTRE

PAUL DEMONT et ANNE LEBEAU

Introduction au Théâtre Grec Antique

LE LIVRE DE POCHE

Série « Antiquité » dirigée par Paul Demont.

ISBN : 978-2-253-90525-7 – 1re publication – LGF

INTRODUCTION

Le théâtre occidental s'est constitué à partir du théâtre grec antique, au cours d'une longue histoire. La tradition en est toujours vivante, comme l'attestent suffisamment les innombrables reprises ou adaptations de pièces grecques antiques sur les différentes scènes du monde. Il n'est pas facile d'avoir un regard objectif sur ce phénomène culturel extraordinaire, et cela n'est même pas toujours souhaitable : il fait partie de nous. Cependant, il est utile aussi de tenter d'appréhender le théâtre grec dans son contexte historique propre. Oublions nos salles de spectacles, leurs fauteuils d'orchestre, leurs rideaux et retournons à l'air libre, sur les gradins du théâtre de Dionysos à Athènes.

Le plan de cette étude va presque de soi. Il faut tenter de cerner, malgré les lacunes de notre documentation, la naissance du théâtre grec antique, au VIᵉ siècle avant notre ère. Le second chapitre décrit la nature des spectacles au siècle d'or de la production théâtrale, le Vᵉ siècle athénien. Les deux principaux genres, la tragédie et la comédie font l'objet des deux chapitres suivants. Les grandes étapes de la tradition qui nous relie au théâtre grec antique sont enfin résumées dans le dernier chapitre.

Il s'agit ici du théâtre, et non pas seulement, comme à l'accoutumée, de la tragédie. Ce choix tient à l'interaction, de mieux en mieux connue, entre les genres poétiques si variés qu'on pratiquait au théâtre dans la Grèce antique, et tout particulièrement entre les deux plus célèbres, la tragédie et la comédie. La tragédie influence doublement la comédie, en fournissant d'abord une ample matière à la parodie, dans la comédie « ancienne », puis en favorisant son évolution vers des formes nouvelles ; inversement, la comédie nous fait comprendre bien des aspects du spectacle tragique que les textes conservés ne permettent pas de reconstituer sans elle.

Nous ne proposons qu'une introduction : nous souhaitons seulement inciter le lecteur à découvrir par lui-même le petit nombre des tragédies et des comédies de la Grèce antique que les siècles ont sélectionnées pour lui.

CHAPITRE I

LA NAISSANCE
DU THÉÂTRE GREC ANTIQUE

Quatre types de spectacle sont attestés dès les origines du monde grec : les représentations chorales publiques, la déclamation des épopées, les thrènes en l'honneur des morts, les danses avec masques et costumes.

Les spectacles de Minos à Homère

Les Grecs ont connu une première sorte d'écriture, syllabique, dès le deuxième millénaire avant notre ère, aux époques minoenne et mycénienne, mais les documents que nous savons déchiffrer sont uniquement administratifs. L'écriture alphabétique n'apparaît qu'au IXᵉ ou au VIIIᵉ siècle, et les textes sont rarissimes jusqu'au Vᵉ siècle. Ce sont donc les monuments et les vestiges archéologiques qu'il faut d'abord interroger pour rechercher les origines du théâtre.

La Grèce, dès les temps les plus anciens que nous puissions connaître, a construit des lieux de spectacle fixes et a connu des activités de type dramatique. En ce qui concerne les lieux, on parle dans ce cas, par prudence, de *theatron*, transcription du mot grec qui signifie « lieu d'où l'on peut voir » plutôt que de « théâtre », car on ne sait pas, le plus souvent, à quels spectacles (cérémonies religieuses, civiques, fêtes, assemblées politiques) ces lieux servaient. À l'époque minoenne, dès la première moitié du second millénaire avant notre ère, certains palais comportent des cours entourées de gradins droits sur plusieurs côtés, comme ceux de Phaestos et de Cnossos, en Crète. À Cnossos, l'aire est une cour rectangulaire dallée de 13 m sur 10 m, avec à l'est, 18 gradins et au sud 4 ou 6 gradins. Les gradins de Phaestos sont larges

d'environ 70 cm et hauts d'environ 23 cm : les spectateurs
ne pouvaient guère s'y tenir assis qu'« en tailleur », comme
cela a été confirmé par une fresque miniature retrouvée
sur place. Celle-ci montre qu'hommes et femmes, en
groupes séparés, y assistaient à des représentations ou à
des rites qu'accomplissait un chœur de femmes en train
de danser. Ces bâtiments et ces fresques impliquent
l'existence d'activités dites parfois, faute de certitude,
« préthéâtrales », c'est-à-dire supposant des spectateurs, et
« prédramatiques », c'est-à-dire supposant une action. Elles
ont lieu tout près du centre des décisions politiques, le
palais royal.

Peut-être lit-on chez Homère, quelque sept ou huit
siècles plus tard, une description de spectacles analogues.
Achille, après la mort de Patrocle, n'a plus d'armes. Le
dieu Héphaïstos accepte de lui en fabriquer de nouvelles.
Le bouclier qu'il forge est particulièrement extraordinaire.
Voici l'une des scènes de la vie de tous les jours que
l'art du dieu sait y faire figurer : « L'illustre Boiteux y
cisela une place de danse comme celle qu'autrefois, dans
la vaste Cnossos, Dédale avait construite pour Ariane aux
belles tresses. Jeunes gens et jeunes filles richement dotées
y dansaient en se tenant la main au-dessus du poignet,
les filles, vêtues de voiles fins, les garçons, avec des
tuniques bien tissées, aux reflets éclatants. Et les filles
portaient de jolies couronnes, les garçons des poignards
en or avec des baudriers d'argent. Tantôt ils prenaient
leur course, avec des pas très savants, aussi vite qu'un
tour bien ajusté, quand le potier, assis, l'essaie entre ses
mains, pour voir s'il part bien ; tantôt ils s'élançaient en
lignes opposées les uns vers les autres. Une foule nom-
breuse faisait cercle autour du chœur charmant, en grande
joie. Alors, l'aède divin chantait pour eux en s'accompagnant de sa lyre. Deux acrobates préludaient au chant
et évoluaient au milieu d'eux. » (*Iliade*, 18, 590 et suiv.)
Dans cette fête, deux chœurs, l'un masculin, l'autre féminin,
avec chacun leurs vêtements et leurs accessoires propres,
dirigés chacun par un chef, donnent ensemble une représentation, en un lieu aménagé spécialement pour la danse,

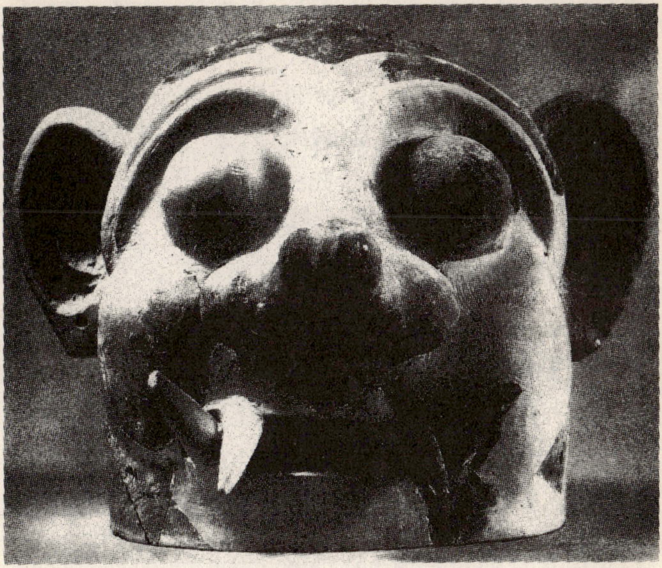

Masque de Gorgô (terre cuite du sanctuaire d'Héra à Tirynthe,
c. 700 av. J.-C., Musée de Nauplie).

Représentation de Gorgô (vase attique à figures noires,
dessin de François Lissarrague).

le *choros*. Le poète n'indique pas si ce spectacle s'insère dans une fête religieuse. Il semble s'agir d'un simple divertissement, mais un contexte rituel n'est pas exclu. Il n'indique pas non plus si des gradins entourent la place de danse. En tout cas, ceux qui s'offrent ainsi en spectacle ne sont pas des bouffons au service des grands personnages, ils font partie de l'élite sociale.

Il est probable qu'Homère procure ici un témoignage sur son temps, sur les VIIIᵉ et VIIᵉ siècles. Une certaine continuité entre l'époque minoenne et le début de l'archaïsme en Grèce, par-delà cette période mal connue qu'on appelle « les siècles obscurs », n'est pas sur ce point sans vraisemblance. À cette époque, le *choros* désigne vraisemblablement aussi par métonymie une partie de la place publique (*agora*) ; il est peu probable qu'il ait comporté des installations fixes pour les spectateurs. Des scènes comparables figurent sur des vases trouvés en Attique, dans la région de Sparte ou en Argolide. Un vase « géométrique » attique qui se trouve au Musée du Louvre représente ainsi une danse circulaire où interviennent deux demi-chœurs, l'un masculin, l'autre féminin. D'autres circonstances sont l'occasion de danses et de chants, avec des chœurs d'hommes ou de femmes : les mariages, les festins, Homère en offre aussi quelques exemples dans l'*Iliade* (18, 491 et suiv.) et dans sa description de la vie en Phéacie (*Odyssée*, 8, 236 et suiv.).

Les chœurs donnaient-ils lieu à des concours ? L'historien Thucydide, à la fin du Vᵉ siècle, rapporte à « l'ancien temps » d'Homère l'existence, dans l'île de Délos, d'une fête quadriennale au cours de laquelle se déroulaient des « jeux gymniques et musicaux » avec la participation de « chœurs » envoyés par les cités (III, 104). Le chœur de femmes de Délos était particulièrement célèbre, parce que, selon l'*Hymne à Apollon*, il était capable d'« imiter (*mimeisthai*, probablement le premier emploi du mot) les langues de tous les hommes et leurs parlers confus » (v. 163, trad. J. Humbert). La fondation des Jeux Olympiques est réputée avoir eu lieu en 776 avant notre ère.

La chronologie proposée par Thucydide n'est pas impossible pour ces jeux de Délos. Dans ce cas, on voit apparaître, au début de l'époque archaïque, plusieurs traits nouveaux : l'organisation civique des chœurs – nous constatons encore que les activités théâtrales faisaient partie de la vie des citoyens et de leurs épouses ou enfants, qu'elles n'étaient nullement réservées à une catégorie sociale particulière, encore moins à une classe méprisée de la population –, l'insertion des spectacles dans un concours panhellénique, la diversité des dialectes utilisés par les artistes.

Un second type de spectacle est bien attesté, cette fois dans les textes : la récitation des poèmes épiques. Les épopées commencèrent à être fixées par l'écriture peut-être dès le VIIIe siècle. Mais elles ne faisaient pas l'objet de lectures individuelles et silencieuses. Des spécialistes, les aèdes ou «chanteurs» qui créaient leur œuvre sur un canevas transmis par la tradition, donnaient en représentation publique, dans le cadre du banquet, une récitation psalmodiée, avec accompagnement musical, de longs récits en vers (hexamètres dactyliques). L'aède ne se présentait pas comme l'auteur, mais seulement comme l'interprète de son poème. Une ou plusieurs déesses, la Muse ou les Muses, fille(s) de Zeus et de Mémoire, garantissaient seules la véracité de ses paroles. Les épopées font remonter leurs récits jusqu'au temps des héros, aux époques minoenne et mycénienne : elles montrent Ulysse chantant lui-même ses exploits à la cour du roi Alcinoos, tout comme les aèdes de Schérie ou d'Ithaque. Les aèdes mis en scène dans les épopées sont au même rang et jouissent du même prestige que les rois.

Plus tard, les «rhapsodes» récitèrent devant la foule les poèmes les plus célèbres, jusque dans la Grèce classique et hellénistique. Leurs prestations, comme celles des chœurs, entrèrent dans les concours des fêtes civiques : vers 600 avant notre ère, à Sicyone, près de Corinthe, le tyran Clisthène, selon l'historien Hérodote, «entré en guerre contre les Argiens, mit fin aux récitations d'épopées homériques qui faisaient l'objet de concours à Sicyone, pour le motif qu'Argos et les Argiens y étaient sans cesse mentionnés » (V, 67). Le jeu dramatique intervenait, car les épopées, comme le notent Platon et Aristote, comportent de très nombreux passages au style direct. À l'époque classique, mais l'observation vaut pour des temps plus anciens, l'un de ces rhapsodes décrit son jeu à Socrate avec une mentalité d'acteur : « De la scène où je suis, je regarde mon public : il faut que leurs pleurs, leurs regards étonnés, leur terreur même répondent à mes paroles. » (Platon, *Ion*, trad. V. Bérard). On comprend qu'Aristote, au IVe siècle encore, compare longuement les mérites « poétiques » de l'épopée et du théâtre (surtout de la tragédie) dans sa *Poétique*. Le théâtre, en un sens, commence aussi avec Homère.

L'archéologie funéraire nous oriente dans une troisième direction. Nombreuses sont les sociétés où la mort donne lieu à des activités qui évoquent le théâtre. C'est le cas dans la Grèce antique. Plusieurs sarcophages minoens et surtout mycéniens (tels ceux qui ont été découverts dans les années 1960 près de Tanagra) associent des scènes de deuil à des manifestations « prédramatiques », avec instruments de musique, chœurs et même doubles chœurs de femmes, ou d'hommes et de femmes, dirigés par ce qu'on appellera plus tard des coryphées. Sur les représentations figurées, des pleureuses professionnelles sont clairement distinguées des chœurs. Le thrène auprès du cadavre exposé présente un caractère rituel évident. Ici encore, l'épopée homérique offre un complément précieux. Le poète décrit les funérailles d'Hector, à la fin de l'*Iliade* : « À ses côtés, ils placèrent des chanteurs pour préluder au thrène : ils le chantaient eux-mêmes en accents plaintifs, tandis que les femmes leur répondaient par des sanglots. » Ainsi, c'est un double chœur d'hommes et de femmes spécialisés dans cette tâche qui intervient, avant les lamentations individuelles des parentes du héros mort (24, 719 et suiv.). C'est à la fois un spectacle et un rite. Un des premiers emplois attestés du mot *theatron* se rencontre à propos de jeux funéraires. L'historien Hérodote évoque les spectacles de l'un des grands festivals de

Sparte, les Gymnopédies (ou Fêtes des enfants nus), célébré
en souvenir des guerriers morts au combat. La cité,
conduite par ses principaux magistrats, assiste à des danses
et à des chants en l'honneur du dieu Apollon, qu'exécutent
des chœurs de jeunes gens et de citoyens adultes, nus.
Le spectacle a lieu, dit Hérodote (VI, 67), au *theatron*,
c'est-à-dire probablement une partie de la place publique
aménagée en « lieu de spectacle », car Pausanias situe la
cérémonie sur un endroit de l'*agora* appelé *choros* (III,
11, 7). Ces cérémonies, plus encore que les représentations
chorales et des récitations épiques, ont un caractère
évidemment rituel. Des concours leur sont souvent associés.
Comme le dit la tradition, non sans quelque exagération,
« tous les concours d'autrefois étaient organisés pour rendre
hommage aux morts ».

Un dernier groupe de manifestations à caractère spectaculaire est bien différent : les rites au cours desquels,
de Milet à Corinthe et à Sparte, on se déguisait pour
danser. Les témoignages les plus nombreux viennent de
Sparte et s'étendent du VIIIe au Ve siècle. On a retrouvé
dans un sanctuaire de la déesse Artémis Orthia de très
nombreuses figurines représentant ce qu'on appelle des
« danseurs rembourrés », parce qu'ils ont des fesses et un
ventre largement bombés. L'emplacement de la trouvaille
ne laisse aucun doute sur le caractère religieux des
travestissements et des danses magiques. Des centaines
de vases corinthiens des environs de 600 avant notre ère
les représentent aussi associés dans des chœurs, seuls ou
aux côtés de chœurs de femmes. Ils adoptent dans leurs
danses des positions caractéristiques, – accroupis ou debout,
les genoux haut levés ou les talons aux fesses – bien
différentes des postures très maîtrisées des chœurs que
nous avons décrits pour commencer. Outre leur ventre et
leurs fesses postiches, ils sont parfois pourvus d'un phallus
bien dressé, auquel cas on les qualifie d'ithyphalliques.
Certains danseurs portaient des masques. On a retrouvé
des matrices en terre cuite pour la fabrication de masques
de « Gorgô », faces monstrueuses mi-humaines, mi-
animales, toujours représentées de façon frontale, ainsi

que des masques de vieilles femmes et d'hommes, en particulier dans le même sanctuaire spartiate d'Artémis Orthia. Il faut imaginer des groupes de citoyens masqués et déguisés comme les *deikelistai* que mentionne le grammairien hellénistique Sosibios, dansant d'une façon très agitée. D'autres, à Élis, dansaient le *kordax*, un nom qui désigne aussi certaines danses des chœurs des comédies ultérieures (Pausanias, VI, 22, 1).

Théâtre et religion à l'époque archaïque

La question du rapport entre le théâtre et la religion se pose avec une particulière acuité pour la Grèce antique. Nous venons d'évoquer successivement des « spectacles » qui paraissent éloignés de la religion, puis d'autres, où interviennent déguisements et masques, qui sont manifestement religieux. Le théâtre paraît en Grèce s'être constitué dans sa spécificité en se détachant du contexte religieux de sa naissance même. Nous aurons l'occasion d'y revenir de plusieurs points de vue. Réfléchissons-y un instant d'une façon très générale, à l'occasion de notre première rencontre avec les masques grecs.

Religion et théâtre ont au moins trois traits en commun. Les rites supposent le plus souvent, comme les représentations théâtrales, une mise en scène, des déguisements, des rôles et une répartition des tâches entre officiants et spectateurs. En second lieu, ils se déroulent dans un temps qui leur est propre, en dehors du temps réel, et ils peuvent être reproduits à l'identique. Enfin, ils sont en décalage par rapport à ce qu'ils « jouent », si bien qu'ils peuvent être accomplis avec une satisfaction profonde tout en représentant des actes violents, voire affreux, ou bien ridicules, voire obscènes. Le lien entre théâtre et rituel est donc congénital.

L'utilisation de déguisements et de masques le montre bien. Si nous nous promenons dans les galeries des musées ethnologiques, nous ressentons sans aucun doute ce que Claude Lévi-Strauss éprouvait, dès 1943, devant les masques swaihwés utilisés lors des potlachs, des mariages et des funérailles, ou bien au cours des cérémonies d'initiation : « Bousculant la placidité de la vie quotidienne, [leur] message primitif reste si violent que l'isolement prophylactique des vitrines ne parvient pas, aujourd'hui encore, à prévenir sa communication. » (*La Voix des masques*, Genève, 1975). C'est l'impression que produisent aussi sur nous les représentations grecques de Gorgô.

Ce message « primitif » des masques, un Indien Hopi du Clan du Soleil, né en 1890 à l'est du grand cañon du Colorado, Don C. Talayesva, a raconté en 1938-1941 (*Soleil Hopi*, Paris, 1982) comment il l'a ressenti, lui, au cours des cérémonies de son initiation, quand « deux Katcina Ho et une Hahai-i », qu'il prit pour des divinités, firent irruption devant lui avec leurs immenses masques noirs. Mais il explique aussi, et ce point est essentiel, que plus tard, il comprit le caractère de fiction de ces cérémonies : « Mon père et mes oncles me montrèrent les masques ancestraux, en m'expliquant qu'autrefois les vrais Katcina étaient venus régulièrement danser sur la plaza ; ils m'expliquèrent que, puisque les gens étaient devenus si méchants, [...] les Katcina avaient cessé de venir en personne, mais envoyaient leurs esprits habiter les masques les jours de danse. Ils me firent voir comment on nourrissait les masques en mettant la nourriture dans leur bouche et m'enseignèrent à les respecter et à leur adresser des prières. » Dès lors, la possession rituelle et le jeu théâtral furent pour lui inséparables. Il devint à son tour Katcina selon un calendrier bien précis : il était convoqué sur la place par le « héraut » pour répéter les chants et les danses en vue des « représentations » ; habile à effrayer et à faire rire, il était aussi soucieux d'accomplir dans la pureté et selon les règles ses « devoirs rituels » : « Les Anciens me firent des éloges sur mon travail, disant que lorsqu'on n'accomplissait pas cette cérémonie dans les règles, il venait des famines : ils disaient aussi que ceux qui tenaient leur rôle avec indifférence risquaient de mourir peu après ou de perdre un parent. » Ce qui relève du rite n'est pas distinct ici de ce qui relève du jeu théâtral conscient. Le chef Hopi que nous citons ne voit aucune opposition entre les deux et, pour lui, l'un n'est pas plus primitif que l'autre : la qualité technique du jeu est même un des aspects du respect du rite.

Nous n'avons malheureusement aucun témoignage sur ce qu'éprouvaient les citoyens grecs du VIᵉ siècle en voyant, puis en revêtant costumes et, parfois, masques pour certaines cérémonies rituelles, comme celles des « danseurs rembourrés ». En tout cas, le mot grec *prosopon* signifie « visage » et « figure » dès Homère, mais aussi « masque » et « rôle » à partir de l'époque classique. En latin, comme on sait, *persona* signifie « masque », « rôle » puis « personnalité », « individualité », « personne ». Le visage est, pour les yeux d'autrui, un masque quotidien. Le masque permet de changer de rôle, de franchir les limites de l'humanité jusqu'à être possédé par le divin.

L'archéologie révèle l'existence, dans les sanctuaires de la Grèce et du Proche-Orient ancien, de rituels présentant des aspects théâtraux. Quand on construit des gradins derrière un temple et devant des autels, comme cela est attesté en Syrie, les participants aux cérémonies sont en même temps des spectateurs d'un « théâtre sacré ». On trouve de tels gradins en Attique, à Oropos, devant l'autel d'Amphiaraos. Sur l'Acropole d'Athènes, à côté de l'Érechtheion, une cour pavée était entourée de gradins orthogonaux, jusqu'à douze du côté est, probablement pour permettre à des spectateurs d'assister à certaines cérémonies. Il en va de même à Éleusis, où se déroulaient d'importants Mystères, et dans diverses fêtes. Hérodote compare l'une d'entre elles à celles que les Égyptiens célébraient à Saïs : « Ils donnent, de nuit, la représentation des souffrances du Dieu [Hérodote se refuse à écrire son nom, Osiris], qu'ils appellent Mystères ; je sais fort bien de quoi il s'agit, mais gardons là-dessus un silence religieux, tout comme au sujet des initiations à Déméter que les Grecs appellent Thesmophories » (II, 171). Une formule résume les actes sacrés qui s'accomplissaient aux Mystères d'Éleusis : « choses faites, choses vues, choses dites ». De tels rituels sont de nature préthéâtrale.

La nature exacte du jeu, rite ou simple spectacle, ne se laisse pas toujours deviner, et la distinction n'est

Masque de Dionysos (détail d'une amphore à figures rouges,
fin du VIᵉ siècle av. J.-C., Musée de Berlin).

peut-être pas toujours pertinente. Un vase attique des années 550-540 représente un joueur de hautbois double (*aulos*) accompagnant la danse de trois hommes affublés de masques de cheval, avec crinières, ainsi que de queues de cheval : ils sont penchés en avant et ont leurs deux mains sur les genoux. Ces trois hommes portent trois autres hommes casqués, faisant eux aussi les mêmes mouvements, comme dans un chœur de «cavaliers» : ils ont la main droite sur la crinière et le bras gauche plié avec la main tournée vers le haut. L'autre côté du vase représente les aimables compagnons du dieu Dionysos, les Satyres et les Ménades.

Ce dieu joue un rôle particulier. Dionysos, fils d'une mortelle, Sémélé, et de Zeus, le souverain des dieux, considéré naguère comme un nouveau venu perturbateur dans le panthéon grec, parce qu'il est représenté dans certains cultes et dans les *Bacchantes* d'Euripide comme celui qui vient se faire honorer en Grèce après de longues errances lointaines, est en fait un dieu ancien, présent dès l'époque mycénienne, mais il incarne l'irruption de l'étrangeté, de l'altérité au sein même de la vie civique, la part sauvage qu'il faut s'approprier pour vivre heureux. Son culte, centré sur le vin et cette forme de transe qu'est l'ivresse, présente plusieurs aspects préthéâtraux et prédramatiques, et il devint le dieu du théâtre à Athènes. Comme d'autres dieux, il était honoré par des chœurs chantants et dansants, d'hommes ou de femmes. Le cortège (ou thiase) qui célébrait le dieu s'assimilait à ses compagnons mythiques, les Satyres, ces êtres nus à oreilles de cheval, à corps humain et à longue queue qui dansent de façon très agitée autour de lui, en exhibant leur sexe, et aux Ménades, ces femmes en proie à la possession dionysiaque, mais beaucoup plus réservées dans leurs vêtements, leurs gestes et leurs danses, qui s'appuient sur le thyrse, ou bâton couronné de lierre. Le visage des Satyres est parfois représenté de face, comme un masque. Aussi les fidèles du dieu pouvaient-ils revêtir des masques barbus et camus, porter une queue et un phallus postiches. Une coupe attique à figures noires, datée vers 510, présente par exemple à la fois la danse d'un Satyre et d'une Ménade et un masque de Satyre. Ce qui est plus remarquable encore, c'est que le dieu Dionysos lui-même, à la différence de la plupart des autres Olympiens, était souvent honoré, en particulier à Athènes au début du Vᵉ siècle, sous une apparence peu anthropomorphique : on célébrait un masque barbu, couronné de lierre, vu de face, fixé au sommet d'un pilier. Ce « dieu-masque », comme on l'a défini, a de toute évidence une étroite parenté avec le jeu rituel et le jeu théâtral.

Arion de Corinthe

Pour chanter et danser dans tous les spectacles que nous avons évoqués, les choreutes entraient dans un état de possession au service de la divinité, mais il leur fallait avoir au préalable acquis aussi, tout au long de leur éducation, une compétence en *mousikè*, ou « musique » (c'est-à-dire l'art qui relève des Muses). Cette éducation était réservée à l'élite sociale du monde grec, et c'est pourquoi le théâtre grec est originellement une activité réservée principalement à l'élite sociale des cités. À partir du VIIᵉ siècle, des écoles spécialisées apparaissent dans notre documentation, comme celle que Terpandre de Lesbos, dit-on, fonda à Sparte vers 675. Les chants eux-mêmes étaient parfois composés par des professionnels. Le poète Archiloque de Paros, qui vécut au début du VIIᵉ siècle, écrit : « Lancer le beau chant de Seigneur Dionysos, le dithyrambe, je le sais bien, quand j'ai l'esprit foudroyé par le vin » (Fragm. 96 LB). Le verbe que nous traduisons ici par « lancer » est généralement employé pour les solos qui servent de préludes au chœur. Il semble bien qu'Archiloque fasse ici allusion à des rites et à des fêtes en l'honneur de Dionysos au cours desquelles, en tant que poète, il revendiquait un rôle particulier : selon une inscription publiée en 1952, il aurait d'ailleurs lui-même introduit, non sans rencontrer quelque résistance, le culte de Dionysos dans l'île de Paros.

C'est au début du VIᵉ siècle qu'interviennent, semble-t-il, les modifications les plus décisives. La cité commerçante de Corinthe, alors gouvernée par un « tyran », le fameux Périandre, en est d'abord le cadre. Périandre avait à sa cour un poète originaire de l'île de Lesbos, Arion. « Arion était un citharède qui surpassait tous ses contemporains ; il fut le premier, à notre connaissance, à créer, à nommer et à représenter un dithyrambe à Corinthe » (Hérodote, I, 23). D'autres sources parlent aussi du caractère « circulaire » des chœurs créés par Arion. Le témoignage d'Hérodote, joint à d'autres, se retrouve dans un dictionnaire byzantin : « Arion écrivit des chants, deux livres de préludes en hexamètres ; on dit qu'il inventa aussi le genre tragique, qu'il fut le premier à présenter un chœur, à chanter le dithyrambe, à donner un nom à ce que le chœur chantait, et à mettre en scène des Satyres qui parlaient en vers » (*Souda*). Laissons de côté, pour l'instant, la mention de la tragédie. Arion semble donc avoir joué un rôle capital dans le développement de l'aspect littéraire et théâtral de chants appelés dithyrambes et comportant une alternance de solos, par le chef du chœur, et de refrains, par le chœur tout entier chantant à l'unisson avec accompagnement musical. Les chœurs, désormais, interprètent une composition poétique où l'improvisation n'a plus de place. Le dithyrambe est l'objet de répétitions et d'une mise en scène sous la direction d'Arion, qui identifie son œuvre en lui donnant un titre, probablement le nom du héros principal dont il est question ; l'œuvre peut ainsi être reprise, sous une forme ou sous une autre. La même évolution lui est attribuée pour les chœurs de Satyres : est-ce qu'il s'agit aussi des démonstrations des « danseurs rembourrés » dont nous avons parlé ? Les légendes héroïques sont en tout cas offertes à tous dans un cadre à la fois rituel et théâtral.

Des vases corinthiens de l'époque de Périandre, autour de 600 avant notre ère, peuvent être mis en rapport avec ces indications. Quatre d'entre eux représentent un épisode de la mythologie de Dionysos : le dieu ramène de force son collègue Héphaïstos, enivré, sur une mule. Des « danseurs rembourrés » ithyphalliques, peut-être masqués, accueillent la procession avec les postures de danse qui les caractérisent. Sur un autre vase, six «danseurs rembourrés», non ithyphalliques cette fois (mais les noms de cinq d'entre eux, gravés sur le vase, ont des connotations érotiques) dansent à leur habitude, tandis qu'Héraclès lutte contre l'Hydre de Lerne, sous la protection de la déesse Athéna, installée près de son attelage. Dans ces exemples, et dans d'autres du même genre, sont évoqués à la fois des épisodes héroïques et des représentations chorales. Les vases ne sont pas de simples instantanés fixant pour nous la réalité des spectacles archaïques. Néanmoins, de telles associations entre les légendes les plus célèbres et des spectacles avec danses et chants font naturellement penser au dithyrambe et aux chœurs de Satyres qu'Arion aurait transformés. Si la scène du retour d'Héphaïstos semble comporter des éléments comiques, il n'en va pas de même de l'exploit d'Héraclès. Peut-être la situation était-elle la même dans le cas du dithyrambe : certains s'orientaient vers le comique, d'autres vers le tragique.

La « tragédie »

Parmi les légendes héroïques représentées dans de telles circonstances, évoquons le cas d'Adraste. Ce héros fut à l'origine de la seconde expédition contre Thèbes, consécutive aux malheurs des fils d'Œdipe. Il était honoré à Sicyone, une cité du nord du Péloponnèse. Le tyran Clisthène voulut un jour le chasser du sanctuaire qui lui était dévolu, parce que lui-même entrait en guerre contre Argos et qu'on ne cessait de mentionner les héros argiens dans les fêtes en l'honneur d'Adraste : «Il y avait et il y a toujours sur la place de Sicyone un sanctuaire en l'honneur du héros Adraste [...] Les Sicyoniens avaient coutume de rendre à Adraste des honneurs considérables, [...] en particulier, ils lui faisaient l'hommage de chœurs tragiques sur ses malheurs où ce n'était pas Dionysos, mais Adraste qui était honoré. Clisthène rendit les chœurs à Dionysos.» (Hérodote, V, 67). Nous trouvons ici le premier emploi connu du mot «tragique». Ces «chœurs tragiques» font penser aux thrènes rituels attestés dès l'époque mycénienne sur la tombe d'un héros mort[1]. À Sicyone, ils avaient donc appartenu à Adraste avant d'être placés sous le patronage de Dionysos : sans doute n'y avait-il guère de différence entre ces cultes et les cérémonies des dithyrambes.

Les deux premières mentions de la tragédie, ici et dans la vie d'Arion, l'associent donc au culte de Dionysos et peuvent la rapprocher du dithyrambe. C'est le moment d'aborder le fameux témoignage de la *Poétique* d'Aristote sur la naissance de la tragédie. Aristote, à la fin du IVe siècle, note que les Doriens, et particulièrement certaines cités du Péloponnèse, revendiquent la paternité de la tragédie. C'est probablement une allusion à Sicyone ou à Corinthe et à Arion (1448a29-35). Mais surtout, selon le philosophe, deux sources ont nourri l'origine de ce genre. D'un côté, dit-il, « la tragédie remonte à ceux qui conduisaient le dithyrambe » et est donc née, comme la comédie, « à l'origine, de l'improvisation » (1449a11). Et plus loin il ajoute : « La tragédie s'ennoblit tardivement, après avoir commencé par des histoires brèves et un mode d'expression comique, car elle a évolué à partir du genre satyrique » (1449a20). Ces deux sources apparaissent, telles quelles, peu compatibles, et la seconde fait difficulté. Le genre « satyrique » que nous connaissons et dont nous parlerons plus loin est relativement bien codifié ; il n'apparaît qu'avec les premières tragédies et il est nettement distinct du dithyrambe. Derrière les mots d'Aristote, faut-il voir en fait les danses de Satyres et peut-être les représentations des « danseurs rembourrés » dont nous avons jusqu'ici parlé ? Dans cette hypothèse, le tableau historique proposé par le philosophe deviendrait acceptable. Les « chœurs tragiques », pour parler comme Hérodote, n'étaient à l'origine ni « comiques » ni « tragiques » au sens actuel du terme, mais très proches de ce qu'on

---

1. Une inscription découverte en 1986 révèle qu'il existait sur l'*agora* d'Argos, au VIe s. av. J.-C., un sanctuaire « en l'honneur des héros [tombés] à Thèbes » : nouveau témoignage de l'intérêt religieux et politique que les cités portaient aux cycles héroïques.

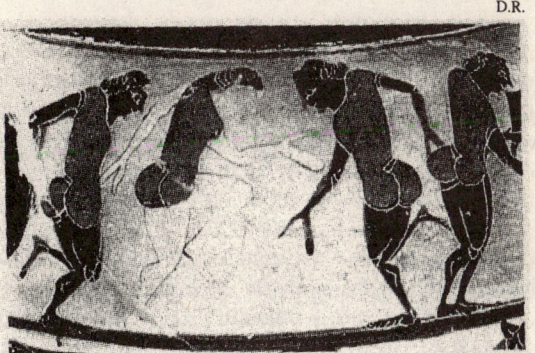

Danseurs rembourrés (cratère attique, c. 600-575 av. J.-C.,
Musée de Berlin).

appelait le « dithyrambe », tant par le rythme, une alternance de longues et de brèves appropriée à la danse agitée, que par les conditions de la représentation, des chants retraçant les exploits héroïques sur un mode dramatique, avec accompagnement de danse.

Pourquoi reçurent-ils cette qualification de chœurs « tragiques » ? Nous ne le savons pas. L'adjectif *tragikos* est dérivé de *tragos*, « bouc » et il devrait donc signifier, au sens propre, « de bouc ». Mais en fait, *tragikos* sert d'adjectif à *tragoidia*, avec le sens : « tragique, caractéristique d'une *tragoidia* ». C'est le seul emploi attesté à l'époque classique et c'est donc certainement le sens qu'il a chez Hérodote, où nous le voyons pour la première fois. Le mot *tragoidia*, « tragédie » est, lui, le dérivé d'un mot composé. La *tragoidia* est l'activité, ou le résultat de l'activité du *tragoidos* dont le seul sens attesté est « membre d'un chœur tragique ». Au pluriel, *hoi tragoidoi*, « les membres d'un chœur tragique », peut signifier par métonymie « les tragédies ». La seconde partie du composé est claire : -*oidos* est un dérivé de *aeido* « chanter » (cf. français « ode ») et signifie donc « aède », « chanteur ». L'origine chorale de la tragédie apparaît en peine clarté à la fois dans la présence du sème « chant » et dans l'emploi collectif de l'adjectif au pluriel. Mais que vient faire la première partie du mot, formée sur *tragos*, « bouc » ? Le rapport à l'étymologie n'apparaît dans aucun des textes conservés ; les premiers emplois connus sont, il est vrai, postérieurs d'un bon siècle au moins à l'existence du mot : peut-être les « chœurs tragiques » avaient-ils un autre sens à l'époque de Clisthène, vers 600 avant notre ère, que pour Hérodote, au milieu du Ve siècle. De nombreuses explications ont été avancées, sans qu'aucune emporte absolument la conviction, faute de documents anciens. La seule chose qui soit assurée est que le bouc fait partie des animaux souvent associés au dieu Dionysos. Le mot *tragoidos* évoquait-il le chant de personnages déguisés en boucs ? Mais si les Satyres, les seuls à pouvoir être ici allégués, ont bien la lubricité apparente et la barbe du bouc, ils ont aussi des oreilles et une queue de cheval !

A-t-il signifié à l'origine « qui chante pour ou à côté d'un bouc » et ce bouc était-il victime d'un sacrifice ou récompense d'un concours de chant ? On en discute depuis l'époque hellénistique. Une inscription fameuse, le Marbre de Paros, datant probablement de 264-263, dit qu'un bouc était le « prix du concours » théâtral, à Athènes, depuis les années 530. Horace évoque le problème (*Art Poétique*, v. 220).

L'histoire de la tragédie commence véritablement à Athènes à la fin du VIᵉ siècle, sans qu'on puisse fixer de date plus précise. La ville célébrait chaque année la fête des Panathénées en l'honneur de la déesse Athéna, protectrice de la cité. La nuit de l'inauguration, un double chœur de jeunes filles et de jeunes gens dansait et chantait. À partir de 566-565, probablement sous l'influence du tyran Pisistrate, la fête, avec une solennité bien plus grande, fut ouverte tous les quatre ans aux autres cités. Vers la même époque fut organisé un concours de récitation des épopées homériques, destiné peut-être à fixer enfin leur texte *ne varietur*. On attribue aussi à l'influence de la tyrannie la réorganisation des fêtes en l'honneur de Dionysos. Les principales s'appelaient les Grandes Dionysies ou Dionysies urbaines célébrées au début du printemps : c'est dans leur cadre que furent représentées les premières tragédies attiques.

Le Marbre de Paros et d'autres sources placent les premières représentations dramatiques du fameux Thespis au cours de la soixante et unième Olympiade (536-532), peut-être en 534. Ce Thespis est très mal connu. Selon une tradition, originaire d'un village de l'Attique, il aurait parcouru sa région natale sur son chariot, en chantant, pour gagner le prix du concours, un bouc, dans tous les hameaux. Selon une autre tradition, issue probablement de l'école aristotélicienne, il serait venu de Lesbos, comme Arion, et aurait été le premier à ajouter aux chants du chœur un prologue et une « tirade » (*rhesis*) : il aurait donc inventé l'acteur, en grec *hypocrites*, « déclamateur, interprète ». On raconte aussi qu'après avoir peint son visage en blanc, il utilisa le premier un masque (*Souda*).

L'acteur se distinguait désormais des chanteurs, le chœur et son chef, en s'exprimant en vers parlés (peut-être déjà les trimètres iambiques de la tragédie ultérieure), et il était revêtu du masque jusqu'ici réservé à certains chœurs.

En fait, le premier auteur tragique sur lequel nous soyons réellement renseignés est Phrynichos. Sa première victoire date de 511-508. Il aurait introduit l'usage de masques féminins, c'est-à-dire créé le premier des rôles féminins pour l'acteur qu'il opposait au chœur. D'après les titres conservés, il empruntait ses sujets aux légendes de Méléagre, de Pélops, d'Héraclès, d'Alceste, mais aussi à l'histoire contemporaine. La capitale de la Grèce d'Ionie, Milet, avait été prise et ravagée par les Perses en 494. « Il écrivit et mit en scène une pièce (*drama*) sur la *Prise de Milet* : il fit fondre en larmes le public du théâtre ; on le condamna à une amende de mille drachmes pour avoir rappelé des malheurs si proches [les Athéniens estimaient être parents des Grecs d'Ionie] et on interdit à quiconque de reprendre à l'avenir ce drame. » (Hérodote, VI, 21). Plus tard, il écrivit une autre pièce consacrée cette fois à la défaite perse, les *Phéniciennes*, dont le sujet fut repris par Eschyle dans ses *Perses*. Ces données posent évidemment un problème majeur, formulé en ces termes par Plutarque dès le second siècle de notre ère : « Quand Phrynichos et Eschyle développèrent la tragédie pour y inclure des intrigues mythologiques et des désastres, la réaction fut : "Quel rapport avec Dionysos ?" » (*Propos de table*, I, 1, 5). Un proverbe disait même : « Cela n'a rien à voir avec Dionysos » ! Il est clair que, des origines préthéâtrales et prédramatiques aux représentations d'un Phrynichos, comme le dit Aristote, la tragédie, au cours de son histoire, « a subi de nombreux changements » (1449a14). Le philosophe estime que ces changements se sont arrêtés à un certain moment, quand la tragédie eut atteint « sa nature propre », celle qu'il décrit dans la *Poétique* et celle que nous décrirons nous aussi principalement, celle qu'elle prit à Athènes avec Eschyle et Sophocle. Ces changements ne furent pas toujours des ruptures ; ce fut plutôt un processus cumulatif d'emprunts aux traditions préthéâtrales et aux autres genres littéraires, du lyrisme à l'épopée, qui fit peu à peu de la tragédie le genre le plus important, pendant un siècle, à Athènes.

Les auteurs proposaient au concours trois tragédies ; ils devaient ajouter une quatrième pièce, un « drame satyrique » (11, 204-257). Selon certains, si le « drame satyrique » apparaît avec les premières tragédies, c'est pour réserver, malgré l'évolution de la tragédie, la place qui était due au culte de Dionysos, et donc aux Satyres. L'inventeur de ce genre aurait été Pratinas, à la fin du VIe siècle. Les drames satyriques, souvent appelés simplement « les Satyres », mettent en scène une troupe de Satyres nus et ithyphalliques, dirigés par leur vieux père Silène, au milieu d'une intrigue empruntée aux légendes héroïques, l'action se déroulant dans une campagne sauvage. Ils passent du pathétique à la parodie du pathétique et aux grivoiseries. Leur introduction dans les concours est nettement antérieure à celle de la comédie. Ils paraissent avoir eu une influence importante sur l'activité artistique. Des vases semblent en effet reproduire des scènes de drames satyriques. Par exemple, un cratère attique à figures rouges du « peintre de Bologne » représente, vers 450, un joueur de flûte auprès de satyres dont certains dansent, tandis que d'autres portent d'énormes marteaux ; ils entourent l'apparition d'une femme qui est probablement la première femme, Pandora. Or on sait que Sophocle avait écrit un drame satyrique intitulé *Pandora* ou les *Porteurs de marteaux*.

La « comédie »

Le sens du mot *comoidia* est beaucoup plus clair que celui de *tragoidia*. On y reconnaît le même second élément : les *comoidoi* sont eux aussi principalement des chanteurs. Le premier élément indique le cadre de leurs chœurs : le *comos* ou « fête ». Le mot s'emploie en particulier à propos de fêtes comportant des chants et des danses dans les rues ou sur les chemins ; il s'est spécialisé au sens de « bande » ou « cortège », à propos de ceux qui célébraient joyeusement Dionysos, quand le vin avait fait son office, à la fin des «beuveries» (*symposia*) qui réunissaient régulièrement les hommes entre eux.

L'étymologie du mot n'éclaircit cependant pas vraiment les origines du genre. Comme dans le cas de la tragédie, les premiers emplois connus de «comédie» sont très postérieurs à la naissance de la comédie : ils se trouvent chez Aristophane et font référence au genre littéraire pratiqué à Athènes dans la deuxième moitié du vᵉ siècle et non pas au *comos* des fins de banquet ou des fêtes. Aristote, d'ailleurs, propose une autre origine à la comédie. Dans la *Poétique*, il rattache la comédie «à ceux qui lancent les chants phalliques encore en usage dans beaucoup de cités» (1449a12). De fait, dans la lignée des «danseurs rembourrés» dont nous avons parlé, sont attestés, à Sparte, des *deicelistai*, danseurs masqués imitant, entre autres, des vols de fruits, à Thèbes, des groupes d'«improvisateurs» qu'on a rapprochés des «danseurs rembourrés», ithyphalliques et masqués du sanctuaire des Cabires, à Athènes et ailleurs des *ithyphalloi* escortant rituellement un phallus dressé. Mais le lien entre ces activités et la comédie attique d'Aristophane est difficile à établir avec précision. Ce qui est sûr, c'est que les acteurs comiques, à l'époque classique, avaient une ceinture rembourrée et portaient un phallus. On peut seulement dire, en fait, que la comédie classique incorpore un grand nombre de manifestations prédramatiques ou rituelles antérieures, et, comme la tragédie, emprunte beaucoup aux autres genres littéraires, mais dans un cadre formel dont les origines restent entourées de mystère.

Parmi ces manifestations il faut certainement ranger des pratiques un peu comparables au charivari italien : la critique comique, par des personnages souvent masqués et agissant en bandes, des personnalités locales les plus en vue. Certains théoriciens antiques ont d'ailleurs tenté une autre étymologie dans cette perspective : la «comédie» viendrait de *coma* «sommeil profond», parce que les premiers «comédiens» auraient été des paysans déferlant de nuit dans la ville pour mettre en cause les notables. Ce comportement aurait paru si utile à la cité qu'il aurait été institutionnalisé et inséré dans les plus grandes fêtes publiques ! Si l'étymologie est fantaisiste, il existe dès l'époque archaïque grecque une tradition extrêmement vivante de poésie satirique en mètres iambiques qui joua certainement son rôle, comme le dit d'ailleurs Aristote, dans l'avènement de la comédie.

La comédie n'est pas un phénomène uniquement athénien. Peut-on en rapprocher un autre genre littéraire apparu d'abord en terre dorienne, en Sicile et en Grande Grèce ? Platon fait en tout cas du poète Épicharme, qui se produisit à la cour de Gélon et de Hiéron de Syracuse entre 485 et 467 avant notre ère, le chef de file des auteurs comiques (*Théétète*, 152 d-e). Aristote fait même remonter plus haut son activité. Les fragments que nous avons conservés ne permettent malheureusement pas de concevoir une idée très précise de son œuvre. On ne sait pas à coup sûr si ses «comédies» comportaient des chœurs. Ses pièces étaient-elles même appelées «comédies» ? Le plus souvent, les Anciens s'y réfèrent seulement comme à des *dramata* (pluriel de *drama*). Cependant, les titres conservés permettent de constater qu'il partait très souvent des légendes héroïques, qu'il travestissait (en particulier celles qui concernaient Ulysse et Héraclès), comme l'avaient fait avant lui les auteurs d'épopées burlesques perdues. Il mettait aussi en scène des types destinés à un grand avenir, comme ceux du vieux paysan et du parasite. Certains titres laissent supposer qu'il maîtrisait déjà la technique de l'*agon*, ou «scène de débat». Enfin, on lui attribua très tôt une nette orientation philosophique : dès le début du Ve siècle, ce genre pouvait revendiquer le droit au «sérieux» autant qu'au comique.

Les habitants de Mégare, une cité commerçante célèbre pour la vulgarité des farces qu'on y mettait en scène, avaient une troisième étymologie pour «comédie», destinée à prouver qu'ils avaient inventé le genre, «à l'époque où ils étaient en démocratie» (de 581 à 424 : l'indication n'est pas très précise...) : le mot viendrait de *comai*, un mot signifiant chez eux «villages» : les auteurs de farces, chassés de la ville, auraient dû se contenter de se produire dans les villages (Aristote, *Poétique*, 1448a29). Cette étymologie est fausse, elle aussi, mais la dispute ne manque pas non plus d'intérêt, parce qu'elle souligne l'origine populaire, voire démocratique, attribuée dans l'Antiquité au genre comique. La liberté de ton (*parrhesia*) qui y était autorisée dans les attaques personnelles est, de fait, difficilement concevable en dehors de ce régime. Tout au long du Vᵉ siècle il y eut d'ailleurs, à en juger par quelques allusions, emprunts et rivalités entre les comédies produites dans les deux principales démocraties de l'époque, Mégare et Athènes.

Les premières comédies ne sont pas antérieures à 486 avant J.-C. dans les Dionysies célébrées à Athènes, soit une cinquantaine d'années après les premières tragédies. D'autres fêtes en l'honneur de Dionysos, les Lénéennes, accueillirent les concours comiques en 440. Pendant longtemps, donc, la tragédie fut seule présente au « théâtre » de Dionysos. Son influence sur l'évolution de la comédie fut certainement considérable. Peut-être faut-il lui attribuer le développement de l'intrigue et des dialogues comiques. Ce fait explique en tout cas que la comédie attique soit en grande partie paratragédie, parodie de la tragédie.

Le théâtre et la cité d'Athènes

De la même façon qu'il y a des points communs entre le théâtre et la religion, le jeu social par lequel une communauté organise son fonctionnement, la « politique », n'est pas sans lien avec les spectacles dramatiques. Dans les deux cas, la parole est, au moyen de rituels variés, déléguée à certains, tandis que le reste de la communauté, en position de spectateur, exprime son sentiment par des votes, des applaudissements ou des protestations. Dans les deux cas, les conflits, quelle que soit leur violence, sont, en principe du moins, médiatisés par l'usage réglé de la parole, et la violence est contenue dans des limites strictes par la bienséance. C'est pourquoi c'étaient souvent les mêmes lieux qui étaient utilisés pour le « théâtre » et pour la « politique ».

Nous avons déjà vu qu'à Sparte, le *theatron* était

probablement une partie de la place publique. À Athènes, il en allait de même. Le lieu où l'on danse s'appelait dans l'épopée et à l'époque archaïque *choros*. Un nouveau terme s'y substitua peu à peu, *orchestra*, formé sur le verbe signifiant «danser». Il y avait une *orchestra* à Athènes aussi sur l'*agora*. À l'époque de Socrate, le lieu portait encore ce nom, mais ne servait plus que de marché aux livres (Platon, *Apologie*, 26d-e). Jusqu'à la construction d'un théâtre au sens architectural du terme, on installa des bancs autour de l'aire de quelque 30 mètres de diamètre, consacrée à Dionysos, qui jouxtait les lieux politiques les plus importants d'Athènes. C'est là, probablement, que les chœurs de cinquante citoyens de chaque tribu donnaient leurs dithyrambes et qu'eurent lieu les premières représentations théâtrales.

Il est probable qu'il faut mettre en rapport le changement dans l'organisation de la vie politique et théâtrale à Athènes avec les réformes démocratiques de Clisthène, autour des années 500. L'assemblée des citoyens (*ecclesia*), remodelée, se réunit désormais dans un lieu distinct de l'*agora*, sur le flanc d'une colline, la Pnyx, et le lieu de spectacle fut transporté sur le flanc d'une autre colline, celle de l'Acropole, dans un sanctuaire de Dionysos. Mais dans beaucoup de cités, et cela est vrai même à Athènes, le même lieu servit encore longtemps à la fois pour la politique et pour le théâtre. C'est le cas, par exemple, à Argos, pour un *theatron* à gradins droits qui est relativement bien connu. L'utilisation politique des théâtres se poursuivit jusqu'à l'époque hellénistique. Le mot *theatron* prit peu à peu un sens architectural, attesté avec certitude chez Thucydide à propos du «théâtre de Dionysos à Mounichie» (VIII, 93), mais certainement plus ancien. Il ne désignait pas, à l'origine, un bâtiment entièrement en pierre, mais plutôt un espace dont la pente naturelle avait été aménagée pour recevoir des gradins artificiels (en bois ou en terre) conduisant à une aire circulaire ou rectangulaire, dénommée *orchestra*. Les premiers théâtres en pierre apparaissent dans le courant du Vᵉ siècle, mais on ne sait pas quand s'effectua la transformation du théâtre de Dionysos à

Athènes : le plus probable est qu'elle ne fut pas antérieure aux réformes de Lycurgue, dans la première moitié du IVe siècle.

Le lien organique entre le théâtre et la cité, qui est l'une des caractéristiques majeures de la Grèce antique, apparaît dans sa pleine lumière à propos de l'Athènes du Ve et du IVe siècles.

Comme on le verra sur de nombreux exemples, il n'est pas seulement institutionnel, mais laisse son empreinte sur la forme même de la tragédie et de la comédie. Les débats politiques et judiciaires de la démocratie athénienne, avec leurs antilogies soigneusement codifiées, ont ainsi leur équivalent au théâtre dans les scènes de débat *(agon)* qui dramatisent les affrontements avec une grande efficacité rhétorique, tantôt tragique, tantôt comique. Le théâtre représente et imite alors le jeu politique même...

CHAPITRE II

LE THÉÂTRE À ATHÈNES À L'ÉPOQUE CLASSIQUE

Rien ne fait aussi clairement apparaître le caractère profondément politique du théâtre que l'organisation et le déroulement des concours dramatiques. Le théâtre est à l'évidence l'affaire de la communauté civique tout entière : il n'existe pas, à Athènes, au Ve siècle, de représentation dramatique qui ne soit partie intégrante d'une fête religieuse célébrée par la cité athénienne ou qui soit destinée à un autre public que le peuple athénien rassemblé au théâtre, même si se mêlent aux citoyens des *métèques*, étrangers résidant à Athènes, et, à l'occasion des fêtes les plus importantes, des représentants d'autres cités. Ce sont des magistrats et des citoyens désignés par eux qui président à la préparation des concours, au choix des poètes, des acteurs et des choreutes (tous citoyens athéniens), qui assument les frais, assistent aux représentations, désignent les vainqueurs et les récompensent. Au reste les grands poètes étaient liés aux hommes politiques d'Athènes ou d'ailleurs, comme à l'élite de la société athénienne ; les témoignages abondent sur les relations entre Eschyle et Périclès, mais aussi Hiéron, tyran de Syracuse, Sophocle et Cimon ou encore le même Périclès, Euripide et le roi de Macédoine Archelaos, et Platon montre Aristophane invité, comme Socrate et bien d'autres intellectuels ou savants, au banquet offert par le poète Agathon pour fêter sa victoire. Le théâtre lui-même est un lieu public, où se déroulent d'autres manifestations destinées à célébrer la cité : honneurs décernés solennellement aux évergètes (ou bienfaiteurs de l'État), tribut apporté à Athènes par les cités alliées, membres de la ligue de Délos, défilé des orphelins de guerre revêtus de l'armure que leur offre la cité. Ainsi, alors qu'à Rome les acteurs ne pourront avoir de droits civiques, la participation active à tous les spectacles du théâtre, performances dramatiques et cérémonies politiques, était, dans l'Athènes classique, l'une des tâches du citoyen et l'une des occasions d'affirmer l'unité de la cité.

Plusieurs fêtes de Dionysos comprenaient des concours dramatiques. Ceux des Lénéennes, organisés par l'*archonte roi*, et que l'on célébrait à la fin du mois de janvier, sont sans doute anciens ; ils devinrent en tout cas officiels dans la deuxième moitié du Vᵉ siècle, et les représentations eurent alors lieu, selon toute vraisemblance, dans le théâtre de Dionysos Éleuthereus. Aucun étranger n'assistait à ces concours-là, la navigation étant fermée à cette période de l'année, et les autres communications restreintes : « C'est aujourd'hui le concours des Lénéennes ; nous sommes entre nous, les étrangers ne sont pas encore arrivés », déclare Dicéopolis, le héros des *Acharniens* d'Aristophane (v. 504-505). On y jouait surtout des comédies ; deux poètes tragiques seulement y prirent part, à partir de 432, avec deux pièces chacun ; Sophocle y aurait triomphé six fois. Certains dèmes de l'Attique encore (Éleusis, Thorikos, Myrrhinonte, etc.) organisaient des représentations à l'occasion des Dionysies rurales, en décembre ; les concours du Pirée ont eu, semble-t-il, un éclat particulier : Élien raconte que Socrate « qui fréquentait rarement les théâtres, mais s'y rendait si le poète Euripide participait au concours et présentait de nouvelles pièces, descendait même au Pirée si Euripide y faisait représenter ses tragédies » (*Histoire Variée*, II, 13). Mais le concours le plus important est celui des Grandes Dionysies, célébrées à Athènes en l'honneur de Dionysos Éleuthereus (la statue du dieu était venue d'Éleuthères, petite ville située à la frontière attico-béotienne et qui passait pour être le lieu de naissance de Dionysos) à la fin du mois de mars.

Les Grandes Dionysies

La célébration des Grandes Dionysies durait plusieurs jours : le premier jour avait lieu une procession solennelle qui s'achevait par un sacrifice de taureaux suivi de banquets ; les deuxième et troisième jours étaient occupés par le concours de dithyrambes, et le soir du troisième jour se déployait le grand *comos* en l'honneur du dieu ; les concours dramatiques occupaient les derniers jours.

C'est un haut magistrat civil, l'*archonte éponyme* (ainsi nommé parce qu'il donnait son nom à l'année pendant laquelle il exerçait sa charge) qui était responsable de l'organisation des grandes fêtes de Dionysos, et particulièrement des concours dramatiques ; c'est à lui qu'il revenait de choisir les poètes qui allaient prendre part au concours – auteurs de dithyrambes, poètes tragiques et poètes comiques –, de choisir aussi, peut-être selon les suggestions des poètes eux-mêmes, les principaux acteurs, et de tirer au sort les juges qui attribueraient les prix à la fin des concours. On aimerait savoir comment ce magistrat, désigné dans ses fonctions pour un an seulement, par tirage au sort parmi des citoyens volontaires, et sans avoir la moindre formation particulière, choisissait les futurs concurrents, selon quels critères, avec quelle compétence, ou avec l'aide de quels hommes. Tout au plus devine-t-on à partir de quelques allusions qu'au moment où il «demandait un chœur» à l'Archonte, le poète lui lisait une première version de son œuvre. Nous n'en savons pas davantage. Or la tâche était d'autant plus difficile que toutes les œuvres proposées pour le concours des Grandes Dionysies étaient nouvelles ; si le IVe siècle a connu, et même institutionnalisé, les reprises de tragédies puis de comédies classiques, le Ve siècle n'a vu à ce concours que des créations. Eschyle seul fut, après sa mort, honoré d'un privilège exceptionnel autorisant la reprise de ses drames. L'Archonte découvrait donc des pièces inédites, et choisissait parmi elles. Imaginera-t-on que tel ou tel magistrat a pu, dans le cours du Ve siècle, refuser des chefs d'œuvre ? Les juges des concours, en tout cas, ont parfois rendu des verdicts qui nous semblent au moins étonnants, quand ils rejetaient au dernier rang, en 423, les *Nuées* d'Aristophane, ou refusaient le premier prix, en 415 aux *Troyennes* d'Euripide. L'Antiquité déjà les soupçonnait de se laisser à l'occasion influencer ou intimider : « C'est Xénoclès, raconte Élien (*Histoire Variée*, II, 8), peu importe qui il était (voilà donc un poète tragique déjà oublié, ou presque, à l'époque d'Élien, c'est-à-dire à la fin du IIᵉ siècle après J.-C.), qui remporta le prix avec *Œdipe, Lycaon,* les *Bacchantes* et, comme drame satyrique, *Athamas.* Euripide fut classé deuxième avec *Alexandre, Palamède,* les *Troyennes* et *Sisyphe* comme drame satyrique. N'est-il pas parfaitement ridicule que Xénoclès ait gagné et qu'Euripide ait perdu, et cela avec de telles pièces ? De deux choses l'une : ou les responsables du vote étaient insensés, ignorants et incapables de porter un jugement équitable, ou ils avaient été corrompus. La chose est étrange dans un cas comme dans l'autre, et absolument indigne des Athéniens. »

L'Archonte devait aussi désigner, parce que la cité ne pouvait assumer tous les frais des représentations, un citoyen riche, ou *chorège*, pour chaque poète. Le chorège assurait les frais d'entretien et de répétitions du chœur (12 choreutes à l'origine, puis 15 pour la tragédie, 12 sans doute pour le drame satyrique, 24 pour la comédie), payait les masques, les costumes et les décors (si décor il y avait), et prenait encore en charge les figurants : serviteurs ou soldats accompagnant les rois et les reines, enfants, personnages muets, comme Pylade dans l'*Électre* d'Euripide ou dans celle de Sophocle. Il offrait enfin, en cas de victoire, un banquet somptueux. L'État rétribuait de son côté les musiciens, les poètes et les acteurs. La chorégie était une charge financière très lourde ; elle faisait partie de l'ensemble des services publics ou *liturgies* dont devaient s'acquitter à Athènes les citoyens riches (les *métèques* pouvaient eux aussi être désignés comme chorèges). Une procédure appelée *antidosis* ou échange de biens permettait, le cas échéant, d'échapper à la chorégie, comme aux autres liturgies (le *Contre Phénippos* de Démosthène concerne par exemple une affaire d'échange liée à la perception d'un impôt de guerre) : celui qui venait d'être désigné par l'Archonte pouvait proposer le nom d'un autre citoyen qu'il jugeait plus riche que lui. Si celui-ci acceptait la liturgie, l'affaire en restait là ; dans le cas contraire un procès avait lieu, et le perdant devait, semble-t-il, assumer la liturgie ou accepter un échange de fortunes. Cette étrange procédure ne semble pas avoir été utilisée à propos des chorégies. Car la charge de chorège était en même temps un honneur dont on se vantait, et pour lequel certains devaient se porter volontaires. Le chorège était, en cas de victoire, couronné en plein théâtre en même temps que le poète, dont il partageait la gloire, et son nom figurait aussi dans la liste des vainqueurs. Le stratège Thémistocle fut le chorège de Phrynichos quand le poète célébra, en 476, la victoire des Grecs sur les Perses dans les *Phéniciennes*, et Périclès fut celui d'Eschyle quand il célébra, en 472, la même victoire dans les *Perses*.

Déroulement des concours dramatiques

Dès que le poète avait obtenu de l'Archonte un chœur, le travail de préparation du spectacle commençait. Auteur, compositeur de la musique des parties chantées, chorégraphe, acteur aussi à l'occasion – ce dut être souvent le cas dans les premiers temps de l'histoire de la tragédie, et les Anciens racontaient que Sophocle n'avait cessé de jouer dans ses propres drames qu'à cause de la médiocrité de sa voix –, le poète était aussi instructeur et metteur en scène : comme *didascalos* (instructeur), c'est lui qui dirigeait les répétitions du chœur ; ce n'est que vers la fin du Ve siècle qu'on commença à faire régulièrement appel à des instructeurs professionnels ; au tout début de sa carrière, de 427 à 425, Aristophane confia à son ami Callistratos la tâche d'être *didascalos* ; il le fit de nouveau en 422 et en 414.

Un jour ou deux sans doute avant le début de la fête, les poètes présentaient officiellement leurs œuvres au cours d'une cérémonie appelée le *proagon*, qui se déroulait, à partir de la seconde moitié du Ve siècle, dans l'Odéon que Périclès venait de faire bâtir près du théâtre de Dionysos. Poètes, chorèges, choreutes, acteurs et musiciens montaient sur une estrade pour annoncer au public le sujet des pièces au programme du concours. S'agissait-il d'une présentation toute simple, presque limitée au titre de la pièce, ou d'une annonce plus développée ? Nous n'en savons rien. Notre connaissance du *proagon* se limite en fait à quelques anecdotes, dont celle-ci, très émouvante, que raconte la *Vie d'Euripide* : en 406, alors qu'il venait d'apprendre la mort d'Euripide, Sophocle se présenta dans l'Odéon en vêtements de deuil, avec des choreutes et des acteurs qui ne portaient pas les couronnes traditionnelles, et le public tout entier fondit en larmes.

Les représentations elles-mêmes occupaient quatre jours : trois jours pour le concours tragique – chaque poète présentait une *tétralogie*, c'est-à-dire trois tragédies et un drame satyrique, et une journée entière était donc consacrée à chacun, selon un ordre tiré au sort au début du concours – et le dernier jour pour les cinq comédies. Mais à partir de 431 et pendant toute la guerre du Péloponnèse, par souci d'économie sans doute, on réduisit à trois jours la durée des concours, avec chaque jour une tétralogie qui occupait toute la matinée (les représentations commençaient à l'aube), et une comédie dans l'après-midi. C'était, comme on voit, des journées chargées, et qu'on pouvait trouver bien longues. Et voilà pourquoi, déclare en 414 le chef du chœur des *Oiseaux* d'Aristophane, il est tellement agréable et tellement utile d'avoir des ailes : « Tenez, supposons que l'un de vous, spectateurs, soit muni d'ailes et que, pris de faim il bâille d'ennui aux chœurs des tragiques, eh bien il s'envolera, il ira déjeuner chez lui, puis, le ventre plein, il volera de nouveau vers nous (« nous », entendez : le chœur comique). » (*Oiseaux*, v. 786-89).

Le théâtre de Dionysos pouvait contenir entre 15 000 et 17 000 spectateurs. Il y a quelque exagération dans le compliment que fait Socrate au jeune poète tragique Agathon qui célèbre par un banquet la victoire qu'il vient de remporter aux Lénéennes de 416 : « Je pourrais près de toi faire mon plein de sagesse, de belle et bonne sagesse : car la mienne, hélas ! doit être bien médiocre, et d'une réalité douteuse, comme sont les rêves, tandis que la tienne, éclatante et riche de magnifiques progrès à venir, auréole ta jeunesse et, hier encore, brillait aux yeux de plus de trente mille Grecs ! » (Platon, *Banquet*, 175e). Tout le peuple athénien pouvait assister aux concours, depuis que – signe supplémentaire de l'intérêt de la cité pour le théâtre – l'État prenait en charge les droits d'entrée des citoyens les plus pauvres. Périclès fut sans doute à l'origine de la création de ce fonds pour les spectacles, le *theorikon*. Les métèques faisaient eux aussi partie du public, on l'a vu, ainsi que des étrangers présents à Athènes au moment des Grandes Dionysies, peut-être aussi des femmes, et même quelques esclaves amenés par leurs maîtres : Socrate définit en tout cas la poésie tragique comme une « rhétorique à l'usage d'une assemblée où se pressent pêle-mêle, à côté des hommes, les enfants et les femmes, et les esclaves avec les hommes libres » (Platon, *Gorgias* 502d, cf. *Lois* 658d). Il est cependant impossible de dire avec certitude que les femmes assistaient, au Vᵉ siècle, aux représentations dramatiques ; on pense souvent qu'elles étaient en tout cas à l'écart des hommes, dans une partie réservée du *theatron,* sur les gradins les plus élevés. Beaucoup de femmes d'ailleurs devaient éviter délibérément de se montrer au théâtre, s'il est vrai – c'est ce que soutient un des clients de Lysias – que celles qui avaient, comme sa sœur et ses nièces, reçu une bonne éducation rougissaient « d'être vues même de leurs proches » (Lysias, *Contre Simon*, 6).

Les premiers rangs étaient les places d'honneur réservées à ceux qui avaient le privilège de la *proédrie* : le prêtre de Dionysos, l'Archonte, d'autres prêtres et magistrats d'Athènes, les bienfaiteurs de l'État, les ambassadeurs des autres cités invités au théâtre par la cité athénienne, etc. On leur fit, au IVᵉ siècle, des fauteuils en marbre ornés de sculptures dont subsistent aujourd'hui quelques copies d'époque romaine. Il est peu probable qu'ils aient bénéficié de tant de splendeur au Vᵉ siècle. Des sections entières du *theatron* étaient encore réservées à des personnages officiels, comme le *bouleutikon* aux cinq cents membres du Conseil ; et voilà un autre avantage pour qui est muni d'ailes : « Si d'aventure quelqu'un de vous, qui a commerce avec une femme, apercevait le mari dans la section des bouleutes (*bouleutikon*), il n'aurait qu'à déployer ses ailes et prendre son vol puis, le coup fait, il viendrait se rasseoir ici. » (*Oiseaux*, v. 793-96).

Une fois les représentations achevées, le jury rendait son verdict : pour chaque concours, les dix juges – un pour chacune des dix tribus qui constituaient l'ensemble de la population de l'Attique – inscrivaient trois noms sur une tablette, par ordre de préférence, puis on plaçait les dix tablettes dans une urne ; l'Archonte en retirait cinq, prises au hasard, qui déterminaient les résultats. Le poète et le chorège victorieux, et, sitôt que fut institué le concours d'interprétation, l'acteur victorieux, étaient alors couronnés en plein théâtre, et l'acteur, souvent, dédiait son masque à Dionysos en le déposant dans le sanctuaire du dieu. Il ne restait plus qu'à fêter la victoire.

La cité tout entière avait collaboré à l'organisation des fêtes puis à leur célébration ; elle avait assisté aux concours dramatiques ; elle se réunissait encore au théâtre, mais cette fois en assemblée, ou *ecclesia*, pour un débat au cours duquel on jugeait de la façon dont l'Archonte et ses assistants avaient conduit l'ensemble des cérémonies des Grandes Dionysies et assuré, en particulier, le déroulement des concours dramatiques.

Il faut encore dire un mot de la publication des pièces. Aucun document n'atteste formellement qu'elle ait eu lieu régulièrement. Il est cependant très probable que dès la fin des concours la version écrite de certaines pièces commençait à circuler ; on ne voit guère comment Aristophane aurait pu, sans disposer d'un tel document, parodier aussi longuement et aussi textuellement, en 411, dans ses *Thesmophories*, l'*Hélène* et l'*Andromède* d'Euripide représentées en 412 ; d'autre part la fréquence d'échos très précis d'un drame à l'autre semble bien indiquer qu'au moment où il composait les *Grenouilles* en 406-405, il

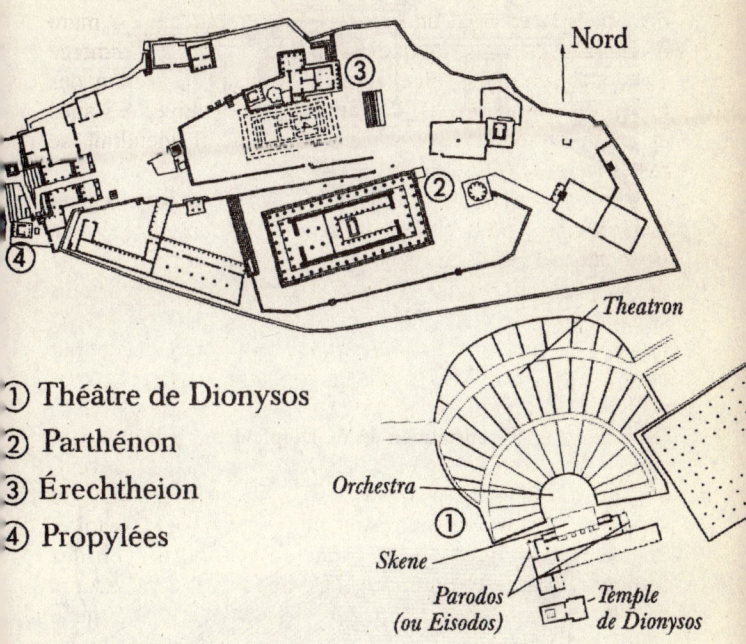

① Théâtre de Dionysos
② Parthénon
③ Érechtheion
④ Propylées

Nord

Theatron

Orchestra

①

Skene

*Parodos
(ou Eisodos)*

*Temple
de Dionysos*

L'Acropole d'Athènes. Le théâtre classique se trouvait à
l'emplacement du théâtre actuel, qui est, pour une grande part,
d'époque romaine : il ne peut être reconstitué que de façon très
hypothétique (voir page suivante).

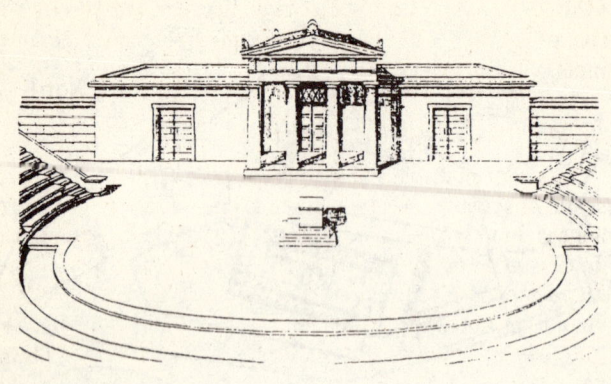

Reconstitution de W. Dörpfeld.

Reconstitution de J.-Ch. Moretti (dessin de N. Bresch).

avait déjà connaissance du texte des *Bacchantes* que le fils d'Euripide ne devait faire représenter que quelques mois plus tard.

Le théâtre de Dionysos

Aux tout premiers temps du théâtre athénien, les représentations avaient lieu sur l'agora. Puis, dans les premières années du ve siècle, on aménagea l'aire de danse située juste au-dessus du temple de Dionysos Eleuthereus dans le sanctuaire consacré au dieu sur la pente sud de l'Acropole, et on édifia, autour de la terrasse supportant cette aire, des gradins en hémicycle, en partie taillés dans le roc. Là ont été représentés tous les drames de l'époque classique. On ne voit plus guère aujourd'hui, sur le site, que les vestiges du théâtre du ive siècle, ou théâtre de Lycurgue – aménagé, celui-là, avec une *orchestra* pavée de marbre et des édifices en pierre – et les traces de remaniements encore plus tardifs. Il est cependant possible de retrouver l'aspect général du premier théâtre de Dionysos.

Selon une première hypothèse, il est constitué de deux espaces contigus : l'*orchestra*, simple aire circulaire en terre battue, d'environ 27 mètres de diamètre, avec en son centre l'autel de Dionysos (*thymélé*), est l'espace réservé aux choreutes et aux acteurs ; l'autre partie, le *theatron*, est réservée au public, avec des bancs de bois disposés en gradins. L'hémicycle est divisé par des escaliers en sections verticales appelées *kerkides* et en étages par des passages transversaux (l'un, le *diazoma*, est spécialement aménagé, l'autre correspond à un ancien sentier qui passait assez haut sur la pente de l'Acropole).

L'examen des rares vestiges du théâtre du ve siècle a conduit les archéologues à reprendre récemment une autre hypothèse, selon laquelle l'*orchestra* n'est pas circulaire, mais rectangulaire ou trapézoïdale ; aucun autel central n'y figure ; le *theatron* est en forme de Π, et les gradins presque rectilignes. C'est la forme des théâtres contemporains de celui d'Athènes, ceux de Thoricos ou de Rhamnonte en Attique, ailleurs ceux de Corinthe ou d'Argos. En tout cas, au sud, deux larges rampes légèrement en pente permettent d'accéder à l'*orchestra* aussi bien qu'au *theatron* (public, choreutes et acteurs ne sont pas davantage séparés au moment de leur arrivée au théâtre qu'ils ne le sont ensuite, dans le théâtre, par aucune espèce de rideau). Ces rampes d'accès s'appellent les *parodoi* ou *eisodoi* ; les poètes exploitent volontiers les possibilités qu'offre l'existence de ces deux entrées ; elles déterminent, dans le drame, deux directions bien distinctes, par exemple la direction de la cité et celle de l'étranger, ou encore la route d'où viennent menaces et dangers et celle d'où peuvent arriver aide et protection.

Voilà à quoi se réduit le théâtre de Dionysos dans les premières décades du ve siècle. Quelque part près de l'*orchestra*, peut-être hors de la vue du public, se dresse encore un bâtiment purement utilitaire, une tente, ou plutôt une baraque en bois, la *skene,* qu'on construit pour la durée du concours, et où l'on entrepose costumes et masques. C'est dans cette baraque que les acteurs viennent se changer quand ils abandonnent un rôle pour un autre ; c'est là que par exemple, au cours de la représentation des *Perses* d'Eschyle, le messager venu raconter aux vieux conseillers du grand roi et à la reine Atossa le désastre de Salamine entre, à la fin de son long récit, pour revêtir, pendant le chant du chœur, la tiare et la robe royale de Darius, avant d'apparaître, dans l'épisode suivant, au-dessus du tombeau du roi dont il incarne le fantôme.

Il est difficile de savoir où se trouvait d'abord la *skene,* et difficile de dire précisément à partir de quel moment on a décidé d'abord de l'édifier en pleine vue des spectateurs, au sud de l'*orchestra*, puis de l'intégrer à la fiction dramatique en utilisant sa façade comme élément de décor. On peut en revanche constater que les premières pièces d'Eschyle ne requièrent, à l'évidence, ni mur de fond de décor, ni porte menant vers l'intérieur d'un palais, mais qu'il en va tout autrement de l'*Orestie* représentée en 458 : non seulement, dans *Agamemnon,* la première des trois tragédies, le texte ne cesse d'identifier la *skene* comme palais des rois de Mycènes, mais encore Eschyle exploite magistralement toutes les possibilités offertes par ce nouvel élément de décor : on voit, au prologue de la pièce, un homme à demi couché sur le toit du bâtiment : c'est le Veilleur aposté par Clytemnestre pour guetter le signal de feu qui doit venir de Troie annoncer la victoire des Grecs. À cette exploitation spectaculaire des parties hautes de la *skene* s'ajoute, dans tout le cours de la tragédie, la présence invisible et menaçante de l'intérieur du palais, ce palais qui « sent le meurtre et le sang répandu » (Cassandre au v. 1311), et dont la porte, où veille Clytemnestre, s'ouvre pour Agamemnon puis pour sa captive Cassandre comme les portes des Enfers (v. 1291).

Dès lors cette baraque d'environ douze mètres de long, sans doute peu profonde, et haute de quelques mètres à peine, figurera, au gré des poètes, la façade du palais des Atrides à Mycènes ou à Argos, celle du temple d'Apollon à Delphes, de la baraque d'Ajax dans le camp des Grecs en Troade, ou de l'humble cabane où vivent, dans l'*Électre* d'Euripide, la fille d'Agamemnon et le pauvre laboureur qu'Égisthe lui a imposé comme époux ; elle figurera aussi bien, dans la comédie, la maison du vieux Dèmos dans les *Cavaliers*, celle des héros des *Guêpes*, le vieux juge Philocléon et son fils, ou l'entrée monumentale de l'Acropole dans *Lysistrata*. Faut-il penser qu'elle était percée de plusieurs portes, pour figurer, dans la comédie par exemple, des maisons différentes ? Si tout indique que la tragédie n'a jamais nécessité plus d'une porte, on a supposé que la comédie en exigeait trois. Pourtant rien ne permet, à la lecture du texte des comédies anciennes, d'en avoir la certitude, et l'hypothèse d'une porte unique est, à divers égards, plus satisfaisante. Les lieux que voit le public sont, dans la comédie, ce que le texte dit qu'ils sont à un instant donné ; ils deviennent autre chose sitôt que le texte l'indique : Strepsiade sort au début des *Nuées* par la porte centrale qui figure alors, à l'évidence, la porte de sa maison ; il peut fort bien, quelques secondes plus tard revenir frapper à la même porte, identifiée cette fois par le texte comme celle du « pensoir » où vivent Socrate et ses disciples. Il est aisé de montrer l'efficacité comique d'un tel état de choses :

dans une scène des *Acharniens*, le héros épris de paix, Dicéopolis, et le chef de guerre Lamachos s'affairent tous deux, chacun aidé d'un serviteur : l'un se prépare pour un banquet, l'autre va partir pour la guerre ; à chaque instant, les serviteurs entrent l'un chez Dicéopolis l'autre chez Lamachos pour rapporter l'un un panier, un pâté, un ragoût, l'autre un havresac, un casque, une lance ; l'effet comique de la scène, les symétries et les oppositions incessantes, la rapidité des mouvements sont évidemment accrus s'il n'y a qu'une seule porte au seuil de laquelle les deux serviteurs ne cessent de se bousculer.

Devant la *skene* on dressait – la chose est encore discutée mais paraît très vraisemblable – une estrade large mais basse, qui ne s'élevait que de quelques marches au-dessus du niveau de l'*orchestra*, et qui était réservée aux acteurs, tandis que les choreutes demeuraient dans l'*orchestra*. Cette estrade, qu'on appellera plus tard le *logeion* (« lieu d'où l'on parle »), devait permettre au public de mieux distinguer les acteurs, mais elle n'empêchait pas le contact constant entre choreutes et acteurs. Ce n'est que bien plus tard que les Grecs puis les Romains élèvent la scène de plusieurs mètres ; le premier théâtre à avoir possédé une scène surélevée est celui de Priène en Asie Mineure ; il date du milieu du IVe siècle ; dès le début du siècle suivant, on y édifie, à la place de la simple scène surélevée, une *skene* haute de deux étages. Cette innovation aboutit à séparer définitivement acteurs et choreutes ; aussi bien les chants du chœur ont-ils cessé d'être partie intégrante du drame, et sont-ils devenus plutôt de simples intermèdes.

Décors et machines

L'utilisation qu'en fait Eschyle dans *Agamemnon* fait clairement apparaître les deux espaces nouveaux délimités par la présence de la *skene* : d'abord un espace surélevé (le toit de la baraque), ensuite un espace intérieur, normalement caché aux yeux des spectateurs. L'un et l'autre acquièrent rapidement une importance considérable dans la dramaturgie, et suscitent l'apparition, à une date

que nous ne pouvons pas préciser, des principales machines
du théâtre grec, la *mechane* et l'*eccyclème*. Le toit, quand
il n'est pas simplement le toit du palais, représente
symboliquement un en-haut qui s'oppose au niveau de
l'*orchestra* comme l'aérien au terrestre ou le divin à
l'humain. Le grammairien Pollux, au IIe siècle après J. C.,
le nomme *théologeion* (« lieu d'où parlent les dieux »).
On y accède de deux façons. L'une est banale et simplement
humaine : elle consiste à emprunter un escalier situé dans
ou derrière le bâtiment, comme font Oreste et Pylade à
la fin de l'*Oreste* d'Euripide, quand ils montent sur le
toit du palais et menacent de l'incendier. Les dieux
apparaissent, eux, de façon plus spectaculaire, parce qu'ils
sont censés descendre du haut du ciel : ils sont hissés
par une grue probablement assez rudimentaire, la *mechane*,
jusqu'à un niveau légèrement supérieur à celui du toit de
la *skene* où ils peuvent alors se poser. Euripide a fait
notoirement usage de cette machine, et dénoué bon nombre
de tragédies par l'intervention d'un dieu *apo mechanes*,
ou *ex machina* comme diront les Romains. Et la comédie,
qui ne se prive pas d'utiliser la machinerie du théâtre
pour mieux la dénoncer comme telle, parodie joyeusement
l'usage tragique de la *mechane*. Ainsi le héros de la *Paix*
d'Aristophane, représentée en 421, entreprend de monter
au ciel comme le Bellérophon d'Euripide, à ceci près que
son Pégase à lui, simple paysan, est un énorme bousier.
Décidé à aller réclamer la paix aux dieux, il monte sur
la plate-forme de la *mechane* et commence à s'élever.
« J'ai peur ! hurle-t-il pendant le parcours, machiniste, fais
donc attention. » (v. 173-74.) Au terme de cette (brève)
ascension, il arrive à la demeure de Zeus, c'est-à-dire sur
le toit de la *skene*.

Il était sûrement plus difficile d'utiliser dans le spectacle
l'intérieur du bâtiment. Si large qu'ait pu être la grande
porte à deux battants qui s'ouvrait au centre de la *skene*,
seuls les spectateurs du premier rang, s'ils avaient une
bonne vue, pouvaient apercevoir l'intérieur de la baraque,
mais un intérieur bien trop obscur pour qu'on puisse y
distinguer rien de précis. Or les poètes, contraints par la

nature même du théâtre à ne représenter que des scènes d'extérieur, ont eu parfois besoin, ou envie, de révéler par exemple, de manière spectaculaire, l'horreur cachée dans le palais et dont un messager vient de faire la description. Ils utilisent alors la deuxième machine du théâtre classique, l'*eccyclème*, une plate-forme située dans l'axe de la porte de la baraque et portée sur des roues, qui « roule » à l'extérieur une partie de l'espace intérieur. Dans l'*Héraclès furieux* d'Euripide, le messager sorti du palais vient de faire au chœur le récit de l'effroyable assaut de folie dont Héra, par jalousie, a frappé le héros, le poussant à tuer sa femme et ses enfants ; Héraclès dort maintenant d'un sommeil lourd provoqué par Athéna, et on a pris soin de l'attacher à une colonne à l'intérieur du palais à demi détruit. Pour toutes sortes de raisons, et d'abord parce qu'il veut que le public assiste au réveil du héros, le poète choisit de montrer le spectacle que le messager vient à l'instant de décrire : la porte centrale s'ouvre donc et l'*eccyclème* sort, exposant aux regards des choreutes et des spectateurs un tableau qui les épouvante, celui d'Héraclès endormi, entouré des cadavres de Mégara, sa femme, et de ses trois enfants ; le chœur le commente en un chant bouleversé : « Hélas, hélas, voici qu'à deux battants s'ouvre la porte de la haute demeure. Hélas, hélas, voyez ces pauvres enfants étendus devant leur malheureux père, qui dort d'un terrible sommeil après avoir tué ses fils. Et voici, entouré de cordes, lié par de multiples nœuds, le corps d'Héraclès, attaché à une colonne de pierre du palais. » (v. 1029-1038).

La comédie, de même qu'elle parodie l'usage de la *mechane* dans la tragédie, parodie explicitement celui de l'*eccyclème*, et Aristophane le fait précisément dans les pièces dont Euripide est l'un des personnages. Le héros des *Acharniens*, comédie représentée en 425, a besoin de susciter la compassion d'un chœur pour l'instant bien décidé à le lapider. Il se rend donc chez le grand spécialiste du pathétique qu'est Euripide, pour lui emprunter les haillons tragiques d'un de ses personnages. Le poète est occupé à composer, et n'a pas le temps de sortir. Qu'à

cela ne tienne : «Prends donc l'eccyclème!» lui dit
Dicéopolis. Et voilà la plate-forme qui sort devant la
skene exposant, pour la plus grande joie du public, le
spectacle insolite du grand poète tragique installé les pieds
en l'air dans son cabinet de travail, entouré des défroques
des héros de ses drames. On retrouve en 411, dans les
Thesmophories, une scène très semblable, à laquelle
participent non plus un mais deux poètes tragiques :
Euripide lui-même vient solliciter l'aide de son jeune
rival Agathon ; Agathon paraît porté par l'*eccyclème* et
donne à la fin de l'entretien cet ordre burlesque et
pompeux : «Que l'on me roule au plus vite à l'intérieur.»
(v. 265).

La machinerie du théâtre du Vᵉ siècle ne permet pas,
comme on voit, de mise en scène réaliste, et son efficacité
vient surtout de l'acceptation tacite, par le public, de
conventions du spectacle (ces mêmes conventions dont la
comédie aime à se moquer). Il en est à peu près de
même pour ce qui concerne le décor des drames, un décor
bien davantage suggéré à l'imagination des spectateurs
par les mots du texte qu'il n'est présent sous leurs yeux,
tant les moyens matériels sont réduits. Il faut renoncer à
supposer, pour le Vᵉ siècle, l'existence de toiles peintes
tendues devant la *skene* et qui auraient représenté, même
sommairement, les monuments ou les paysages dont on
lit la description au début des drames, qu'il s'agisse des
sculptures du temple de Delphes que décrivent, émer-
veillées, les Athéniennes qui forment le chœur de l'*Ion*
d'Euripide, de la vallée du Nil et des flots du «fleuve
aux belles Nymphes» que montre Hélène au début de la
tragédie qui porte son nom, ou du bois sacré que décrit
Antigone à son vieux père au début d'*Œdipe à Colone,*
la dernière tragédie de Sophocle : «il abonde en lauriers,
en oliviers, en vignes, et sous ce feuillage, un monde
ailé de rossignols fait entendre un concert de chants»
(v. 16-18). Le public est accoutumé à imaginer ce qu'il
ne peut voir, comme à accepter aussi sans la moindre
gêne des changements de lieu que rien n'indique concrètement sur scène : on passe ainsi, dans les *Acharniens*

d'Aristophane, de la colline de la Pnyx où se réunit l'assemblée du peuple, à la maison du héros Dicéopolis dans son village, à Athènes de nouveau et à la maison d'Euripide, etc.; rien, sur le théâtre, ne figure ces divers lieux, mais le texte les nomme, et cela suffit.

Sans doute savons-nous grâce à Aristote (*Poétique*, 1449a18) que Sophocle a inventé la *skenographia* («fait de peindre la *skene*»), mais le philosophe ne nous livre que le mot, sans plus d'information. On pense généralement qu'il s'agissait d'une peinture de type architectural, c'est-à-dire de la représentation, sur la façade de la *skene*, d'un fronton et de quelques éléments figurant une colonnade. Au reste, si cette peinture avait été une ébauche de décor réaliste, comment aurait-on pu changer de décor soit entre deux pièces jouées l'une après l'autre, soit – mais le cas était bien plus rare – à l'intérieur d'une même tragédie? Comment aurait-on pu représenter successivement, et sans aucun délai, le temple d'Apollon à Delphes puis l'Acropole d'Athènes, qui sont les deux lieux où se déroulent les *Euménides* d'Eschyle? Mieux vaut penser qu'un même décor, très sobre, était utilisé pour tous les drames, et aussi bien pour la comédie que pour la tragédie, et que l'on pouvait avoir recours à des panneaux de bois peints pour masquer l'entrée de la *skene*, pour figurer sommairement un bois, ou un simple buisson, comme celui derrière lequel Ajax se jette sur son épée, et derrière lequel Tecmesse, sa compagne et sa captive, découvrira le cadavre du héros (Sophocle, *Ajax*, v. 892, le Coryphée : «De qui vient donc le cri qui sort du fourré qui est là tout près?»), ou pour suggérer les paysages naturels, campagne, bois ou bords de mer, qui sont souvent le décor des drames satyriques.

Si la *skene* constitue un fond de décor qui reste à peu près inchangé, les textes dramatiques indiquent clairement l'existence de toutes sortes de praticables, autels, tombeaux ou statues en bois peint, qui donnent à chaque «décor» son individualité, et contribuent à stimuler l'imagination du public. Dans plusieurs tragédies figure un tombeau; les vivants viennent y invoquer le mort, comme font

Électre et Oreste sur le tombeau d'Agamemnon dans les *Choéphores* d'Eschyle, ou évoquer son ombre, comme font dans les *Perses* la Reine et ses fidèles conseillers. Ailleurs un autel représente l'élément essentiel du décor : il est le refuge de suppliants qui n'accepteront de s'en éloigner que quand on leur aura promis aide et sécurité : c'est le cas dans les *Suppliantes* d'Eschyle et dans bien d'autres drames de la supplication. Près de l'autel, dans les *Suppliantes*, se dressent plusieurs statues de dieux, que le texte décrit (v. 206-222) et auxquelles les Danaïdes menacent de se pendre (v. 465) si le roi d'Argos ne s'engage pas à les protéger. De même, de chaque côté de la porte du palais de Trézène, dans l'*Hippolyte* d'Euripide se dressent deux statues : celle d'Aphrodite et celle d'Artémis, les deux déesses, ou les deux puissances, dont le conflit provoque la tragédie.

Les poètes tragiques ont su parfaitement s'accommoder de cette pauvreté de moyens ; ils en ont tiré le meilleur parti possible en sollicitant sans cesse l'imagination des spectateurs que la sobriété du cadre laissait parfaitement libre ; ils ont aussi exploité à l'occasion toutes les ressources de leur théâtre pour des scènes à grand spectacle que leur rareté même rendait saisissantes : l'arrivée d'un char portant, dans *Agamemnon*, le roi victorieux et sa captive Cassandre, ou, dans *Iphigénie à Aulis*, Clytemnestre, Iphigénie, et le petit Oreste dans les bras de sa mère : de telles arrivées sont à la mesure de la puissance des rois, et de leur magnificence ; elles sont d'autant plus frappantes qu'Agamemnon, Cassandre et Iphigénie n'arrivent ainsi portés sur des chars d'apparat les uns à Argos, l'autre à Aulis, que pour y trouver la mort. Scène à grand spectacle encore que l'étonnant finale de l'*Oreste* d'Euripide : devant le palais se trouve Ménélas, entouré d'une troupe d'hommes en armes, venu venger sur les personnes d'Oreste, Électre et Pylade la disparition d'Hélène, qu'il croit morte, et réclamer sa fille Hermione qu'ils ont enlevée ; il donne l'ordre d'enfoncer les portes ; se dressent alors sur le toit du palais Oreste, l'épée appuyée sur la gorge d'Hermione, et Pylade qui tient à la main une torche enflammée ; à l'instant précis où Pylade va mettre le feu au palais, Apollon apparaît *apo mechanes* pour réconcilier tout le monde : une foule de personnages et de figurants (Pylade et Hermione sont muets, ainsi que les hommes de l'escorte de Ménélas) envahit le devant de la *skene* et ses parties hautes, cependant que la lueur des torches embrase tout le tableau quand apparaît le dieu, au-dessus du monde des hommes. Il est difficile de croire, après cela, qu'Euripide se soit senti de quelque façon limité par les faibles moyens matériels qui sont ceux du théâtre classique.

Les acteurs

Aristote, on le sait, déclare qu'Eschyle le premier porta de un à deux le nombre des acteurs, donnant ainsi l'impulsion nécessaire au développement du dialogue tragique, et que Sophocle porta ce nombre de deux à trois (*Poétique*, 1449a16). On en resta là, et trois acteurs seulement se partagent, dans un drame, la totalité des rôles. Ce sont le *protagoniste*, ou premier acteur, interprète du principal rôle (ou des deux rôles principaux), le seul qui soit susceptible de remporter le prix d'interprétation, et deux autres acteurs, le *deutéragoniste* et le *tritagoniste*, qui peuvent interpréter chacun trois ou quatre rôles. Cette pratique a de quoi surprendre, et correspond assez mal aux habitudes et aux conceptions modernes en matière d'interprétation ; on peut en dire autant de la règle absolue qui voulait que tous les rôles fussent interprétés par des hommes. De cette règle et de celle qu'on appelle règle « des trois acteurs » découlent toutes sortes de faits qu'on peut trouver déconcertants. Si l'on admet par exemple sans trop de gêne que le même acteur ait pu interpréter, dans *Œdipe-Roi*, le rôle du prêtre de Zeus au prologue, puis ceux de Jocaste, du vieux serviteur de Laïos seul témoin de la mort de l'ancien roi, enfin du messager qui vient à la fin de la tragédie raconter le suicide de la reine et la mutilation qu'Œdipe vient de s'infliger, on trouvera plus difficile d'imaginer comment un seul et même acteur jouait d'abord, dans les *Trachiniennes* de

Sophocle, le rôle de la douce Déjanire, puis, après le suicide de la jeune femme, celui d'Héraclès, son terrible époux, qui vient mourir sur scène dans une agonie pleine de bruit et de fureur. Ailleurs on voit le poète, faisant de nécessité vertu, justifier subtilement la sortie d'un personnage pour pouvoir en faire apparaître un autre, dont il a besoin à cet instant du drame, sans aller contre la règle des trois acteurs : on voit ainsi le vieil Œdipe, dans *Œdipe à Colone*, garder auprès de lui Antigone, son guide habituel, mais charger son autre fille, Ismène, d'aller accomplir en son nom les libations requises : c'est qu'il est grand temps qu'arrive enfin Thésée que tous attendent depuis le prologue et qui doit décider du sort des suppliants ; l'acteur qui vient de jouer le rôle d'Ismène se hâte donc d'aller revêtir le masque et le costume du roi d'Athènes ; il apparaît d'ailleurs – et c'est encore quelque chose de tout à fait singulier à nos yeux – que le rôle de Thésée a dû, dans cette tragédie, être interprété successivement par chacun des trois acteurs.

La comédie était moins rigoureusement tenue de se limiter à trois acteurs ; plusieurs pièces d'Aristophane en comportent évidemment davantage, et les scènes à quatre rôles parlants n'y sont pas rares, comme cette scène des *Oiseaux* (v. 1565-1694) où le héros Pisthétairos reçoit, dans sa bonne ville de Coucouville-les-Nuées, une ambassade venue de chez les dieux et composée de trois ambassadeurs dont chacun aura son mot à dire : Poséidon, Héraclès et un dieu barbare, un Triballe. En revanche, la comédie comme la tragédie n'est jouée que par des hommes, et elle tire volontiers des effets insolites et burlesques du sexe des acteurs ; les déguisements y sont très nombreux ; or si les hommes se déguisent en femmes, comme fait dans les *Thesmophories* le vieux parent d'Euripide, la chose est simplement comique, mais si les femmes se déguisent en hommes comme le font les Athéniennes dans l'*Assemblée des femmes*, il y a, pourrait-on dire, surdéguisement en ce sens que l'acteur homme est en coulisse costumé en femme, et que le personnage féminin est sur scène surdéguisé en homme ; le déguisement du personnage renvoie alors nécessairement au déguisement de l'acteur, et il n'est pas rare que les scènes de déguisement entraînent un jeu métathéâtral implicite : aussi bien voit-on que ceux qui déguisent dans les drames sont souvent des professionnels du théâtre et de la mise en scène, qu'il s'agisse, dans les comédies d'Aristophane, d'Euripide ou du jeune poète tragique Agathon, ou mieux encore, dans les *Bacchantes* d'Euripide, du dieu du théâtre lui-même, Dionysos, qui déguise en ménade le roi Penthée. Cela dit, la différence entre les deux grands genres dramatiques se manifeste aussi dans ce domaine : dans la tragédie, rien n'est censé trahir un déguisement ; mais les personnages comiques, eux, ne cessent de dénoncer l'inefficacité de leur déguisement, comme le vieil homme des *Thesmophories* à qui Euripide tend un miroir pour qu'il admire son nouveau visage (le poète vient, non sans mal, de le raser) ; ce n'est pas le visage d'une femme qu'il y voit, mais celui de Clisthène l'inverti (v. 235) !

Le déguisement de l'acteur comporte un costume et un masque. Les peintures de vases donnent une idée assez précise des costumes de théâtre. Ce sont, pour la tragédie, des robes à manches longues et tombant jusqu'aux pieds, richement décorées ou brodées – comme celles que portent les acteurs sur le célèbre vase du peintre de Pronomos (grand cratère à volutes peint vers la fin du Ve siècle) ; ces robes sont sans doute de couleurs vives, conçues à la fois pour que le corps de l'acteur soit entièrement masqué et pour que le personnage soit vu distinctement de tous les spectateurs, si éloignés qu'ils soient des premiers rangs. Les peintures de vases attestent encore que les acteurs étaient chaussés de simples sandales ; les cothurnes, ces chaussures à haute semelle destinées à grandir les acteurs et caractéristiques de l'époque hellénistique n'existaient pas au Ve siècle. Il est rare qu'un texte dramatique suggère quelque particularité en matière de costume ; tout au plus trouve-t-on décrits dans les *Perses* la tiare de Darius et ses sandales teintes de safran (v. 660-61), ou mentionnés dans les *Suppliantes* d'Eschyle les «robes et les bandeaux barbares» dont sont parées

Acteur vêtu de façon tragique et
portant son masque à la main
(d'après le vase de Pronomos,
c. 400 av. J.-C., Musée de Naples).

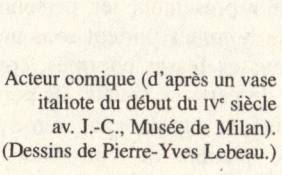

Acteur comique (d'après un vase
italiote du début du IVe siècle
av. J.-C., Musée de Milan).
(Dessins de Pierre-Yves Lebeau.)

les Danaïdes (v. 235). Euripide dut être le premier à tenter d'introduire au théâtre, au lieu de ces costumes stylisés, presque identiques pour tous, des costumes mieux en rapport avec la situation matérielle des personnages, particulièrement ces guenilles dont il aimait à affubler ses rois et ses héros exilés, mendiants ou blessés. Aristophane ne manque pas une occasion de se moquer de ce pathétique facile et tout extérieur, et l'Eschyle des *Grenouilles* méprise du haut de sa grandeur ce «faiseur de mendiants», ce «rapetasseur de loques» (v. 842) qu'est Euripide. On peut supposer, cependant, que ces effets de réalisme avaient frappé et intéressé le public; Sophocle en tout cas fut assez avisé pour s'en inspirer : Philoctète, blessé d'une blessure incurable et suppurante, ensauvagé par dix ans d'une affreuse solitude, et le vieil Œdipe condamné à une misérable errance, réduit avec sa fille Antigone à mendier à travers la Grèce, sont à l'image des Oïnée, Phénix et autres Bellérophon du théâtre d'Euripide. Voici comment, dans *Œdipe à Colone*, Œdipe s'offre à la vue de Polynice qui en reste effaré : «Dois-je d'abord, mes sœurs, pleurer mes propres maux ? ou ceux de mon vieux père que j'ai là sous mes yeux ? je le découvre donc ici avec vous deux, sur un sol étranger, et sous des hardes dont la vieille et horrible crasse ronge les vieux flancs qu'elles couvrent, tandis que, sur son front aux yeux morts, ses cheveux en désordre flottent à tous les vents. Et ce sac qu'il porte avec lui, pour nourrir son pauvre ventre, a bien l'air de même espèce.» (v. 1254-62).

Les peintures de vases et de nombreuses statuettes de bronze ou de terre cuite représentent les personnages de la comédie ancienne : les hommes portent sous un maillot de faux ventres et de fausses fesses énormes, comme les «danseurs rembourrés» de certains rituels. Ils portent non pas une robe longue mais une tunique exagérément courte, qui laisse apparaître le phallus de cuir dont ils sont pourvus. Certains chœurs, particulièrement les chœurs d'animaux, nécessitaient en revanche des déguisements et des masques plus complexes.

Quelle qu'ait été la fonction originelle du masque, sa

signification magique et religieuse, il est devenu au Ve siècle
un des éléments essentiels du déguisement des acteurs et
des choreutes, et son emploi est exactement adapté aux
exigences du théâtre classique : le port du masque rend
d'abord possibles les changements de rôle, puisque c'est
le masque qui identifie le personnage, non pas le visage
de l'interprète. Et puisque les spectateurs même s'ils sont
assis au premier rang sont au moins à une vingtaine de
mètres des acteurs, il est de toute façon impossible qu'ils
apprécient les diverses expressions des visages ; le masque,
tout en accentuant les traits de façon qu'ils soient aisés
à distinguer même à distance, permet aussi une identification rapide des divers personnages.

Aucun masque de l'époque classique ne nous est
parvenu, et pour cause : les masques étaient faits de toile,
parfois de liège ou de bois ; nous ne connaissons que
des copies en marbre ou en terre cuite. Pour la tragédie,
il existait quelques masques typiques, masques de femmes
peints en blanc, masques d'hommes de couleur plus sombre
et barbus, masques de jeunes gens et masques de vieillards.
Pollux en son temps recensait vingt-huit masques tragiques,
bien plus qu'il n'y en avait au Ve siècle. Les masques
comiques étaient évidemment d'un autre style : visages
grotesques et bouches largement ouvertes, crâne le plus
souvent dégarni (la comédie aime à railler les chauves).
Eux aussi se diversifieront à l'époque hellénistique, avec
le développement de la comédie nouvelle ; Pollux en
énumère 44. Les fabricants de masques devaient avoir
pourtant, dès le Ve siècle, diverses occasions de créer des
masques originaux ; les Danaïdes, dans les *Suppliantes*
d'Eschyle portaient des masques féminins, mais de couleur
sombre (elles parlent elles-mêmes de leurs «teints brunis
des traits du soleil», v. 154-55) ; on imagine mal que le
Socrate des *Nuées* ait pu porter un masque banal, et non
un masque conçu à dessein pour rappeler les traits du
philosophe à des spectateurs qui le connaissaient bien ; et
cette hypothèse trouve quelque appui dans la remarque
malicieuse d'un des personnages des *Cavaliers* annonçant
en ces termes l'arrivée d'un personnage en qui le public

est préparé à reconnaître le démagogue Cléon : « D'ailleurs ne crains rien, il n'est pas tout à fait ressemblant. Il est tellement affreux que pas un fabricant de masques n'a voulu reproduire ses traits. » (v. 230-32).

De quelles qualités, de quelles compétences devaient faire preuve les acteurs, et comment apparaissaient-elles au cours des représentations ? Il leur fallait avant tout une bonne voix. Si exceptionnelle qu'ait été – comme on peut aujourd'hui s'en rendre compte à Épidaure – l'acoustique de ces grands théâtres à ciel ouvert, se faire entendre de tous, dans le dialogue comme dans le chant, pendant toute la durée d'une représentation, exigeait à la fois des dons naturels et un bon entraînement. La tragédie grecque comporte en outre de nombreux « morceaux de bravoure », longues tirades, récits ou chants en solo, qui n'étaient sûrement pas d'exécution facile. Aussi comprend-on l'apparition, dès le milieu du Ve siècle, d'acteurs au moins semi-professionnels, souvent recrutés et formés par les poètes eux-mêmes. C'est à partir de 449 que le nom du protagoniste figure dans la liste des vainqueurs aux Grandes Dionysies. Certains de ces *hypokritai* ont été célèbres, mais aucun texte ne dit précisément ce qui justifiait cette célébrité, à quelques anecdotes près, qui ne sont pas très significatives ; ainsi l'acteur Hégélochos devint bien malgré lui célèbre en 409 pour avoir, dans l'*Oreste* d'Euripide, prononcé de travers un mot ; Oreste du coup, sortant de son délire, se disait soulagé de revoir enfin non pas « l'embellie » mais « la belette » ; on imagine bien que les poètes comiques ont joyeusement exploité ce lapsus ! Au total, sur le jeu des acteurs, nous ne savons que peu de choses ; Aristote affirme cependant, dans les dernières pages de la *Poétique* (1461b35), que les « anciens acteurs » reprochaient à leurs successeurs un jeu marqué souvent par l'excès et par une gestuelle outrée ; ainsi Mynniscos, qui avait interprété des œuvres d'Eschyle, traitait Callipidès de singe et condamnait ses gesticulations. Et les travaux des philologues ont montré d'autre part – le renseignement est de nature différente, mais fort intéressant – que certains acteurs n'hésitaient pas à modifier le texte écrit par les poètes et à interpoler quelques vers, voire bien davantage. C'est ainsi que l'« argument » (brève notice résumant une œuvre dramatique rédigée par les éditeurs alexandrins) du *Rhésos* – un drame d'auteur inconnu, qu'on attribue souvent à Euripide – rapporte que la pièce possède deux prologues différents, dont l'un est « bien plat », et probablement dû à quelque acteur. Une loi mit en principe fin, au IVe siècle, à cette pratique étonnante.

Le chœur

Recrutés par le chorège, les choreutes n'avaient sans doute, à l'origine, que peu de compétences particulières ; il est vrai que l'éducation traditionnelle assurait aux citoyens un entraînement poussé à la musique, à la danse, et à la poésie. Ce n'est qu'à partir du IVe siècle qu'on fit appel, pour composer les chœurs, à des chanteurs professionnels. La seule condition nécessaire, pour être choreute, était l'appartenance au corps des citoyens : un texte de Démosthène (*Contre Midias*, 56) l'atteste formellement pour les chœurs de dithyrambe, et rien ne peut faire supposer qu'il en allait autrement pour les chœurs tragiques ou comiques. C'est dire que les choreutes étaient des hommes, souvent déguisés en femmes pour incarner par exemple les choéphores (porteuses de libations) ou les Euménides de l'*Orestie*, les jeunes Phéniciennes ou les bacchantes dans l'œuvre d'Euripide. Une peinture de vase (*péliké* peinte à Athènes vers 430) représente deux choreutes en train de revêtir un déguisement féminin ; l'un a presque terminé, l'autre commence à peine, et un masque de femme est encore posé devant lui.

Les choreutes portent en effet, comme les acteurs, un masque et un costume. De nombreuses peintures de vases représentent des chœurs de satyres ou des chœurs d'animaux, oiseaux ou chevaux par exemple, comme il y en eut fréquemment dans la comédie ancienne. Les chœurs tragiques étaient vêtus plus simplement, et leurs costumes comme leurs masques étaient en rapport avec les personnages dramatiques qu'incarnaient les choreutes, citoyens d'âge mûr dans *Antigone* ou jeunes paysannes d'Argolide dans l'*Électre* d'Euripide, vieux conseillers du grand roi vêtus de robes orientales somptueuses dans les *Perses*, ou jeunes femmes portant la nébride (peau de faon) et le thyrse de Dionysos dans les *Bacchantes*. Il arrivait – plus rarement sans doute – qu'au lieu d'être tous vêtus de la même façon les choreutes aient chacun un déguisement propre : c'était le cas dans les *Oiseaux* d'Aristophane, puisque chacun des vingt-quatre oiseaux qui constituent le chœur est nommé et décrit individuellement (« en voici un beau, d'un rouge flamme », « voici une pie, une tourterelle, une alouette, une fauvette, un hypothymis, une colombe... ») ; de même le chœur du *Connos* du poète Amipsias était composé de 24 sophistes que le public devait pouvoir identifier : Athénée rapporte en effet (5, 218c) que Protagoras n'y figurait pas, et que Socrate portait un manteau fort usé ; le chœur de *Lysistrata* enfin était également hétérogène, composé pour moitié d'hommes et pour moitié de femmes.

Dès la fin du prologue du drame, le chœur entrait processionnellement dans l'*orchestra*. Quand le nombre de choreutes eut été fixé à 15 pour la tragédie, c'est-à-dire dès les débuts de la carrière de Sophocle, les choreutes avançaient à trois de front derrière le joueur d'*aulos*, et défilaient dans l'*orchestra*, souvent en débitant un récitatif sur un rythme de marche, avant d'aller prendre position au centre en formation rectangulaire : cinq rangées de trois choreutes, le coryphée, ou chef de chœur, étant le premier de la rangée centrale.

Les choreutes chantaient en règle générale à l'unisson, accompagnés par l'*aulos*. Le travail de répétition devait permettre que ces chants entonnés par 15 ou 24 hommes chantant ensemble fût parfaitement intelligible ; une telle performance était sûrement facilitée par la nature même de la musique, qui ne déformait ni n'obscurcissait les mots, et constituait un simple accompagnement. Les metteurs en scène, pourtant, renoncent souvent aujourd'hui à tenter un tel exploit, et font chanter, voire réciter, le texte des parties lyriques par le seul coryphée. Il arrivait parfois que le chœur se divise pour chanter en deux demi-chœurs – par exemple dans l'*Oreste* d'Euripide, au moment où Électre charge une partie de ses amies de surveiller le chemin « qui va vers le levant », l'autre celui « qui conduit au couchant » (*Oreste*, v. 1258), ou même que le chant choral disparaisse un temps pour laisser la place à la voix de chaque choreute : au moment où le coryphée, à l'appel de l'ombre de Clytemnestre, réveille les Érinyes au début des *Euménides* d'Eschyle, chacune chante d'abord une courte phrase, puis toutes entonnent ensemble la deuxième partie du chant. Ce sont là des cas exceptionnels, et qui d'ailleurs, pour certains, dépendent du choix des éditeurs ; le chœur représente dans le drame une collectivité, et c'est une voix collective qu'il fait entendre.

Tout en chantant, les choreutes exécutaient des figures de danse qui pouvaient être très diverses ; Phrynichos se vantait, rapporte Plutarque, d'en avoir inventé « autant que la tempête fait naître de vagues dans la mer ». Ces évolutions, dignes et graves dans la tragédie, plus vives et parfois échevelées dans la comédie, se faisaient presque sur place mais en suivant la symétrie imposée par la structure même du chant choral : dans la lyrique grecque, le chant est composé d'un nombre variable de strophes et d'antistrophes, chaque antistrophe correspondant exactement par sa structure rythmique – répartition des brèves et longues –, et par le nombre de vers qui la composent à la strophe précédente ; cette exacte symétrie est appelée *responsio* ; elle se retrouvait dans les évolutions du chœur, qui répétait pendant l'antistrophe les mêmes mouvements que pendant la strophe ; lorsque strophe et antistrophe étaient suivies d'une *épode*, ou troisième partie de structure rythmique différente, les mouvements du chœur étaient également différents. Un commentateur ancien de l'*Hécube* d'Euripide écrivait que le chœur chantait la strophe en allant vers la droite, l'antistrophe en allant vers la gauche et l'épode en restant sur place ; c'est une indication, comme on voit, un peu vague, et qui ne rend pas compte de la variété des danses dont nous connaissons au moins les noms. Il faut ajouter enfin que, vers la fin du ve siècle, apparaissent dans la tragédie des chants choraux ou des solos d'acteurs qui n'ont plus la structure antistrophique traditionnelle, signe d'une évolution du lyrisme et de la musique dont nous aurons l'occasion de reparler.

Après l'époque classique

Le IVe siècle est à tous égards une période de développement du théâtre, même si, paradoxalement, il n'y a plus guère, au moins pour ce qui concerne la tragédie, de grandes créations. On édifie des théâtres dans l'ensemble du monde grec ; on assiste à un progrès rapide du professionnalisme qui s'amorçait au siècle précédent, qu'il s'agisse des instructeurs, des acteurs, ou même des choreutes ; des troupes se constituent, et sillonnent l'Attique avec un succès qu'atteste ce passage des *Lois* de Platon (817a-817d) : « Ne vous imaginez pas, disent les législateurs aux poètes tragiques, que nous vous permettrons si facilement de venir chez nous planter sur la place vos tréteaux, et y produire vos acteurs aux belles voix, qui sonnent plus haut que les nôtres, que nous vous laisserons haranguer jeunes garçons et femmes et toute la foule... » Certains grands acteurs font figure de stars, et jouent un rôle important dans la diplomatie, comme les acteurs tragiques Aristodèmos et Néoptolèmos, envoyés par Athènes auprès de Philippe de Macédoine. L'orateur Eschine, rival et adversaire politique de Démosthène, avait été acteur dans sa jeunesse ; doué d'une belle voix et d'une excellente mémoire, il jouait, dit Démosthène, les troisièmes rôles dans la troupe d'acteurs sans doute célèbres, que l'orateur appelle, avec quelque férocité, les « grands gémisseurs ». Dans la deuxième moitié du siècle se constituent des confréries d'acteurs, les associations d'artistes Dionysiaques, officiellement reconnues comme inviolables, puissantes et protégées par les cités. Elles se multiplieront à l'époque hellénistique. Les amateurs de théâtre ont ainsi de plus en plus l'occasion de voir d'autres spectacles que ceux des festivals athéniens, et peuvent aller désormais à Delphes, à Éleusis, à Épidaure, etc.

L'œuvre de Lycurgue atteste cette importance nouvelle

du théâtre au IVe siècle. Nommé administrateur général des finances à Athènes sans doute dès 338 ou 337, il a exercé pendant douze années consécutives cette charge exceptionnelle ; intendant du trésor de l'État, il administrait en particulier le *theorikon*, ou fonds des spectacles, et son intérêt pour l'art dramatique s'est marqué de diverses façons ; il fit agrandir et aménager le théâtre de Dionysos : c'est de cette époque que datent l'*orchestra* dallée de marbre, les gradins de pierre réguliers, la *skene* en pierre complétée par deux avancées, les *paraskenia*, ailes carrées situées à chaque extrémité du bâtiment et figurant deux pavillons entre lesquels se déroulait l'action. Ce sont les ruines de ce théâtre qu'on visite encore aujourd'hui. Lycurgue fit aussi voter plusieurs lois, dont celle-ci qui est citée dans la *Vie des dix orateurs* (841 F) : « Une loi ordonnait d'exécuter en bronze les effigies des poètes Eschyle, Sophocle et Euripide et de transcrire leurs tragédies pour en conserver aux archives la copie, dont le secrétaire de l'État devait donner lecture aux acteurs, avec défense d'en modifier le texte à la représentation. »

Tel est l'hommage rendu par la cité athénienne aux trois grands poètes tragiques. Des reprises régulières assurent la pérennité de leur œuvre, mais les conditions des représentations ne sont désormais plus les mêmes : le théâtre de l'époque classique n'existe plus.

CHAPITRE III

LA TRAGÉDIE

LA TRAGÉDIE GRECQUE CLASSIQUE

Nous connaissons la date du premier concours tragique (534) et celle de la première tragédie conservée, représentée en 472, les *Perses* d'Eschyle. De ce que fut la tragédie à ses débuts, et pendant les soixante-deux ans qui séparent ces deux dates, nous ne savons presque rien. Quelques noms de poètes nous sont parvenus, ceux de Thespis, de son disciple Phrynichos, de Choïrilos ou de Pratinas, mais en dehors de fragments, et d'indications éparses attribuant à l'un ou l'autre, comme on l'a vu, tel progrès décisif pour le genre dramatique, rien ne permet de se faire une idée bien précise de leur œuvre. Choïrilos dut composer ses drames au tout début du ve siècle. Pratinas, à peu près contemporain d'Eschyle, semble s'être spécialisé dans le drame satyrique (il en aurait écrit 32, et 18 tragédies seulement). Phrynichos, le mieux connu de tous, et dont subsistent d'assez nombreux fragments, était célèbre encore, à la fin du ve siècle, pour la variété et la beauté de son lyrisme, et le chœur des *Oiseaux* célèbre ses mélodies au parfum d'ambroisie et la suavité de ses chants (v. 748-50).

C'est dire qu'on ne peut faire que des hypothèses sur la façon dont s'est peu à peu constitué le genre tragique. Il est très vraisemblable qu'une des lignes les plus nettes de cette évolution est celle qui a conduit d'un genre presque entièrement lyrique à l'affaiblissement du rôle du chœur et à la réduction progressive des parties chantées au profit du dialogue ; l'apparition d'un deuxième puis d'un troisième acteur (innovations attribuées la première à Eschyle et la seconde à Sophocle) ont évidemment favorisé l'enrichissement du dialogue, et Aristote fait remonter à Agathon, c'est-à-dire au dernier quart du Vᵉ siècle, la pratique – condamnable à ses yeux, mais qui s'est généralisée au IVᵉ siècle – qui fait que les parties chantées du drame n'ont plus aucun rapport avec l'action et sont devenues des *embolima*, simples intermèdes lyriques. Il ne s'agit cependant pas d'une évolution régulière, et les *Bacchantes* d'Euripide sont la preuve qu'à l'extrême fin du Vᵉ siècle il existe encore des chœurs fortement impliqués dans l'action, et dont les chants sont à la fois très développés et dramatiquement pertinents. On ne saurait donc définir avec précision les étapes d'une évolution de la tragédie ; ce qui est vrai des débuts de l'art tragique l'est aussi des temps de son plein épanouissement : il ne nous reste aujourd'hui qu'une infime partie des tragédies qui furent alors représentées, et rien, par exemple, de l'œuvre de ces poètes dont Héraclès suggère, dans les *Grenouilles*, qu'ils pourraient perpétuer le genre tragique, Xénoclès, Pythangélos, ou l'un de « ces petits jeunes gens qui font des tragédies » et qui sont « plus de dix mille » (*Grenouilles*, v. 86-90). Tout indique cependant qu'au moment où Eschyle compose les *Perses*, plus de soixante ans après « l'invention de la tragédie », le genre est déjà arrivé presque à maturité, et qu'il serait vain de chercher, dans la plus ancienne des pièces que nous possédons, la trace des maladresses et des balbutiements d'un art encore à ses débuts.

Aussi convient-il, pour définir au mieux la tragédie, de s'en tenir aux pièces conservées, c'est-à-dire sept tragédies d'Eschyle, sept de Sophocle – correspondant à des choix faits à l'époque romaine et destinés à l'enseignement –, et dix-sept d'Euripide (dix-huit avec *Rhésos*, tragédie transmise sous le nom du poète, mais dont l'authenticité est très contestée ; il s'agit dans le cas d'Euripide d'un choix de dix tragédies, auquel s'ajoute une partie d'une édition complète, dans laquelle les pièces se succédaient dans l'ordre alphabétique) ; il faut bien sûr exploiter aussi, à l'occasion, les renseignements précieux que contient la *Poétique* d'Aristote, mais sans jamais oublier que ce texte théorique – le premier – est postérieur de plus d'un demi-siècle à la mort d'Euripide et de Sophocle en 406.

Structure de la tragédie

Toute tragédie grecque est fondée sur l'alternance des parties chantées, qui découlent naturellement de l'origine chorale du genre dramatique, et des parties parlées ; celles-ci sont écrites en ionien-attique, c'est-à-dire dans le dialecte qui est en effet parlé à Athènes, même si le style tragique s'écarte évidemment du style parlé ; et le mètre du dialogue est, sauf rares exceptions, le trimètre iambique (l'*iambe* est un pied constitué d'une brève suivie d'une longue), le mètre qui, dit Aristote, est le plus « naturel », et le plus « dans le ton de la conversation ». Le trimètre remplaça peu à peu, dans la tragédie, un mètre sans doute plus solennel, le tétramètre trochaïque (le *trochée* est composé d'une longue suivie d'une brève). L'ionien-attique est le dialecte utilisé dans une troisième forme de diction théâtrale, le récitatif, morceau psalmodié avec un accompagnement musical par le coryphée, sur un rythme de marche bien marqué, le rythme anapestique (l'*anapeste* est composé de deux brèves suivies d'une longue). Les récitatifs accompagnent en effet la marche du chœur ; dans le corps du drame, ils constituent souvent des transitions entre chant et dialogue parlé. Les parties chantées sont écrites dans un dialecte littéraire, le dorien de la poésie lyrique, et dans des mètres extrêmement variés, avec une diversité d'effets que nous ne parvenons pas toujours à saisir, d'autant que nous sommes assez mal renseignés sur les mouvements de danse et sur la musique qui accompagnaient les chants.

Il est commode, pour décrire cette alternance entre le dialogue et le chant, de partir du schéma que propose la *Poétique* (1452b14), et qui énumère d'abord les parties parlées, puis les parties lyriques : « Voici les parties distinctes en lesquelles se divise la tragédie : le prologue, l'épisode, l'*exodos* (sortie), et le chant du chœur, qui se divise à son tour en *parodos* (chant d'entrée) et *stasimon* (chant sur place) ; ces parties sont communes à toutes les tragédies. » La dernière phrase n'est pas tout à fait vraie, puisque nous possédons deux tragédies d'Eschyle, les *Perses* et les *Suppliantes*, qui n'ont pas de prologue parlé et commencent par le chant d'entrée du chœur. Du reste, le schéma que décrit Aristote n'exclut pas toutes sortes de variations ; ainsi une partie donnée peut être ici très développée, ailleurs très réduite : la *parodos* de l'*Agamemnon* d'Eschyle compte 223 vers, dont une longue première partie anapestique accompagnant la marche du chœur qui pénètre lentement dans l'*orchestra* et défile devant les spectateurs ; le chant commence quand les choreutes ont pris place au centre de l'*orchestra*. Ce long ensemble lyrique succédant à un prologue très bref constitue la véritable exposition du drame, avec un rappel impressionnant du passé, surtout du sacrifice d'Iphigénie à Aulis, et l'installation d'une atmosphère chargée d'angoisse et de sombres pressentiments que l'annonce de la prise de Troie ne suffit pas à dissiper. En revanche la *parodos* de l'*Héraclès* d'Euripide, après un prologue au cours duquel le vieil Amphitryon a exposé tout le passé des personnages et longuement expliqué la situation, compte seulement 30 vers dans lesquels les vieillards thébains qui composent le chœur ne disent rien d'autre que leur sympathie et leur pitié pour la famille d'Héraclès dont, en l'absence du héros, l'usurpateur Lycos a décidé la mort. De même les épisodes, groupes de scènes parlées qui sont à peu près les « actes » des tragédies modernes, peuvent être de nombre mais aussi de longueur très variable, au gré des effets dramatiques voulus par les poètes ; ainsi après trois épisodes assez longs au cours desquels la vérité ne cesse d'être à la fois partiellement découverte et, pour le héros, voilée de diverses façons, le quatrième épisode d'*Œdipe-Roi* frappe par son extrême brièveté : il ne comporte qu'une seule scène, celle où Œdipe apprend enfin qui il est. Les parties chantées peuvent aussi être plus nombreuses et de formes plus variées que ne le suggère le schéma de la *Poétique*. Au simple chant choral peuvent s'ajouter, et parfois se substituer en fonction de *stasimon*, des dialogues lyriques chantés par le chœur et un ou plusieurs personnages – on les appelle des *kommoi*, d'un mot qui vient du verbe *kopto* « frapper », parce que le *kommos* est, au sens le plus précis, le chant qu'on chante en se frappant la poitrine en signe de deuil – ou encore des duos ou des solos (les monodies), chantés par les acteurs seuls. On ne s'étonnera pas, dans ces conditions, de voir varier le nombre des épisodes d'un même drame d'une édition à une autre, selon que l'éditeur considère ou non qu'un *kommos* tient lieu de *stasimon*. L'ouverture des *Troyennes* d'Euripide est un magnifique exemple de la richesse musicale de la tragédie : après deux scènes parlées par des dieux, Poséidon et Athéna, la vieille reine Hécube, qui restait prostrée, couchée à terre devant Troie en ruines, se relève peu à peu pour entonner d'abord une douloureuse mélopée (récitatif anapestique), puis une monodie bouleversée, où elle évoque l'arrivée des navires grecs en Troade, et l'esclavage qui l'attend ; elle appelle bientôt ses compagnes, comme elle captives des Grecs ; commence alors, à l'entrée du chœur, un dialogue lyrique où chacune s'interroge avec terreur sur le sort qui l'attend ; un chant choral achève la *parodos*. Cette ouverture a, pour reprendre une comparaison souvent faite, des allures d'opéra, et ce n'est pas simple virtuosité : la forme de cet ensemble lyrique est à la mesure de l'immense souffrance des Troyennes ; le chant, dit Hécube, peut apaiser la douleur ; en tout cas, après le langage parlé net et lucide – trop lucide ! – des dieux, le chant des êtres humains est le signe de leur bouleversement et de leur faiblesse. La suite du drame exploite davantage encore ces effets et ces contrastes. Quelques instants après la longue lamentation de la vieille reine et de ses compagnes, une autre monodie se fait entendre, celle de Cassandre, en proie au délire, et qui chante, non plus comme une plainte mais sur le mode joyeux du chant d'hyménée, ses noces prochaines avec Agamemnon ; ce seront pourtant des noces de sang ; au début du second épisode encore, Andromaque et Hécube déplorent, dans un duo lyrique, la défaite et la ruine de leur patrie. Au contraire il n'y a, dans le troisième épisode, aucun vers chanté ; on n'y entend pas une seconde le langage de l'émotion, mais seulement la rhétorique la plus subtile ; aussi bien s'agit-il non des captives troyennes et des souffrances qui sont désormais leur lot, mais de la femme que tous tiennent pour responsable de la guerre, Hélène, toujours belle et toujours sereine, Hélène la coupable, qui saura échapper au châtiment à l'instant même où les vainqueurs tuent un enfant innocent, Astyanax. Enfin la tragédie des femmes de Troie s'achève comme elle a commencé, par un immense *kommos* où Hécube et ses compagnes pleurent la mort d'Astyanax et celle de leur ville, que ravage l'incendie.

Scènes typiques et variations

La forme traditionnelle de la tragédie, la nature des sujets et les contraintes imposées par les données matérielles du théâtre grec font qu'il existe des situations, des séquences dramatiques ou des scènes qu'on retrouve dans la majorité des drames, et auxquelles les poètes donnent parfois une forme particulièrement originale. C'est par exemple une situation typique que celle où le chœur, resté seul dans l'*orchestra*, entend de l'extérieur un meurtre qui s'accomplit dans le palais, et accompagne de son chant les cris de la victime ; la première occurrence de cette situation est, pour nous, la scène de la mort du roi dans l'*Agamemnon* d'Eschyle. Et ce sont des scènes typiques que les scènes de reconnaissance, qu'Aristote analyse avec précision (*Poétique*, 1452a 29 et suiv. et 1454b 19 et suiv.), ou encore les scènes de message, celles où un personnage, le plus souvent anonyme, vient raconter au chœur et au public des événements qu'il ne peut être question de représenter sur scène, pour des raisons matérielles, pour des raisons religieuses – on ne doit pas faire couler de sang dans l'enceinte du théâtre –, ou encore parce que ces événements se sont déroulés loin du lieu de l'action (qu'on songe au récit de la bataille de Salamine dans les *Perses* ou à la mort de Penthée, affreusement déchiré par les bacchantes sur le mont Cithéron). Les conventions ainsi déterminées par l'usage, sans qu'il y ait eu jamais ni règles ni définitions écrites au Vᵉ siècle, ont peu à peu créé chez le public certaines habitudes et certaines attentes. Tout l'art des poètes consistera à jouer sur ces attentes et à créer des surprises de tous ordres.

Il existe par exemple, dans bon nombre de tragédies, des scènes de supplication rituelle dans lesquelles, pour avoir la vie sauve ou obtenir l'aide de quelqu'un, les personnages font des gestes et prononcent des paroles qui garantissent l'efficacité du rite : le suppliant, tout en prononçant sa prière, touche le menton et le genou de celui qu'il implore, comme Thétis touche d'une main le menton, de l'autre le genou de Zeus dans le célèbre tableau d'Ingres – *Jupiter et Thétis* – qui illustre un épisode de l'*Iliade*. Dans l'*Hécube* d'Euripide, la vieille reine, apprenant que les Grecs ont décidé d'égorger sa fille Polyxène sur le tombeau d'Achille, tente d'apitoyer Ulysse avec les mots et les gestes rituels ; comme elle ne parvient pas à le convaincre, elle pousse la jeune Polyxène à l'implorer à son tour. Tout laisse attendre une seconde supplication, peut-être plus maladroite que celle d'Hécube, sûrement plus touchante encore, et Ulysse déjà se détourne pour tenter d'éviter le contact des mains de la suppliante. Polyxène surprend alors et sa mère, et Ulysse, et le public tout entier : « Je vois que tu caches ta main sous ton manteau, Ulysse, et que tu te détournes pour que je ne puisse pas toucher ton menton. Sois tranquille ; je ne te supplierai pas ; je te suivrai, à la fois parce qu'il le faut et parce que je souhaite la mort. » (v. 342-47). La rupture du schéma attendu souligne efficacement l'héroïsme de Polyxène.

Le récit de messager, où la parole se substitue au spectacle pour faire imaginer au public ce qu'on ne peut représenter concrètement, ne saurait être, par nécessité, que clair et véridique ; il importe que le destinataire du message, mais aussi et surtout le public du théâtre connaisse avec exactitude des faits qui sont partie intégrante de l'action : « Sans doute, dit au chœur le messager qui sort du palais, à la fin d'*Œdipe-Roi*, pour annoncer la mort de Jocaste et la mutilation d'Œdipe, tu ne peux connaître le plus douloureux de tout cela, puisque tu n'as pas sous les yeux le spectacle lui-même. Pourtant, dans la mesure où ma mémoire me le permettra, tu vas (tout) apprendre... » (v. 1237-40). Comme les choreutes, les spectateurs ajoutent naturellement foi à un récit qui a pour fonction de recréer devant eux un événement dont il vont l'instant d'après voir de leurs yeux les terribles conséquences ; le récit, dans *Œdipe-Roi* comme dans bien des tragédies, est une autre façon d'ouvrir la porte de la *skene*. Sophocle ose cependant, dans *Électre*, donner la forme conventionnelle du message à des événements entièrement fictifs, en l'occurrence au long récit que vient faire le Pédagogue de la mort d'Oreste, mort inventée par le jeune homme lui-même pour les besoins de son plan de vengeance, et dont tous les détails sont pur mensonge. Clytemnestre s'y laisse prendre, comme Oreste le voulait, mais aussi Électre, dont il n'avait pas prévu la présence. Qu'Électre soit brutalement confrontée à cette terrible nouvelle, qu'elle soit contrainte d'y réagir, qu'elle décide enfin d'assumer seule la vengeance, voilà précisément ce que voulait Sophocle ; voilà pourquoi il donne à l'accomplissement du plan de ruse une forme si surprenante, et si contraire à la nature même du récit de messager.

Il arrive aussi que, comme dans l'*Oreste* d'Euripide, le rejet délibéré d'une convention ait des effets moins dramatiques qu'ironiques et parodiques. On admet, dans toute tragédie, qu'il est impossible de voir ce qui se passe à l'intérieur de la *skene*, mais non pas de l'entendre ; les cris d'Agamemnon frappé à mort sont, dans le drame d'Eschyle, clairement perçus par le chœur et par les spectateurs, comme, chez Euripide, ceux des enfants de Médée tombant sous les coups de leur propre mère, ceux du tyran Lycos châtié par Héraclès, et ceux de tant d'autres victimes. Aussi quand Oreste et Pylade décident, dans *Oreste*, de punir Ménélas de sa lâcheté en tuant Hélène, et qu'ils entrent dans le palais pour accomplir le meurtre,

Électre s'approche-t-elle de la porte jusqu'à y coller son oreille, pour s'assurer que tout s'accomplit en effet comme elle le souhaite ; mais pas un bruit ne se fait entendre. De dehors le chœur s'impatiente, et encourage les meurtriers : « Qu'attendez-vous, dans le palais ? » (v. 1284). Et voici comment Électre interprète enfin le silence : « Ils n'entendent pas » ; affirmation stupéfiante, qui défie, sinon la vraisemblance, du moins l'une des conventions les plus solides du théâtre grec ! Quelques secondes plus tard, le premier cri d'Hélène remet les choses en place.

De telles surprises seraient inefficaces sans cet accord tacite par où poètes et spectateurs acceptent un certain nombre de « lois non écrites » ; elles sont aussi le signe de la marge de liberté, immense en vérité, dont jouissent les poètes tragiques. Cette liberté, ils ne l'exercent pas seulement dans la façon dont ils conduisent certaines scènes typiques, ou exploitent certaines situations conventionnelles, mais encore dans le traitement des grands mythes où ils puisent les sujets de leurs tragédies.

Le traitement des mythes

Les mythes ont fourni la matière de la très grande majorité des tragédies de l'époque classique. Les pièces à sujet historique, la *Prise de Milet* et les *Phéniciennes* de Phrynichos, ou les *Perses* d'Eschyle ont été l'exception ; ce n'est qu'à partir du IVe siècle que l'on voit parfois réapparaître le drame historique, comme le *Thémistocle* du poète Moschion au IVe siècle, ou le drame composé au IIIe siècle par Philiscos et qui porte le même titre. Pendant tout le Ve siècle, les poètes tragiques n'ont cessé de puiser dans quelques grands cycles légendaires, sans se soucier ni d'inventer sujets ou personnages, ni de chercher quelque légende peu connue pour faire la preuve de leur originalité. Elle éclate bien davantage dans la façon qu'ils ont de traiter tel ou tel épisode que d'autres ont déjà pris pour sujet d'un drame. Aussi ne faut-il pas s'étonner de la coïncidence qui fait que nous avons conservé, sur le même moment de l'histoire des Atrides – la vengeance exercée par les enfants d'Agamemnon sur

Clytemnestre et Égisthe –, une tragédie de chacun des trois grands poètes classiques, les *Choéphores* d'Eschyle, l'*Électre* de Sophocle et l'*Électre* d'Euripide ; cette coïncidence est unique pour nous, elle ne l'était évidemment pas pour les Grecs ; ainsi Dion Chrysostome compose, à la fin du Ier siècle de notre ère, un discours (*Sur les trois Philoctète*, disc. 52) où il compare le *Philoctète* d'Eschyle, celui de Sophocle et celui d'Euripide ; nous n'avons conservé que celui de Sophocle.

Les sujets des tragédies sont empruntés pour l'essentiel – c'est-à-dire si l'on excepte quelques mythes moins exploités dans le drame, comme celui de Médée, qui fait partie de la geste des Argonautes, ou les tragédies qui glorifient Athènes, son peuple et les rois de son passé, comme l'*Ion* ou les *Suppliantes* d'Euripide – à quatre grands cycles de légendes : celui de la guerre de Troie, celui des Atrides, rois de Mycènes et d'Argos, le cycle thébain – qui comprend aussi bien l'histoire de Dionysos, fils de la princesse thébaine Sémélé, que celle des Labdacides –, et la légende d'Héraclès. Ces cycles constituaient aussi la matière de la poésie épique et de la poésie lyrique, et le public les connaissait parfaitement. Le nom des héros, toujours contenu dans les premiers vers de la tragédie, suffisait à l'éclairer, et rappelait aussitôt l'ensemble de la légende, et les rapports entre les divers personnages du drame.

Le sujet est donc connu, mais les poètes conservent toute liberté pour combiner ou modifier à leur gré tel détail ou telle donnée de la légende, sans en changer les grandes lignes : s'il est inévitable que Clytemnestre et Égisthe meurent de la main d'Oreste, l'ordre des deux meurtres n'est pas fixe, ni leurs modalités : Égisthe meurt le premier chez Eschyle et chez Euripide, mais non pas chez Sophocle, qui modifie par là sensiblement la signification politique et religieuse du double meurtre. Électre, qui n'apparaît qu'au début des *Choéphores* et ne s'y mêle d'aucun des deux meurtres, entend et commente, chez Sophocle, la mort de Clytemnestre, et livre Égisthe, par ruse, à son meurtrier ; elle participe activement, chez

Euripide, au meurtre de sa mère. Ainsi les poètes réus-
sissent-ils à tenir sans cesse en éveil la curiosité du public,
en lui ménageant des surprises parfois considérables. Il
est à peu près certain, par exemple, qu'Euripide est le
premier à avoir modifié l'histoire de Médée en faisant
mourir les enfants de l'héroïne non de la main des
Corinthiennes soucieuses de venger leur princesse mais
de celle de Médée elle même ; on mesure aisément les
formidables conséquences d'une telle innovation, et la
surprise qu'elle dut provoquer. On peut en dire autant
– même si la chose est moins profondément tragique –
du choix qu'il fait dans *Hélène* d'une version pour le
moins rare de la légende qui veut qu'Hélène n'ait jamais
suivi Pâris à Troie mais que, enlevée par les dieux et
conduite en Égypte, elle ait attendu fidèlement, pendant
dix longues années, le retour de son bien-aimé Ménélas
(pendant ce temps, Grecs et Troyens se battaient pour un
fantôme, une fausse Hélène fabriquée par les dieux !).

Il est temps, maintenant, de voir comment chacun des
trois grands poètes tragiques a pratiqué à sa manière cet
art, à la fois fait de traditions et fondé sur la surprise,
que chacun d'eux a contribué à enrichir.

ESCHYLE (526-456)

Eschyle a débuté au théâtre dès les premières années
du Ve siècle ; il a composé, au cours de sa carrière, au
moins 73 drames selon les biographes anciens (90 selon
d'autres sources) et remporté 13 victoires de son vivant,
la première en 484. Ce succès ne se démentit pas après
sa mort puisque la cité lui rendit un hommage exceptionnel
en acceptant que ses pièces soient à nouveau représentées
aux concours.

Si mal connue que soit la vie d'Eschyle – comme
d'ailleurs celle de Sophocle et celle d'Euripide – on peut
retenir quelques faits qui sont sûrs, et pour certains très
significatifs. Né à Éleusis, la ville où se déroulaient les

mystères célébrés en l'honneur de Déméter et de sa fille Coré, ces mystères auxquels il fut initié, et dont on l'accusa plus tard d'avoir violé le secret, il appartenait à l'une des grandes familles athéniennes. Il était adolescent lorsque, dans les dernières années du VIe siècle, Athènes chassa les tyrans fils de Pisistrate puis, sous l'impulsion de Clisthène, se dota de sa première constitution démocratique. Et il était en âge de combattre lorsque la Grèce dut se défendre contre les attaques des Perses ; ce fut d'abord celle des troupes de Darius que les Athéniens surent repousser à Marathon où ils furent presque seuls face aux Barbares ; ce fut ensuite celle de l'immense armée de Xerxès qui déferla en Grèce centrale, força le passage des Thermopyles en dépit de l'héroïque résistance du roi de Sparte Léonidas, envahit l'Attique et incendia Athènes, avant d'être enfin battue sur mer à Salamine (480), et l'année suivante sur terre à Platées. Eschyle a combattu à Marathon, et de nouveau à la bataille de Salamine qu'il raconte, huit ans plus tard, dans les *Perses*. Il appartient à la glorieuse génération des « Marathono-maques » que la Grèce célèbre encore un siècle plus tard, et il n'a vécu que les années montantes de l'époque classique, celles qui voient s'affirmer la démocratie athénienne mais aussi le prestige d'Athènes dans l'ensemble du monde grec, son hégémonie, sa prospérité économique, le rayonnement exceptionnel de sa culture. Son œuvre en conserve la trace évidente, et on peut tenir pour très symbolique cette sorte d'alliance entre le poète et Périclès, qui allait gouverner Athènes pendant les années de son plein épanouissement, entre 460 et 430, alliance scellée en 472 quand Périclès fut désigné comme chorège pour la représentation des *Perses*. Après la représentation de l'*Orestie* qui fut à Athènes son dernier succès, Eschyle quitta sa patrie pour gagner la cour du tyran de Syracuse, Hiéron, où il avait déjà séjourné. Il mourut en Sicile, à Géla, deux ans plus tard.

De son œuvre il ne nous reste, outre de nombreux fragments et de nombreux titres, que sept tragédies : les *Perses* représentées en 472, en même temps que deux tragédies à sujet mythique : *Phinée* et *Glaucos de Potnies* ; les *Sept contre Thèbes* (467), dernière pièce d'une trilogie thébaine ouverte par un *Laïos* et un *Œdipe* et suivie d'un drame satyrique intitulé la *Sphinx* ; les *Suppliantes*, pièce qui date probablement de 463, et ouvrait la trilogie des Danaïdes (les deux pièces suivantes pouvaient être les *Égyptiens* et les *Danaïdes*) ; l'*Orestie* (458), seule trilogie complète que nous ayons conservée, où se succèdent *Agamemnon*, les *Choéphores* et les *Euménides*, puis un drame satyrique perdu, *Protée* ; une pièce enfin dont nous ne connaissons pas la date, et dont certains doutent même, aujourd'hui encore, qu'elle ait été composée par Eschyle, *Prométhée*, ouverture d'une trilogie qui s'achevait sans doute par la délivrance du Titan, et sa réconciliation avec Zeus.

Résumé des pièces conservées d'Eschyle

Les *Perses*

(472, 8 ans après la victoire des Grecs à Salamine – deuxième pièce d'une trilogie non liée : Phinée, les Perses, Glaucos de Potnies *– premier prix)*

À Suse, non loin du palais de Xerxès.

Parodos : les Fidèles, conseillers du grand roi, évoquent le départ de l'expédition de Xerxès et la folle ambition du roi ; ils pressentent le deuil de l'Asie.

Premier épisode : Atossa, la vieille mère de Xerxès vient confier ses angoisses aux choreutes ; elle leur raconte un songe et un présage de mauvais augure. Les choreutes conseillent à la reine de prier les dieux et son époux mort, Darius. Survient un messager qui raconte longuement le désastre de Salamine et la terrible retraite des survivants ; il annonce la prochaine arrivée de Xerxès.

Premier stasimon : condamnation de la folie de Xerxès et deuil.

Deuxième épisode : la Reine arrive, porteuse des libations rituelles ; le chœur, par son chant, évoque l'Ombre du roi Darius (scène de nékyomancie). L'Ombre de Darius apparaît au-dessus de son tombeau, dénonce solennellement l'*hybris* de Xerxès et annonce un autre désastre à venir : la défaite des Perses à Platées.

Deuxième stasimon : éloge de Darius, de sa sagesse, de son règne et de ses conquêtes.

Exodos : arrivée de Xerxès et long chant de deuil (*kommos* chanté par le roi et les choreutes)

Les *Sept contre Thèbes*

(467 – dernière pièce d'une trilogie thébaine débutant avec Laïos puis Œdipe – premier prix)

À Thèbes, sur l'agora.

Prologue : Étéocle, chef de Thèbes, exhorte le peuple : le devin vient d'annoncer que les Argiens qui assiègent la ville vont attaquer dans la nuit. Arrive un messager qui annonce que les sept chefs ennemis sont en train de tirer au sort celle des sept portes de Thèbes que chacun attaquera.

Parodos : des femmes surgissent, épouvantées, et demandent longuement protection aux dieux.

Premier épisode : Étéocle demande rudement aux femmes de se taire, et de cesser d'effrayer la cité.

Premier stasimon : le chœur continue à chanter ses craintes et à supplier les dieux ; évocation terrifiante de la prise d'une ville.

Deuxième épisode : le messager vient décrire à Étéocle, revenu en toute hâte, les sept chefs, leurs boucliers, leurs blasons et leur fol orgueil ; à chaque chef ennemi Étéocle oppose un guerrier thébain dont il loue la bravoure ; lui-même affrontera, à la septième porte, son frère Polynice. La scène est rythmée par de brèves interventions chantées du chœur et s'achève par un dialogue entre Étéocle, qui évoque la malédiction qui pèse sur la race des Labdacides, et le chœur (dialogue semi-lyrique : le chœur chante).

Deuxième stasimon : évocation du destin des Labdacides, de la faute de Laïos, faute « ancienne, et qui pourtant dure encore à la troisième génération » et des crimes d'Œdipe.

Troisième épisode : le messager annonce la victoire de Thèbes et la mort d'Étéocle et de Polynice.

Exodos : on apporte les corps des deux frères ; long chant de deuil accompagnant la sortie du chœur, et auquel prennent part Antigone et Ismène, leurs sœurs. Défense est faite par un héraut de donner une sépulture à Polynice. Antigone annonce sa décision de passer outre (cette dernière partie, qui semble en effet superflue, est souvent tenue pour apocryphe, composée peut-être à la fin du Ve siècle).

Les *Suppliantes*

(peut-être 463 [1] – première pièce de la trilogie des Danaïdes, précédant les Égyptiens *et les* Danaïdes *– premier prix)*

À Argos, devant un autel et des statues de dieux.

Parodos : les Danaïdes racontent leur fuite éperdue pour échapper aux fils d'Égyptos, leur navigation et leur arrivée en Argolide ; elles invoquent leurs ancêtres, Io surtout, et Zeus dont elles célèbrent la puissance.

Premier épisode : Danaos presse ses filles d'adopter la posture de suppliantes. Le roi d'Argos arrive et s'informe de l'identité des Danaïdes. Elles le supplient de leur accorder sa protection, et pour venir à bout de ses hésitations menacent de se pendre aux statues des dieux s'il refuse. Le Roi accepte que Danaos aille se présenter en suppliant au peuple d'Argos.

Premier stasimon : prière à Zeus et évocation des errances d'Io.

La pièce a été longtemps tenue pour la plus ancienne des tragédies conservées, et datée des années 493-490. Elle figure encore en tête des œuvres d'Eschyle dans certaines éditions, dont celle de P. Mazon dans la *Collection des Universités de France*. La découverte, sur un papyrus, d'un fragment de didascalie a prouvé de manière indiscutable que la trilogie des *Danaïdes* a été représentée en même temps que des œuvres de Sophocle, dont les débuts au théâtre datent sans doute de 468.

Deuxième épisode : retour de Danaos qui annonce que les Argiens acceptent de protéger les suppliantes.

Deuxième stasimon : éloge d'Argos et vœux pour sa prospérité.

Troisième épisode : Danaos voit arriver le navire des fils d'Égyptos ; dialogue bouleversé entre le père et ses filles (le chœur chante).

Troisième stasimon : le chœur chante sa terreur et supplie encore Zeus.

Exodos : arrive un héraut égyptien accompagné d'une troupe d'hommes en armes ; il veut entraîner brutalement les Danaïdes : long *kommos* auquel met fin l'arrivée du roi d'Argos et de ses guerriers ; il oblige le héraut à se retirer et rassure les jeunes filles. Danaos les invite à entrer dans Argos et à s'y conduire avec retenue et sagesse ; le chœur quitte l'*orchestra* en célébrant les dieux dans un dernier chant.

L'*Orestie*

(458, soit 4 ans après la réforme de l'Aréopage par Éphialte – premier prix)

Première pièce : AGAMEMNON

Devant le palais des Atrides à Argos.

Prologue : le veilleur aposté par Clytemnestre sur le toit du palais évoque ses longues veilles ; apparaît soudain le signal de feu qui annonce la victoire des Grecs.

Parodos : les choreutes, citoyens nobles et âgés, viennent s'informer ; ils évoquent le départ de l'armée et le sacrifice d'Iphigénie à Aulis ; au milieu de leur chant, ils célèbrent la puissance de Zeus.

Premier épisode : Clytemnestre annonce au Coryphée la victoire des Grecs, décrit le voyage du feu de l'Ida à Argos, puis la dernière nuit de Troie telle qu'elle l'imagine.

Premier stasimon : Zeus vient de faire payer aux Troyens la faute de Pâris ; mais la guerre entraîne souffrances et violences innombrables ; la joie de la victoire ne peut faire taire l'angoisse.

Deuxième épisode : arrivée du héraut qui précède le roi ; récit des souffrances du siège de Troie et de la terrible tempête qui a, au retour, fait périr tant de Grecs. Clytemnestre apparaît au milieu de la scène pour exprimer son allégresse en termes très ambigus.

Deuxième stasimon : Hélène était l'Érinys que les dieux envoyèrent aux Troyens pour les punir. Célébration de la justice divine.

Troisième épisode : arrivée d'Agamemnon sur son char ; il est accompagné de Cassandre. Long dialogue avec Clytemnestre ; il entre dans le palais en foulant aux pieds les tissus de pourpre.

Troisième stasimon : l'épouvante envahit les choreutes.

Quatrième épisode : Cassandre rompt enfin le silence, et chante de terribles visions où se mêlent le passé et l'avenir ; au chant succède le discours : annonce du double meurtre et adieux à Apollon. Elle entre. Meurtre d'Agamemnon entendu de l'extérieur par les choreutes. Apparition de Clytemnestre ; récit triomphant du meurtre, puis long *kommos* (la reine parle, le chœur chante) ; Clytemnestre se présente comme le génie vengeur de la race des Atrides.

Exodos : arrive Égisthe, qui salue l'accomplissement de la justice ; le Coryphée l'attaque vivement ; ils sont sur le point d'engager un combat à l'épée quand Clytemnestre intervient pour les séparer.

Deuxième pièce : LES *CHOÉPHORES*

Devant le palais des Atrides à Argos ;
on voit le tombeau d'Agamemnon.

Prologue : Oreste revenu d'exil se recueille sur le tombeau ; il se cache en voyant arriver un cortège de femmes.

Parodos : les jeunes filles apportent au tombeau des libations sur l'ordre de Clytmnestre qu'un songe vient d'épouvanter.

Premier épisode : Électre, venue avec les choéphores

(porteuses de libations), accomplit les rites en priant pour que la vengeance s'accomplisse ; elle découvre sur le tombeau la boucle offerte par Oreste et la trace de ses pas. Reconnaissance du frère et de la sœur. Oreste annonce l'ordre qu'il a reçu d'Apollon.

Long *kommos* (le chœur, Oreste, Électre) qui doit tenir lieu de stasimon : chant de deuil.

Deuxième épisode : invocation au mort, récit du songe de la reine et plan d'Oreste.

Deuxième stasimon : Clytemnestre parmi d'autres terribles criminelles, Althaia, Scylla, les femmes de Lemnos. Célébration de la justice divine.

Troisième épisode : Oreste se présente à sa mère comme un étranger chargé d'annoncer la mort d'Oreste ; elle le reçoit ; lamentations de la vieille nourrice d'Oreste.

Troisième stasimon : prière à Zeus et encouragements à Oreste.

Quatrième épisode : Arrivée d'Égisthe ; son meurtre entendu de l'extérieur. Meurtre de Clytemnestre (Oreste au dernier moment l'entraîne dans le palais).

Quatrième stasimon : « Elle est venue, la Justice... »

Exodos : Oreste apparaît sur l'*eccyclème* entre les deux cadavres ; il se justifie solennellement, puis s'enfuit, poursuivi par les Érinyes visibles pour lui seul.

Troisième pièce : LES *EUMÉNIDES*

*Première partie devant le temple d'Apollon à Delphes ;
à partir du v. 235 : l'Acropole d'Athènes.*

Prologue : Prière de la Pythie ; elle pénètre dans le temple et ressort épouvantée. L'*eccyclème* fait apparaître le spectacle qu'elle vient de décrire : Oreste suppliant, les Érinyes endormies et Apollon qui commande à Oreste d'aller à Athènes et d'y « étreindre l'antique image de Pallas ». L'Ombre de Clytemnestre vient provoquer le réveil des Érinyes.

Parodos : réveil des Érinyes.

Premier épisode : À Delphes : Apollon chasse les Érinyes du sanctuaire et annonce qu'il sauvera Oreste. À

Athènes : Oreste prie Athéna ; les Érinyes arrivent et le menacent.

Premier stasimon : le « chant-délire » des Érinyes autour d'Oreste.

Deuxième épisode : Athéna apparaît ; les Érinyes puis Oreste plaident leur cause devant elle ; elle décide de faire choix d'hommes qui seront juges du sang versé.

Deuxième stasimon : le chœur pressent l'avènement d'une justice nouvelle.

Troisième épisode : procès d'Oreste devant Athéna, Apollon et les juges du nouveau tribunal. Apollon parle en faveur de l'accusé, contre les Érinyes. Athéna fonde solennellement le Conseil de l'Aréopage qui saura protéger à tout jamais la cité. Le vote a lieu ; les voix des juges sont exactement partagées et Athéna, en vertu d'une règle annoncée d'avance, proclame l'acquittement.

Exodos : long *kommos* (Athéna parle, le chœur chante) au cours duquel Athéna convainc les Érinyes de renoncer à la vengeance, et de s'installer à Athènes où elles deviendront les Bienveillantes, les Euménides. Le chœur sort en célébrant la réconciliation et la paix.

Prométhée enchaîné

(date inconnue – attribution à Eschyle toujours discutée[1] – peut-être première pièce d'une trilogie liée, précédant Prométhée délivré *et* Prométhée Porte-feu*)*

Devant un massif rocheux.

Prologue : Héphaïstos vient sur l'ordre de Zeus clouer Prométhée au rocher. Il est accompagné de Kratos (Pouvoir) et Bia (Force), serviteurs de Zeus. Kratos lui reproche brutalement sa compassion et le presse d'obéir. Héphaïstos s'exécute. – arrivée d'un char ailé portant les Océanides venues réconforter le Titan ; *kommos* qui

---

Voir M. Griffith, *The Authenticity of Prometheus Bound*, Cambridge, 1977.

tient lieu de parodos. Les Océanides évoquent avec terreur le pouvoir tyrannique du nouveau maître, Zeus.

Premier épisode : Prométhée explique d'abord aux Océanides puis à leur père Océan les raisons de la colère de Zeus.

Premier stasimon : lamentations sur le sort du Titan.

Deuxième épisode : Prométhée énumère les dons qu'il a faits aux hommes : «tous les arts aux mortels viennent de Prométhée». Il déclare détenir un secret qui concerne le destin de Zeus.

Deuxième stasimon : le chœur tremble devant la puissance de Zeus.

Troisième épisode : Io arrive, poursuivie par le taon ; elle chante son malheur puis s'apaise, et raconte longuement son histoire. Prométhée lui annonce la suite puis le terme de ses errances, et révèle que lui seul peut éviter à Zeus d'être renversé ; Io s'enfuit, taraudée par le taon.

Troisième stasimon : lamentations sur le sort d'Io.

Exodos : fort du secret qu'il détient, Prométhée brave Zeus en dépit des exhortations du chœur à la prudence. Arrive Hermès, envoyé par Zeus pour contraindre Prométhée à parler. Il annonce au Titan le supplice à venir : l'aigle de Zeus viendra lui ronger le foie jusqu'à ce qu'il cède. Ultime défi de Prométhée ; le tonnerre gronde, la terre tremble : Zeus déclare à Prométhée une guerre sans merci.

Le théâtre d'Eschyle

Les tragédies d'Eschyle sont d'abord remarquables par la simplicité et la linéarité de l'action : ni intrigue complexe, ni surprises ou retournements inattendus ne viennent en briser ou en obscurcir le déroulement. L'histoire d'Oreste peut, ici encore, illustrer ce trait caractéristique de l'art d'Eschyle en l'opposant à la manière de Sophocle et à celle d'Euripide : pour que le meurtre d'Agamemnon puisse enfin être vengé, il est nécessaire qu'Oreste soit reconnu par sa sœur Électre. Or une reconnaissance est un élément d'intrigue complexe, et qui peut être longuement exploité comme tel ; elle n'intéresse pas Eschyle qui s'en débarrasse dès le premier épisode des *Choéphores*, de façon que l'action puisse se dérouler ensuite sans heurt ni retardement. Sophocle et Euripide mènent tout autrement les choses ; Sophocle fait attendre la reconnaissance jusqu'au dernier épisode pour mieux montrer la solitude d'Électre, sa souffrance et son héroïsme ; Euripide l'exploite très longuement, et prend plaisir à réfuter, par jeu, la reconnaissance des *Choéphores* en soulignant tout ce qu'elle a d'invraisemblable pour qui veut en étudier de très près les indices au mépris du mouvement même de la tragédie.

Seule pièce à sujet historique, et la plus ancienne de toutes celles que nous possédons, la tragédie des *Perses* mérite une attention particulière, et constitue une introduction éclairante au reste de l'œuvre. Il ne s'agit en réalité ni d'une simple pièce d'actualité, ni d'une œuvre partisane. Sans doute la tragédie célèbre-t-elle la victoire de la Grèce sur les Barbares et exalte-t-elle l'idéal panhellénique (au détriment même de la vérité historique : Hérodote fait état de graves dissensions entre les peuples grecs), mais les artisans de cette victoire ne sont pas les hommes, si valeureux qu'ils aient été ; ce sont les dieux qui ont ainsi châtié de manière éclatante la démesure (*hybris*) du roi Xerxès, coupable d'avoir osé bouleverser l'ordre du monde en faisant construire un pont sur l'Hellespont, jetant ainsi « un joug au cou de la mer » qu'il traite en esclave, et coupable d'avoir ensuite offensé les dieux en pillant et en incendiant leurs sanctuaires. Terrible leçon pour les vaincus, dont les longs chants de deuil emplissent la pièce, mais aussi pour les vainqueurs, et pour tous les hommes. L'Ombre du roi Darius la formule en termes saisissants : « Nul mortel ne doit nourrir de pensée au-dessus de sa condition de mortel. Car la démesure, quand elle vient à fleurir, produit l'épi de l'égarement, et l'on en tirera une moisson de larmes. » (v. 820-22). La défaite perse n'est pas un simple événement historique ; elle acquiert une portée et une signification universelles, et illustre de façon exemplaire la puissance des dieux et leur justice.

La construction de la pièce fait succéder l'annonce de la défaite à un long temps d'attente au cours duquel se développe l'angoisse du chœur et de la vieille reine (Atossa, veuve de Darius et mère de Xerxès), une angoisse nourrie de sombres pressentiments et de signes trop clairs envoyés par les dieux, un songe et un présage. La crainte, montant peu à peu jusqu'à son paroxysme, domine souvent l'ouverture du drame chez Eschyle ; les pressentiments des vieillards d'Argos, au début de l'*Orestie*, ressemblent fort à ceux des vieux conseillers du grand roi ; les uns et les autres scrutent avec anxiété le passé, y décèlent les signes de l'orgueil et de l'aveuglement des rois, et redoutent l'intervention des dieux dont ils connaissent la puissance ; désarroi, anxiété ou terreur bouleversent aussi les jeunes femmes qui composent le chœur des *Sept contre Thèbes*, ou les Danaïdes venues chercher à Argos protection contre la poursuite des fils d'Égyptos (les *Suppliantes*). Et leur crainte se nourrit à la fois du sentiment de leur impuissance et de la certitude que les dieux sont à l'œuvre.

Un autre trait apparaît dans les *Perses* qui se retrouve dans le reste de l'œuvre, c'est l'idée que le malheur, fût-il le résultat d'une faute individuelle, touche toujours une collectivité, race ou cité, dont l'individu est inséparable, ici la nation perse, ailleurs la race des Atrides et la cité d'Argos, dans les *Sept* Thèbes entière, menacée par l'effet de la malédiction qui pèse sur la race des Labdacides et conduit inexorablement à la mort d'Étéocle et de Polynice. Aussi comprend-on bien que le chœur, qui incarne cette collectivité, occupe toujours, chez Eschyle, une place exceptionnelle : les « Fidèles » de Darius, présents dès le premier vers, conseillent et informent la reine, évoquent par leur chant l'Ombre du roi mort, condamnent la folle démesure de Xerxès et mènent avec lui le deuil, dans le long *kommos* qui constitue l'exodos de la tragédie, sur la nation perse et les peuples de l'Asie tout entière.

Les *Perses* ont enfin une autre particularité, mais celle-là oppose le drame à toutes les autres pièces conservées :

c'est la seule tragédie d'Eschyle qui ne fait pas partie d'une trilogie « liée », c'est-à-dire d'un ensemble de trois drames qui racontent trois étapes successives d'une même histoire, comme fait l'*Orestie* : meurtre d'Agamemnon dans *Agamemnon*, vengeance exercée par Oreste dans les *Choéphores* (meurtre de Clytemnestre et d'Égisthe), procès et acquittement d'Oreste dans les *Euménides*. Car, pour autant que nous le sachions, Eschyle semble avoir composé presque toujours des trilogies liées, et passe même parfois pour avoir été l'inventeur de cette structure qui, peut-être, n'existait pas à l'époque des *Perses*. C'est un choix révélateur : les *Sept contre Thèbes* par exemple achèvent une trilogie dont les deux premières pièces évoquaient l'une le crime de Laïos et sa désobéissance aux ordres d'Apollon, l'autre les crimes d'Œdipe, inceste et parricide, présentés comme la conséquence du crime de Laïos : chaque génération est étroitement solidaire de la précédente ; les fils payent pour les fautes des pères, et la malédiction pèse sur la race tout entière jusqu'à son extinction : la mort des deux fils d'Œdipe dans les *Sept*. Si déroutante que puisse nous paraître la notion de faute héréditaire, l'idée que les dieux frappent les enfants pour les fautes des parents, et frappent en suscitant de nouveaux crimes qui devront eux aussi être payés, du moins est-elle en rapport avec le droit grec archaïque, et met-elle en pleine lumière à la fois l'idée de la solidarité des individus d'une même race ou d'une même nation, et le caractère souvent mystérieux de la justice divine dont l'homme ne peut toujours comprendre les voies. Aussi bien faut-il, pour que ces voies deviennent intelligibles, pour que les interrogations angoissées ou les affirmations contradictoires des hommes sur la justice trouvent enfin une réponse claire, que le temps fasse son œuvre, de génération en génération. Le cadre de la trilogie liée est seul assez vaste pour que s'accomplisse la lente évolution qui mène du chaos et de la violence primitifs à l'ordre final. Tel est le sens de l'*Orestie* : le meurtre d'Agamemnon, accompli par Clytemnestre pour faire payer au roi le sacrifice d'Iphigénie, puis celui de Clytemnestre et d'Égisthe par où Oreste, sur l'ordre d'Apollon, venge la mort de son père, appartiennent encore aux temps d'une justice archaïque, qui s'exerce dans le cadre de la famille et fait payer, comme le veut la dure loi du talion, le meurtre par le meurtre. Chacun de ces meurtres prend la forme d'un sacrifice corrompu ; le sacrifice monstrueux de la fille égorgée par son père succède à celui, tout aussi monstrueux, des enfants de Thyeste offerts en pâture à leur père, et entraîne cet autre sacrifice atroce, sacrilège, dont Clytemnestre se vante si hautement : « Et je frappe deux fois... et quand il est à terre je lui donne un troisième coup, offrande votive au Zeus Sauveur qui règne chez les morts. » (*Agamemnon*, v. 1384-87). Comment mettre un terme à l'enchaînement de la violence, comment justifier le rôle tenu par Apollon dans l'accomplissement d'une vengeance qui impose au fils de tuer sa propre mère ? La réponse vient dans les *Euménides*, dernière pièce de la trilogie. Apollon décide de délivrer Oreste de la souillure du crime et de l'horrible poursuite des Érinyes. Le jeune homme est jugé par un tribunal humain, l'Aréopage d'Athènes qu'Athéna vient d'instituer, et acquitté grâce au vote décisif de la déesse. Les Érinyes abandonnent leur rôle de divinités vengeresses et deviennent les Bienveillantes, les Euménides. L'intervention des dieux apaise et ordonne le monde des hommes, elle sanctionne le progrès qui conduit de la justice familiale de l'époque archaïque à la justice civique de l'âge classique ; la cité prend en charge désormais jugements et châtiments. Or, quelques années avant la représentation de l'*Orestie*, un démocrate convaincu, Éphialte, avait réussi à imposer à Athènes une réforme qui consistait pour l'essentiel à abattre la puissance du grand tribunal aristocratique de l'Aréopage. L'Aréopage avait du coup perdu, en 462, tous ses pouvoirs politiques et une partie de ses pouvoirs judiciaires ; il restait compétent pour les affaires de meurtre. Le pouvoir qu'exerce l'Aréopage dans les *Euménides* ne va pas au-delà de celui qu'il conservait dans Athènes à l'époque de la représentation. Eschyle ne se soucie pas, évidemment, de critiquer la réforme d'Éphialte ; rien ne

serait plus contraire à l'esprit de son œuvre. Mais les
paroles d'Athéna quand elle fonde solennellement l'Aréopage et bénit la cité athénienne prennent, si on les réfère
à l'actualité de 458, une résonance plus grave et plus
émouvante encore.

Il est probable que l'histoire de Prométhée illustrait
une évolution semblable à celle qu'on lit dans l'*Orestie*,
saisie non plus dans le monde des hommes mais dans
celui des dieux. On est au lendemain de la lutte des
dieux contre les Titans, et de l'avènement de Zeus. Zeus
lui-même, présenté dans la tragédie conservée comme le
tyran brutal d'un univers où règne encore la violence
– ses serviteurs s'appellent Pouvoir et Force – devenait
peu à peu, dans les deux autres pièces, le dieu de justice
dont la réconciliation avec le Titan, pressentie dans
Prométhée, scellait le passage du monde primitif au règne
de la persuasion et à l'établissement de l'ordre ; même
chez les dieux, la justice n'apparaît qu'avec le temps.

Ainsi se manifeste la profonde cohérence d'une œuvre
soutenue par une même pensée morale et religieuse, et
une foi ardente dans la justice de Zeus et le progrès
qu'elle permet et favorise dans le monde des hommes.
Un dernier détail montrera comment Eschyle sut, à
l'occasion, utiliser l'innovation d'un autre pour donner
plus de force encore à l'affirmation de ces convictions.
Il s'agit de l'utilisation du troisième acteur, inventé par
Sophocle évidemment pour enrichir le dialogue tragique
et permettre ces grandes scènes à trois personnages dont
Œdipe-Roi offre les exemples les plus frappants. Eschyle
n'a jamais composé de dialogue à trois personnages, et
s'il arrive, dans *Agamemnon*, que trois acteurs soient sur
scène en même temps, Clytemnestre, Agamemnon et
Cassandre, le troisième, Cassandre en l'occurrence, reste
parfaitement silencieux jusqu'au moment où le couple
royal pénètre dans le palais. Voilà donc un troisième
acteur dont le rôle consiste à garder le silence, mais aussi
bien est-ce un silence impressionnant, prélude aux cris
effrayants, aux terribles prophéties que lui inspire Apollon
dont elle est la prêtresse. L'effet est plus impressionnant

encore dans les *Choéphores* : dès le début du drame,
Oreste est accompagné de son ami Pylade ; et Pylade ne
prononce pas un seul mot, au point qu'on pourrait imaginer
qu'il s'agit d'un de ces personnages muets qui abondent
dans la tragédie grecque. Or au moment où Oreste, bien
que persuadé de la nécessité de la vengeance et du
bien-fondé de l'ordre d'Apollon, hésite à frapper Clytemnestre qui vient de dévoiler son sein pour mieux souligner
l'horreur du parricide, il se tourne vers Pylade, et Pylade
prononce alors trois vers, qui constituent la totalité de
son rôle dans le drame : « Qu'en sera-t-il alors des oracles
d'Apollon, ces avis rendus à Pythô, qu'en sera-t-il des
serments, et de la parole donnée ? Mieux vaut avoir pour
ennemi tous les hommes, plutôt que les dieux. » (v. 900-
902). Le troisième acteur, loin de servir, comme chez
Sophocle, à enrichir le dialogue entre les hommes, fait
entendre, au moment crucial, comme la voix même
d'Apollon.

Le spectacle donne à ces fortes pensées une forme plus
frappante encore : le riche tissu rouge que déploie
Clytemnestre sous les pieds de son époux, comme on fait
pour que les pieds d'un dieu – ou de sa statue – n'aient
pas à toucher le sol, et qui va du char royal jusqu'au
seuil du palais, fait voir concrètement, dans *Agamemnon*,
l'*hybris* du roi, et laisse pressentir le meurtre. Rouge
encore, de la couleur du sang, est le « filet de mort »
dans lequel Agamemnon s'est laissé jadis prendre et
qu'Oreste brandit à la fin des *Choéphores*, une fois sa
vengeance accomplie : le spectacle souligne expressément
le rapport de cause à conséquence entre les meurtres
précédents (Agamemnon et Cassandre) et ceux qui viennent
d'être commis (Clytemnestre et Égisthe dont les corps
sont étendus à terre à côté d'Oreste) ; dans l'une et l'autre
scène d'ailleurs, l'usage de l'*eccyclème* donne au tableau,
et au lien entre les deux tableaux, une force singulière.
Rouge enfin, mais parce que le rouge est la couleur des
processions solennelles, le manteau que revêtent à la fin
des *Euménides* les antiques déesses devenues protectrices

bienveillantes d'Athènes : au meurtre et à la vengeance succèdent la paix et le recueillement.

Tant de grandeur, de force et de solennité ont valu à Eschyle une admiration qui ne s'est jamais démentie. À la fin du Vᵉ siècle, il reste le poète tragique le plus admiré, le plus aimé du public athénien si l'on accepte le témoignage de la comédie, le seul enfin que le dieu du théâtre lui-même, descendu aux Enfers pour y chercher un poète capable de servir efficacement sa cité, juge digne de revenir sur terre. Tel est le sujet des *Grenouilles* d'Aristophane, et les spectateurs durent savourer la présence sur scène du grand poète, et le plaisir de réentendre, certes dans un contexte parodique, ces mots « qu'il édifiait comme des tours », ces mots « gros comme des bœufs, portant sourcils et panache », « étranges et terribles » (v. 1004, 924-25), cette langue magnifique et archaïque à la fois qui avait servi à exprimer de si hautes idées.

SOPHOCLE (496-406)

Né près de trente ans après Eschyle, Sophocle est en compétition avec lui dès le début de sa carrière : la tradition rapporte qu'il fit représenter en 468 ses premières pièces, dont un *Triptolème*, et qu'il remporta le prix alors qu'Eschyle concourait lui aussi cette année-là. Rival d'Eschyle pendant douze ans, Sophocle fut pendant tout le reste de sa carrière le rival d'Euripide, plus jeune d'une douzaine d'années seulement, et qui mourut en 406 quelques mois avant Sophocle. Il serait faux, comme on voit, d'imaginer un rapport de succession entre les trois plus grands poètes tragiques du Vᵉ siècle. Les Anciens connaissaient 123 drames de Sophocle – il nous reste 114 titres –, qui connurent un succès exceptionnel : le poète remporta 18 victoires aux Grandes Dionysies, et ne fut jamais classé dernier.

Sophocle vécut, comme Euripide, non pas seulement les années d'or du siècle de Périclès, mais aussi la terrible crise qui ébranla la Grèce à la fin du Vᵉ siècle, mit en danger ou bouleversa, à Athènes, les valeurs morales, civiques et religieuses traditionnelles, et faussa peu à peu le bon fonctionnement de la démocratie, cependant que la cité, parce qu'elle transformait sciemment son hégémonie en impérialisme de plus en plus dur, allait devoir affronter la guerre dite « du Péloponnèse », que Sparte et ses alliés déclarèrent en 431 et qui allait s'achever par la défaite et la capitulation d'Athènes en 404. Euripide puis Sophocle meurent juste assez tôt pour que leur soit épargné le spectacle d'Athènes défaite et ruinée. Or s'il est aisé de déceler dans l'œuvre d'Euripide de multiples échos de cette crise et de ces événements, on ne peut rien lire de tel dans celle de Sophocle ; on ne peut pas davantage trouver, dans les quelques faits que nous connaissons de sa vie, la moindre piste susceptible d'éclairer son œuvre.

Né à Colone, village tout proche d'Athènes, dans une famille noble et aisée, Sophocle entretint très tôt des relations privilégiées avec les hommes politiques les plus importants de son temps, d'abord Cimon, puis Périclès et le cercle de ses amis, artistes, philosophes ou savants. Il a été pendant toute sa vie intimement mêlé à la vie de la cité, et n'a cessé d'assumer d'importantes charges politiques : en 443-42, il est désigné comme l'un des hellénotames (c'est le nom des trésoriers qui gèrent le trésor de la ligue de Délos) ; il fut nommé stratège, sans doute à deux reprises – il l'était à coup sûr en 440, quand il participait aux côtés de Périclès à l'expédition contre Samos, et la tradition ancienne veut que les Athéniens aient, par son élection, récompensé le poète de leur avoir offert *Antigone* l'année précédente –, il contribua à l'installation du culte d'Asclépios à Athènes, et sa piété lui valut d'être, après sa mort, honoré comme héros. Quand Athènes enfin, en 413, tente de se relever après le terrible désastre qu'elle vient de subir en Sicile, la cité désigne dix conseillers chargés de prendre les mesures d'urgence nécessaires, et Sophocle, alors âgé de 83 ans, est l'un de ces dix hommes. Il a donc joui jusqu'à la fin de sa vie de la confiance du peuple athénien, connu au théâtre un succès constant, et toujours vécu, selon l'épitaphe composée par le poète comique Phrynichos, à l'abri du malheur.

Peut-être est-ce cette vie, dont tant de témoignages suggèrent la plénitude et la sérénité, qui a fait trop longtemps juger que l'œuvre était elle aussi caractérisée par la tranquillité, l'harmonie et l'équilibre. Pourtant nulle œuvre ne présente une peinture aussi insistante, aussi cruelle, aussi insoutenable de la souffrance ; aucune ne montre autant de héros mutilés, torturés par le mal, consumés par un deuil obsédant, comme si souffrir était le fond même de la condition humaine, et l'aptitude à endurer la souffrance la seule pierre de touche de la grandeur de l'homme.

Sept tragédies nous ont été transmises, auxquelles il faut ajouter quelques centaines de vers d'un drame satyrique, les *Limiers*. Deux tragédies seulement sont datées de façon sûre, mais si l'on tient compte des données stylistiques, des critères métriques, des rapprochements que suggère l'analyse des textes, on peut proposer la chronologie suivante : les plus anciennes pièces conservées pourraient être *Ajax* puis *Antigone* (jouée en 442 selon toute vraisemblance). Les *Trachiniennes* sont sans doute un peu postérieures à *Antigone* ; *Œdipe-Roi* a dû être composé autour de 427, et *Électre* autour de 413. *Philoctète* fut représenté en 409, et *Œdipe à Colone* après la mort du poète, en 401. Il faut ajouter enfin que Sophocle, poète toujours soucieux de son art, avait, selon Plutarque, composé un traité *Sur le chœur*, où il définissait l'évolution de son propre style et disait être parvenu pour finir au style « le plus conforme au caractère », qui est aussi le meilleur ; il fut aussi l'auteur – nous avons eu l'occasion d'en parler – d'innovations importantes pour le développement du théâtre tragique, la « peinture de la *skene* » et l'invention du troisième acteur.

Résumé des pièces conservées de Sophocle

Ajax

(sans doute autour de 445)

*Dans le camp des Grecs sur les rivages de Troade ;
devant la tente d'Ajax.*

Prologue : Ulysse examine des traces devant la baraque ; Athéna, paraissant sur le toit de la *skene*, lui révèle qu'elle a frappé Ajax de folie et qu'il a massacré le bétail en croyant massacrer les chefs de l'armée grecque pour venger ce qu'il tient pour un affront intolérable : s'être vu refuser les armes d'Achille. La déesse fait apparaître le héros, toujours fou, sans qu'il puisse voir Ulysse.

Parodos : les marins de Salamine, compagnons d'Ajax, s'inquiètent des rumeurs qui accusent le héros du massacre des bêtes.

Premier épisode : Tecmesse, captive et compagne d'Ajax, raconte au chœur la crise de folie (*kommos* puis dialogue) ; on entend les cris du héros ; la porte de la *skene* s'ouvre, le montrant effondré au milieu des bêtes massacrées ; il se plaint longuement dans un *kommos*, puis délibère, seul, sur les moyens de sauver son honneur : « Vivre noblement ou noblement mourir, voilà le devoir de l'homme bien né. » Refusant d'écouter les supplications de Tecmesse, Ajax se fait apporter son tout jeune fils Eurysacès et l'exhorte une dernière fois à suivre les voies de l'honneur.

Premier stasimon : les marins évoquent Salamine, leur patrie, et le deuil qui va frapper les parents d'Ajax, Télamon et Périboé.

Deuxième épisode : discours ambigu d'Ajax en présence de Tecmesse et du chœur ; il annonce son intention d'aller se purifier.

Deuxième stasimon : chant de joie du chœur, convaincu que désormais tout ira bien.

Troisième épisode : scène de messager : il faut à tout prix retenir pour cette journée Ajax sous sa tente ;

Tecmesse et les choreutes sortent vivement pour se mettre à la recherche du héros. La scène vide représente un lieu au bord de la mer : ultime monologue et suicide d'Ajax.

Pas de stasimon mais une *épiparodos* (nouveau chant d'entrée du chœur) puis un *kommos* qui suit la découverte par Tecmesse du corps d'Ajax.

Quatrième épisode : Teucros, demi-frère d'Ajax, apparaît et se lamente ; il s'oppose avec force à Ménélas venu interdire la sépulture d'Ajax. Teucros laisse Tecmesse et Eurysacès près du corps du héros.

Troisième stasimon : lamentations sur les souffrances de la guerre.

Exodos : long débat Teucros-Agamemnon (*agon*) ; Ulysse intervient au nom de la générosité et de l'humanité. Agamemnon cède de mauvais gré. Cortège funèbre dirigé par Teucros.

Antigone

(442 ; Sophocle est élu stratège l'année suivante)

À Thèbes, devant le palais royal.

Prologue : Antigone annonce à sa sœur Ismène sa décision de désobéir au décret de Créon pour donner à Polynice la sépulture rituelle ; Ismène essaie en vain de la faire céder.

Parodos : des vieillards dévoués à la cité et à son chef célèbrent la victoire de Thèbes.

Premier épisode : Créon proclame solennellement les règles qu'il entend suivre et l'interdiction de donner une sépulture à Polynice ; arrive un garde qui lui annonce, non sans crainte, que le corps de Polynice a été rituellement honoré et couvert de poussière ; Créon, fou de colère, soupçonne quelque complot contre lui, et exige qu'on lui amène le coupable.

Premier stasimon : célébration de l'homme, de ses progrès et de ses exploits ; l'éloge est ambigu : les conquêtes de l'homme et son intelligence ne suffisent ni à le préserver de la mort, ni à le guider vers le bien.

Deuxième épisode : affrontement entre Créon et Antigone que le garde vient de lui amener. Antigone doit mourir ; Ismène demande à partager son sort.

Deuxième stasimon : le chœur évoque le triste destin des Labdacides et célèbre la puissance de Zeus ; nul orgueil mortel ne saurait échapper à l'*ate* (égarement) envoyée par les dieux.

Troisième épisode : affrontement (*agon* en forme) entre Créon et son fils Hémon, fiancé d'Antigone ; Créon ne cède pas : il enfermera Antigone vivante dans un cachot souterrain.

Troisième stasimon : le chœur célèbre la puissance d'Éros.

Quatrième épisode : long dialogue chanté (*kommos*) entre le chœur et Antigone qu'on entraîne vers sa prison. Devant Créon venu presser les gardes, Antigone s'explique pour la dernière fois.

Quatrième stasimon : exemples mythiques d'emprisonnement, Danaé, Lycurgue châtié par Dionysos, les deux fils de Phinée aveuglés par leur marâtre.

Cinquième épisode : le devin Tirésias vient annoncer que les présages indiquent la colère des dieux, et presse Créon de renoncer à son décret. Créon l'accuse de basse cupidité ; Tirésias annonce alors un malheur à venir : « un mort, issu de tes propres entrailles » ; Créon plein d'angoisse accepte les conseils du chœur et sort pour aller délivrer Antigone.

Cinquième stasimon : le chœur qui a repris confiance célèbre Dionysos, dieu thébain.

Exodos : un messager annonce au chœur que Créon a trouvé morts Antigone et Hémon ; Eurydice, l'épouse de Créon, lui demande un récit complet des faits, puis rentre sans un mot dans le palais. Créon arrive, portant le corps de son fils ; long thrène (*kommos*) que redouble la nouvelle apportée par un serviteur qui sort du palais : Eurydice s'est donné la mort.

Les *Trachiniennes*

(date inconnue ; d'après les critères formels, une des pièces les plus anciennes)

À Trachis, ville de Thessalie, devant le palais
où Céyx a accueilli Héraclès après le meurtre d'Iphitos.

Prologue : Déjanire évoque son mariage, et les angoisses que provoque chez elle l'absence prolongée d'Héraclès ; sur les conseils de sa nourrice, elle envoie son fils Hyllos à la recherche de son père qui se prépare à faire campagne contre Eurytos, roi d'Œchalie en Eubée.

Parodos : des jeunes filles du pays chantent la tristesse de Déjanire et les travaux d'Héraclès.

Premier épisode : après les confidences de Déjanire au chœur, un messager vient annoncer la victoire du héros ; bref chant de joie, suivi de l'arrivée de Lichas, héraut d'Héraclès, qui fait à Déjanire un récit complet et lui présente un groupe de captives qu'Héraclès lui envoie. Déjanire, prise de compassion pour l'une d'entre elles, interroge en vain Lichas ; le premier messager apprend à Déjanire qu'il s'agit de la fille d'Eurytos, Iole, et qu'Héraclès brûle d'amour pour elle. Déjanire convainc Lichas de tout lui révéler.

Premier stasimon : récit du combat d'Héraclès contre le fleuve Achéloos, prétendant de Déjanire.

Deuxième épisode : Déjanire confie au chœur qu'elle a, pour regagner l'amour de son époux, trempé la tunique que Lichas est chargé de lui porter dans le sang du centaure Nessos ; mourant de la flèche décochée par Héraclès, Nessos avait affirmé que son sang pouvait conserver à Déjanire le cœur du héros[1].

Deuxième stasimon : attente joyeuse du retour d'Héraclès.

Troisième épisode : Déjanire bouleversée apprend au chœur que le morceau de laine qu'elle avait trempé dans

---

Les paroles de Nessos, telles que les rapporte Déjanire, sont en réalité moins claires : « il ne pourra te préférer ensuite aucune autre femme » (vers 577) ; ces mots sont exactement aussi ambigus que les oracles, et jouent le même rôle « ironique ».

le sang du Centaure a disparu, comme brûlé, ne laissant plus qu'une écume sanglante. Hyllos entre et accuse sa mère du meurtre d'Héraclès ; récit du sacrifice à Zeus interrompu par l'atroce douleur qu'a provoqué le contact de la tunique ; torturé par le mal, Héraclès a tué Lichas ; il arrive, expirant, à Trachis. Au terme du récit, Déjanire rentre sans un mot dans le palais.

Troisième stasimon : deuil sur le destin des héros.

Quatrième épisode : la nourrice vient annoncer le suicide de Déjanire : *kommos* suivi d'un récit.

Quatrième stasimon : brève lamentation.

Exodos : on apporte Héraclès à l'agonie ; alternance de parties dialoguées et de parties chantées ; ultime interprétation des oracles et testament d'Héraclès. Le cortège funèbre s'éloigne.

Œdipe-Roi

(antérieur à 425 si l'on se fie à une très brève citation de la pièce dans les Acharniens *d'Aristophane ; souvenir probable de l'épidémie de peste qui sévit à Athènes en 430-429)*

À Thèbes, devant le palais royal.

Prologue : scène de supplication : le prêtre de Zeus accompagné d'enfants suppliants implore Œdipe de venir en aide à Thèbes qu'accable une terrible pestilence ; Créon revient de Delphes : le dieu exige qu'on châtie le meurtrier de l'ancien roi, Laïos. Œdipe s'engage à le faire.

Parodos : des vieillards dévoués à Thèbes et à son roi gémissent sur les malheurs de la cité et demandent secours à Dionysos et Apollon.

Premier épisode : Œdipe maudit solennellement le meurtrier de Laïos. Arrive le devin Tirésias que le roi a envoyé chercher ; long affrontement entre Œdipe et Tirésias qui refuse d'abord de parler, puis, irrité par les injures d'Œdipe, annonce à mots couverts la terrible vérité.

Premier stasimon : : le chœur annonce le châtiment du

coupable, et reste profondément troublé par les paroles de Tirésias.

Deuxième épisode : Œdipe accuse Créon de comploter contre lui avec l'aide de Tirésias et le menace de mort ; Jocaste s'interpose. Dialogue Jocaste-Œdipe ; Jocaste raconte à Œdipe la mort de Laïos en des termes qui angoissent le héros ; il raconte à son tour son aventure ; Jocaste le rassure : Laïos n'est pas tombé frappé par un homme seul mais par *des* brigands. Il reste un seul témoin, qu'Œdipe envoie chercher.

Deuxième stasimon : condamnation de la démesure et de l'impiété.

Troisième épisode : un messager arrive de Corinthe pour annoncer la mort du roi Polybe qu'Œdipe a toujours cru être son père. Il raconte dans quelles conditions Œdipe est arrivé à Corinthe, et lui a été confié par un berger thébain. Jocaste, qui a compris, rentre sans un mot dans le palais.

Troisième stasimon, bref et joyeux : le chœur imagine qu'Œdipe pourrait être fils d'un dieu.

Quatrième épisode : arrivée du vieux serviteur témoin du meurtre de Laïos qui se trouve être aussi le berger dont parlait le Corinthien. Œdipe apprend qui il est.

Quatrième stasimon : lamentation sur la fragilité du bonheur de l'homme.

Exodos : scène de message : récit du suicide de Jocaste et de la mutilation qu'Œdipe vient de s'infliger. Œdipe sort, les yeux ensanglantés : *kommos* suivi d'une réflexion du héros sur son destin. Œdipe supplie qu'on l'exile ; Créon lui amène ses filles, puis le persuade de rentrer dans le palais.

Électre

(date inconnue ; la question de savoir si l'Électre d'Euripide précède ou suit celle de Sophocle est toujours débattue)

À Mycènes, devant le palais des Atrides.

Prologue : Oreste et le vieux Précepteur : annonce de l'ordre d'Apollon et du plan de vengeance : Oreste se fera passer pour mort. Plaintes d'Électre : récitatif.

Parodos en forme de *kommos* : des jeunes femmes de Mycènes tentent d'apaiser Électre et lui reprochent amicalement ses plaintes incessantes. Elles évoquent avec Électre le meurtre d'Agamemnon.

Premier épisode : Électre confie aux Mycéniennes ses souffrances quotidiennes. Sa sœur Chrysothémis sort pour aller porter au tombeau de son père des libations selon le désir de Clytemnestre qu'un songe vient d'inquiéter : Électre se prend à espérer le retour de son frère.

Premier stasimon : le chœur pressent l'arrivée de la Justice.

Deuxième épisode : affrontement Électre-Clytemnestre (*agon*) ; la reine prie à mots couverts Apollon de la débarrasser de ses ennemis. Scène de message (mensonger) : le Précepteur vient raconter la mort d'Oreste ; Électre passe brutalement de l'espoir au désespoir.

Kommos tenant lieu de stasimon : thrène.

Troisième épisode : Chrysothémis a découvert sur le tombeau des indices qui semblent prouver qu'Oreste est là. Électre la détrompe ; affrontement entre les deux sœurs.

Deuxième stasimon : éloge d'Électre et déploration de son malheur.

Quatrième épisode : plaintes d'Électre sur l'urne censée contenir les cendres d'Oreste, puis reconnaissance du frère et de la sœur culminant sur un duo lyrique ; le Précepteur survient et presse Oreste d'agir.

Troisième stasimon (très bref) : le vengeur est arrivé.

Exodos : meurtre de Clytemnestre entendu de l'extérieur. Bref *kommos* : le chœur, Oreste, Électre. Arrivée d'Égisthe ; Oreste l'entraîne dans le palais ; on ne verra pas sa mort.

Philoctète

(409, premier prix)

*Dans l'île de Lemnos ; devant une grotte
au milieu d'un paysage sauvage.*

Prologue : Ulysse explique au jeune Néoptolème, fils d'Achille, sa mission : s'emparer par ruse de l'arc de Philoctète, don d'Héraclès, sans lequel Troie ne saurait être prise.

Parodos : les marins du navire de Néoptolème s'informent et contemplent avec pitié la grotte où vit Philoctète (le chant est interrompu à trois reprises par de brefs récitatifs).

Premier épisode[1] : Philoctète arrive ; après dix ans de solitude il savoure le plaisir de raconter longuement sa vie aux étrangers. Néoptolème débite le mensonge prévu : il assure haïr Ulysse et les Atrides (comme Philoctète) et être décidé à rentrer chez lui. Philoctète supplie Néoptolème de l'emmener. Arrivée d'un faux marchand envoyé par Ulysse qui vient raconter qu'un navire grec est parti à la poursuite de Néoptolème et qu'Ulysse de son côté s'est engagé à amener Philoctète à Troie où, selon l'oracle, sa présence est nécessaire pour que les Grecs l'emportent. Il faut donc se hâter.

Premier stasimon : lamentation sur les souffrances de Philoctète : « il n'a fait aucun mal... et il se mourait pourtant de la plus indigne des morts ».

Deuxième épisode : Philoctète confie l'arc à Néoptolème ; il est pris soudain d'un violent accès de son mal et finit par s'endormir, épuisé de souffrance.

Deuxième stasimon (interrompu par quelques vers parlés

Il est extrêmement long, et rythmé par deux brèves interventions chantées du chœur : à une strophe aux vers 391 et suiv. correspond une antistrophe aux vers 507 et suiv.

de Néoptolème) : invocation au Sommeil guérisseur ; les marins pressent ensuite Néoptolème de s'embarquer au plus vite avec l'arc.

Troisième épisode : Néoptolème finit par avouer la vérité à Philoctète qui s'est réveillé. Ulysse survient, hâte brutalement les choses, et entraîne le jeune homme et l'arc sans lequel Philoctète n'a aucune chance de survivre.

Long *kommos* qui tient lieu de stasimon : plaintes de Philoctète voué à la mort ; les marins essaient de le convaincre d'aller à Troie, mais sa haine pour les chefs de l'armée grecque est la plus forte.

Quatrième épisode : Ulysse et Néoptolème reviennent en se querellant : le jeune homme a choisi la voie de l'honneur et rend son arc au héros ; il tente en vain de le convaincre d'aller à Troie.

Exodos : apparition d'Héraclès *apo mechanes* ; il persuade Philoctète d'accompagner Néoptolème à Troie, où il sera guéri.

Œdipe à Colone

(représentée en 401 par les soins de Sophocle le Jeune, petit-fils du poète ; premier prix)

À Colone, dème situé au nord-ouest d'Athènes ; devant un bois.

Prologue : Œdipe, aveugle et vêtu en mendiant entre, guidé par Antigone. Il demande où il est. Un Coloniate s'efforce de le faire sortir du lieu interdit qu'est le bois sacré des Euménides, mais Œdipe exige de voir le roi Thésée. Il se sait arrivé au lieu de son destin et adresse une prière aux déesses.

Parodos : entrée mouvementée de vieillards, notables Coloniates, décidés à chasser l'étranger ; le chant est interrompu par de brefs dialogues en récitatif et enchaîne sur un *kommos* : Œdipe sort lentement du bois puis révèle son identité ; plein d'horreur, le chœur veut le chasser ; supplication d'Antigone.

Premier épisode : Œdipe raconte son histoire, et affirme son innocence (« j'ai subi... sans rien savoir »). Arrive

Ismène, venue annoncer que les Thébains veulent s'emparer d'Œdipe (selon l'oracle, de lui et de sa tombe dépend le succès). Œdipe redit sa haine pour ses fils et pour Thèbes qui l'a chassé. Le chœur lui explique par quels rites il lui faut apaiser les déesses ; Ismène sort pour les accomplir. Après un *kommos* dans lequel le chœur se fait raconter l'inceste et le parricide, arrive Thésée qu'on attend depuis le prologue ; il s'engage à protéger Œdipe.

Premier stasimon : éloge de Colone et d'Athènes.

Deuxième épisode : Créon arrive, suivi de soldats ; Œdipe refuse violemment de le suivre. Partie centrale composée de la strophe et de l'antistrophe d'un *kommos* encadrant un dialogue : Créon annonce la capture d'Ismène ; ses soldats entraînent de force Antigone, et lui-même tente de saisir Œdipe. – Thésée arrive, alerté par les cris ; il envoie aussitôt une troupe à la poursuite des Thébains et condamne Créon. Œdipe expose une fois encore son innocence.

Deuxième stasimon : le chœur imagine la poursuite, le combat et la victoire des Athéniens.

Troisième épisode : Thésée revient avec les deux jeunes filles ; leur père dit sa joie et sa reconnaissance. Thésée demande alors à Œdipe de recevoir un homme venu en suppliant ; Œdipe comprend qu'il s'agit de Polynice et finit par accepter de l'entendre.

Troisième stasimon : lamentation sur la vieillesse.

Quatrième épisode : Polynice raconte comment il a été conduit à préparer une expédition contre Thèbes et supplie Œdipe de l'aider ; Œdipe refuse et le maudit solennellement. Chant du chœur entrecoupé de dialogues : le tonnerre se fait entendre ; Œdipe comprend que les dieux l'appellent ; il demande à Thésée de ne jamais révéler le lieu de sa mort et promet éternelle protection à Athènes ; tous sortent, miraculeusement guidés par l'aveugle.

Quatrième stasimon : prière à Hadès, pour qu'il accueille Œdipe.

Exodos : scène de message : récit de la mystérieuse

disparition d'Œdipe ; Antigone et Ismène arrivent et chantent avec le chœur un long chant de deuil. Thésée revient enfin et leur promet sa protection.

Les *Limiers*

(Nous ne possédons qu'un drame satyrique, le Cyclope *d'Euripide. De tous ceux dont nous connaissons les titres et les sujets, il ne reste que des fragments isolés. Il est cependant possible de proposer un résumé au moins plausible des* Limiers *de Sophocle, dont on a retrouvé d'importants fragments papyrologiques au début de ce siècle ; à partir de ces quelques centaines de vers, on voit clairement que le sujet des* Limiers *est le même que celui de l'*Hymne homérique à Hermès – *le vol des troupeaux d'Apollon par le nouveau-né Hermès – comme le sujet du* Cyclope *d'Euripide est emprunté au chant IX de l'*Odyssée *; date inconnue, mais les critères stylistiques et métriques font imaginer que le drame est sans doute antérieur à 440)*

> *Sur le mont Cyllène, devant l'entrée d'une grotte.*

Prologue : Apollon vient se plaindre du vol de ses troupeaux et de la quête qui l'a conduit en vain du Nord de la Grèce au mont Cyllène ; il promet une récompense à qui l'aidera.

Parodos : arrivée du chœur des satyres conduit par le vieux Silène ; ils proposent leur aide en échange de la promesse qu'ils seront libérés de leur esclavage[1].

Suite de l'action : les satyres examinent les traces confuses laissées par le bétail ; elles les conduisent devant une grotte d'où s'échappe un son étonnant et merveilleux. La nymphe Cyllène sort de la grotte, où elle veille sur l'enfant de Zeus, le nouveau-né Hermès. Le bébé vient d'inventer la lyre. Les satyres accusent Hermès du vol des troupeaux.

On ne sait de qui ils sont esclaves, mais il s'agit là d'un motif traditionnel du drame satyrique : les satyres et Silène sont esclaves (de Polyphème par exemple, chez Euripide), et regrettent le bon temps où ils étaient au service de Dionysos.

La fin du drame manque ; il est sûr qu'on devait assister à la réconciliation entre Hermès et Apollon, que l'enfant apaisait par le don de la lyre.

Le théâtre de Sophocle

L'originalité la plus remarquable de l'œuvre de Sophocle, quand on la compare à celle d'Eschyle surtout, est l'abandon délibéré de la trilogie liée. Pour autant que nous le sachions, Sophocle n'en a composé aucune. Or les intentions du poète et le sens de son œuvre ne peuvent être séparés de ce refus de la trilogie liée ; exactement comme le choix de la trilogie liée est à la source du tragique d'Eschyle. Là où l'un raconte non pas un destin individuel mais celui d'une race à travers la succession des générations, et choisit un cadre temporel assez vaste pour que la justice divine apparaisse enfin en pleine lumière, l'autre centre le regard sur l'individu concrètement engagé dans son existence propre et saisi à l'instant critique de sa vie, sans que jamais l'existence individuelle apparaisse comme un simple élément d'une plus vaste histoire. Quelle que soit d'ailleurs la volonté des dieux, c'est l'homme qui mène l'action avec ses seules forces, sa seule volonté, luttant jusqu'à en mourir pour rester fidèle à ses propres exigences morales. Œdipe ne peut imputer la responsabilité de ses actes à la faute jadis commise par Laïos ; il ne peut invoquer pour comprendre et excuser ses propres crimes la malédiction qui frappe sa race ; *Œdipe-Roi* ne dit pas un mot de la faute de Laïos, ni de la malédiction héréditaire. L'histoire d'Œdipe devient inexplicable, voire révoltante. Pourquoi Apollon annonce-t-il à un jeune homme innocent un destin effroyable ? Pourquoi le héros, en dépit de son intelligence et de tant d'efforts concertés, ne parvient-il pas à éviter le parricide ni l'inceste ? Quelle idée peut-on se faire, à contempler le masque ensanglanté du meilleur des rois, de la justice des dieux ?

C'est que, du fait de ce rétrécissement de perspective, les dieux, dans la tragédie de Sophocle, semblent plus lointains, et leurs desseins en paraissent d'autant plus obscurs. L'Oreste des *Choéphores* obéissait aux ordres d'Apollon, répétés solennellement par Pylade au moment décisif ; dans l'*Électre* de Sophocle, le jeune homme a pris l'initiative d'aller demander à Delphes non pas *si* mais *comment* il devait venger son père ; Électre quant à elle semble ne rien savoir de l'oracle, mais elle est bien décidée à venger le meurtre d'Agamemnon, et elle envisage d'agir seule quand le récit mensonger du Pédagogue l'a convaincue de la mort de son frère. Nul ne met en doute l'existence des dieux ni leur puissance que les chœurs ne cessent de célébrer, mais puisque les hommes ne parviennent pas à comprendre leur volonté, que parfois même ils l'ignorent, ils assument pleinement et librement la responsabilité de leurs actes, qu'ils aient la conviction d'agir d'ailleurs comme les dieux l'exigent – c'est le cas d'Antigone qui choisit d'obéir aux « lois non écrites » des dieux plutôt qu'au décret tout humain de Créon –, ou qu'ils aient, comme Ajax, la volonté d'être fidèles à leur propre conception de l'honneur, et d'assurer pour toujours leur gloire, au-delà même de la mort.

Les hautes exigences morales qui fondent la conduite des personnages de Sophocle et leur inébranlable volonté les rendent différents de ceux qui les entourent, qu'il s'agisse de leurs proches, moins intransigeants qu'eux, moins forts, portés à accepter la compromission, à pactiser avec ceux qui sont au pouvoir, mais plus humains aussi, ou qu'il s'agisse de la collectivité civique incarnée par le chœur, dont la sagesse, toute traditionnelle, est faite de modération et condamne tout excès, si glorieuse qu'en puisse être l'issue. Le prologue d'*Antigone* consacre la rupture entre l'héroïne, décidée à passer outre le décret de Créon pour donner une sépulture à son frère Polynice, par amour et par devoir, et sa sœur Ismène, douce et craintive, consciente de la faiblesse des femmes, et qui n'envisage d'autre conduite que la seule conduite normale : se soumettre à l'autorité du chef du pays. Les Thébains qui constituent le chœur, hommes âgés et sages conseillers du roi, choisissent aussi la voie de l'obéissance, même s'ils n'hésitent pas à mettre en garde Créon, et à lui conseiller la prudence ; et s'ils pleurent à la vue d'Antigone que des gardes conduisent vers son tombeau souterrain, s'ils admirent et célèbrent son courage, ils ne peuvent pourtant approuver sans réserves sa conduite : « parce que tu es allée jusqu'au bout de ton audace, tu as heurté brutalement, mon enfant, le haut piédestal où siège la Justice... ta passion n'avait pris conseil que d'elle-même, elle t'a perdue » (v. 853-55 et 875).

Face aux choreutes, face à l'humanité ordinaire, le caractère du héros – le mot doit être pris au sens le plus haut : héros de l'œuvre sans doute, mais surtout héros par sa valeur exceptionnelle – prend un relief saisissant, et Sophocle, pour mieux en montrer la grandeur, multiplie les scènes où les héros affrontent d'autres personnages qui s'efforcent, le plus souvent par amour, de les fléchir ; il place même au côté d'Électre – dont il fait l'héroïne de la tragédie, en éloignant Oreste le plus longtemps possible – une sœur au moins peu connue avant lui, Chrysothémis, dont la légèreté, le goût du confort et du plaisir, la soumission aux détenteurs du pouvoir, font mieux ressortir le caractère intraitable d'Électre toute tendue vers l'accomplissement de son devoir de vengeance. Mais les héros n'acceptent pas de se laisser fléchir : Électre rejette les sages avertissements de sa sœur, Antigone refuse la tendresse inquiète d'Ismène, Ajax n'écoute pas les prières pathétiques de Tecmesse sa compagne, ni Œdipe les conseils de Jocaste qui le supplie de renoncer à son enquête. De là vient que le héros, chez Sophocle, parce qu'il fait passer avant tout son devoir et son honneur individuels, est souvent voué à une solitude morale qui résulte de son héroïsme même, et dont il peut cruellement souffrir. Antigone part vers son tombeau « privée de pleurs, privée d'amis, privée de noces », Ajax meurt seul, après avoir adressé à la nature ses ultimes paroles, et Philoctète, au sortir de dix ans d'une affreuse solitude dans une île sauvage, est prêt à accepter un nouvel abandon plutôt que de céder aux chefs de l'armée grecque. Cette volonté, cette force indomptable du héros sophocléen, insolites déjà et d'autant plus admirables chez une toute jeune fille comme Antigone, ou chez Électre, plus âgée mais tellement démunie, frappent plus encore chez ceux que leur âge, leur situation, ou leur état réduit à une totale impuissance, et qui pourtant ne plient jamais, l'infirme Philoctète et le vieil aveugle d'*Œdipe à Colone*.

Cet art du contraste, par où Sophocle fait ressortir de manière éclatante la grandeur du héros, est un des aspects les plus constants de son œuvre, et se manifeste aussi dans la construction des tragédies ou dans le spectacle lui-même. Ainsi des tableaux contrastés soulignent avec force le renversement tragique dans *Œdipe-Roi* : le roi est, au prologue, debout devant le palais, dans l'éclat de sa puissance et de sa grandeur, et il offre son aide à une foule d'enfants et de vieillards venus le supplier (ainsi voit-on réunis à l'ouverture du drame les trois âges de la vie de l'homme évoqués dans l'énigme de la Sphinx). Il réapparaît à l'*exodos* devant le palais, aveugle, la face ensanglantée, contraint désormais de se laisser guider par d'autres. Les derniers mots du chœur soulignent le renversement, et en tirent solennellement la leçon : « Regardez, Thébains. Le voilà cet Œdipe, qui sut résoudre les énigmes fameuses, et fut le plus puissant des hommes... Dans quel flot de terrible souffrance le voilà désormais plongé... Gardons-nous d'appeler jamais un homme heureux avant qu'il ait franchi le terme de sa vie sans avoir connu le malheur. » (v. 1524-30).

Dans la conduite de l'action, les effets de contraste sont de tous ordres ; il en est de pathétiques, comme dans *Électre* : alors que l'héroïne, convaincue par le récit mensonger du Pédagogue, tient dans ses bras l'urne censée contenir les cendres d'Oreste, et pleure son frère bien-aimé en un long thrène parlé, Oreste, submergé par la pitié et la tendresse, se fait tout d'un coup reconnaître ; après les larmes et le deuil c'est la joie intense, presque insoutenable, des retrouvailles si longtemps attendues : émotions contrastées qui se succèdent sans transition, si violentes que le chant remplace pour un temps la parole plus contrôlée, et qu'Oreste doit prier Électre de mettre fin à toute effusion pour le laisser agir. Dans *Œdipe à Colone* le contraste entre deux scènes successives souligne la distance entre le héros sûr de son innocence et dont les dieux entendent désormais révéler la grandeur et le criminel chargé de souillure que fut Œdipe, et que les indiscrètes questions du chœur font un instant revivre : c'est d'abord une longue scène où Œdipe se fait expliquer par les choreutes les rites qu'il lui faut accomplir pour se purifier et s'attirer la bienveillance des Euménides – une scène de rythme lent, marquée de sérénité à l'image du rituel qu'elle évoque –, puis un dialogue lyrique très rapide, bouleversé, entrecoupé de cris de douleur ou d'horreur, où Œdipe évoque le parricide et l'inceste en des termes d'une précision brutale. D'autres contrastes enfin, peut-être les plus nombreux, soulignent la faiblesse de l'homme et l'ironie du sort ; à l'instant même où, dans *Ajax*, les marins de Salamine, compagnons du héros, trompés par les paroles ambiguës qu'il vient de prononcer, célèbrent par leur chant la réconciliation qu'ils espèrent toute proche entre Ajax et les chefs de l'armée grecque surgit un messager dont le récit réveille les pires craintes : Ajax est en danger de mort ; au chant de joie succède sans transition la tension terrible suscitée par le message, et bientôt après la découverte du corps d'Ajax. On trouve de la même façon dans les *Trachiniennes* (v. 633-662) et dans *Œdipe-Roi* (v. 1086-1109) des chants de joie provoqués par une illusion tragique, et immédiatement suivis d'une terrible révélation. Les surprises dramatiques, les effets de rupture, les coups de théâtre et les renversements de tous ordres ne sont pas virtuosité gratuite ; la dramaturgie est évidemment au service de la pensée, et fait apparaître l'homme subissant les événements plus qu'il ne les contrôle.

L'œuvre de Sophocle est riche d'effets de ce genre ; si l'héroïsme sophocléen propose la plus haute image de la grandeur de l'homme, l'ironie souligne cruellement ses faiblesses, et les limites inhérentes à la condition humaine : victime de son ignorance et de son aveuglement, l'homme s'efforce d'agir au mieux, et son action le mène à sa perte ; quand il comprend, il est trop tard : bien avant de devenir roi de Thèbes (donc bien avant le moment où commence la tragédie), Œdipe s'éloigne le plus qu'il peut de ceux qu'il croit ses parents pour éviter le parricide et l'inceste ; et voici que, sur la route qui le conduit loin de Corinthe, il rencontre Laïos et le tue. Dans les *Trachiniennes*, Déjanire, l'irréprochable épouse d'Héraclès, veut réveiller l'amour du héros, et lui fait parvenir la tunique enduite de ce qu'elle pense être un charme d'amour, le sang du Centaure Nessos ; elle constate trop tard qu'il s'agit d'un poison violent ; accusée par son fils Hyllos, elle se donne la mort, pendant que se déroule la terrible agonie d'Héraclès. Cédant enfin aux sombres prophéties de Tirésias et aux conseils des choreutes, Créon, dans *Antigone*, se hâte d'aller délivrer la jeune fille. Il est déjà trop tard. Antigone s'est pendue et Hémon, le propre fils de Créon, se donne la mort sous les yeux de son père. « Hélas, commente le Coryphée, tu vois clair, mais trop tard, je crois bien. » (v. 1270). Jusqu'à la révélation finale, l'homme croit voir, mais il ne voit pas : la confrontation entre le devin Tirésias, physiquement atteint de cécité mais qui connaît la vérité, et Œdipe le clairvoyant qui l'ignore, illustre de façon saisissante cet aveuglement qui est le lot commun des hommes. Aussi bien la découverte de la vérité entraîne-t-elle, pour Œdipe, une cécité physique qu'il s'impose volontairement, conscient de la fragilité de ce qu'il appelait auparavant « savoir ». Une autre forme d'ironie concrétise l'aveuglement de l'homme : ce sont les mots à double entente, comme ceux que prononce Œdipe au début de la tragédie quand il maudit solennellement le meurtrier du roi Laïos et s'engage à lutter pour venger sa mort « comme s'il s'agissait de mon propre père » (v. 264) ; le spectateur seul perçoit l'ironie tragique de ces mots dans lesquels éclate l'ignorance d'Œdipe.

Les oracles des dieux, loin d'éclairer les hommes, restent longtemps obscurs ; leur sens n'apparaît clairement qu'une fois le désastre consommé : ni Œdipe ni Jocaste n'avaient compris que l'oracle jadis reçu par Laïos et celui qui annonçait à Œdipe un destin abominable étaient les deux faces d'une seule et même vérité, et c'est en pleine agonie qu'Héraclès interprète enfin et relie l'un à l'autre l'ancien oracle qui lui prédisait qu'il mourrait « du fait d'un mort » (l'oracle désignait ainsi le Centaure qu'avait tué la flèche d'Héraclès) et la parole récente du chêne de Dodone qui lui annonçait pour bientôt « le terme des travaux qui lui sont imposés » : « Je m'attendais à une vie paisible, et c'était la mort que signifiait l'oracle. » (v. 1170-72). La volonté des dieux s'accomplit en effet, mais leur action suit des voies que l'homme ne peut connaître ; l'action des dieux ne double pas l'action des hommes comme on voit dans l'épopée ou encore chez Eschyle ; elle ne l'annule pas non plus, et rien ne serait plus faux que d'imaginer l'homme sophocléen comme une victime passive, simple jouet des dieux ; mais les dieux interviennent à un niveau plus élevé, garantissant un ordre ou un équilibre du monde dont on ne peut douter, mais dont les règles échappent aux hommes.

Les tragédies de Sophocle donnent ainsi de l'homme une image où les contraires se rejoignent : sa condition le condamne à l'ignorance et à l'impuissance, mais sa volonté et sa force morale assurent sa noblesse et sa grandeur. Le héros peut marcher en aveugle, il peut être écrasé par un destin qu'il n'a pas su comprendre ni contrôler, mais il lui reste assez de liberté et de courage pour l'assumer pleinement, et choisir la voie qui lui donnera, fût-ce au prix de sa vie, la gloire la plus haute.

EURIPIDE (484-406)

Nous avons de la vie d'Euripide une image à la fois incomplète et brouillée ; mal aimé du public dont il dut heurter souvent les habitudes et les goûts, Euripide fut en effet très tôt la cible des poètes comiques, et ceux-ci ont multiplié sur son compte les racontars les plus absurdes, qui furent repris par les biographes anciens, et auxquels on a trop longtemps ajouté foi.

Euripide est né en 484 dans l'île de Salamine, d'une famille fort aisée – rien ne peut faire croire que sa mère était, comme l'affirme souvent Aristophane, marchande de légumes ou d'herbes – et reçut une excellente éducation ; il se serait essayé, encore adolescent, à l'athlétisme et à la peinture, et tout indique qu'il fréquenta assidûment les philosophes et les savants de son temps, Anaxagore, Protagoras, Socrate et bien d'autres. Aussi biographes et commentateurs ont-ils ensemble construit l'image excessive et désastreuse d'un Euripide « élève des sophistes », une image qui provoque ou parfois justifie la critique la plus malveillante de son œuvre. De sa vie d'homme et de citoyen, nous ne savons pratiquement rien ; les comiques ont sans doute inventé de toutes pièces l'histoire de ses deux mariages malheureux, et il semble que le poète, pourtant si sensible aux événements de son temps, se soit délibérément tenu à l'écart de la vie publique, tout au contraire de Sophocle. Il faisait en tout cas figure de solitaire et d'original ; on racontait qu'il se réfugiait pour composer dans une grotte ouvrant sur la mer, à Salamine, et qu'il possédait une bibliothèque ; ainsi apparaissait-il d'abord comme un homme de lettres, figure encore étonnante à son époque. En 408, Euripide quitta définitivement Athènes pour se rendre à Pella où l'invitait Archelaos, roi de Macédoine. Il y mourut en 406 et l'un de ses fils, poète lui aussi, fit représenter l'année suivante à Athènes les drames qu'il avait composés là-bas, *Iphigénie à Aulis*, *Alcméon à Corinthe* (tragédie perdue) et les *Bacchantes*.

La carrière d'Euripide débute en 455, quelques mois après la mort d'Eschyle. Le poète composa 92 drames dont dix-huit ont été conservés ; ce chiffre exclut *Rhésos*, qui a peu de chances d'être l'œuvre d'Euripide, mais comprend l'unique drame satyrique intégralement conservé, le *Cyclope*, inspiré du célèbre épisode du chant IX de l'*Odyssée*. Nous connaissons précisément la date de huit des dix-sept tragédies conservées : *Alceste* (438), *Médée* (431), *Hippolyte* (428), les *Troyennes* (415), *Hélène* (412), *Oreste* (408), *Iphigénie à Aulis* et les *Bacchantes* (représentées en 405). Certains ont tenté de trouver dans les références à l'actualité un moyen sûr de dater les neuf autres ; mais s'il est vrai que l'œuvre d'Euripide porte en effet la trace de l'actualité, surtout de la guerre où la Grèce s'est engagée en 431 (propagande en faveur d'Athènes dans des pièces comme les *Héraclides* ou les *Suppliantes*, vives attaques contre Sparte dans *Andromaque*, condamnation de la guerre de conquête dans les *Troyennes*, etc.), presque aucune de ces allusions ne renvoie à un instant précis, à une circonstance unique du conflit ou de la vie de la cité, et ce mode de datation et d'interprétation a conduit à des excès de tous ordres : il est vrai que les *Phéniciennes* portent la trace de la cruelle guerre civile qui a bouleversé Athènes en 411, et des souffrances des exilés, mais faut-il pour autant en rétrécir gravement la portée en identifiant par exemple expressément Polynice et Alcibiade ? En revanche, l'analyse littéraire et la prise en compte de divers critères métriques permettent de proposer des dates vraisemblables. Les *Héraclides*, les *Suppliantes*, *Andromaque* et *Hécube* ont dû être représentées pendant les dix premières années de la guerre du Péloponnèse (431-421), *Héraclès furieux*, *Ion*, *Électre* et *Iphigénie en Tauride* entre 418 et 412, les *Phéniciennes* en 410 ou 409.

Résumé des pièces conservées d'Euripide

Alceste

(438 ; deuxième prix)

À Phères, en Thessalie ; devant le palais royal.

Prologue : monologue d'exposition prononcé par Apollon ; le dieu a obtenu que son hôte, le roi Admète, échappe à la mort en livrant quelqu'un d'autre à sa place ; seule sa femme Alceste a accepté de se sacrifier ; elle doit mourir ce jour même. Arrive Thanatos, génie de la mort, à qui Apollon demande en vain la grâce d'Alceste.

Parodos : des citoyens de Phères chantent le deuil d'Alceste.

Premier épisode : une servante raconte au chœur les adieux d'Alceste à sa demeure.

Premier stasimon : lamentations sur le malheur d'Admète.

Deuxième épisode : Alceste apparaît, soutenue par Admète ; dialogue semi-lyrique (elle chante) ; puis Alceste expose ses dernières volontés qu'Admète s'engage à suivre ; elle meurt. Son fils Eumélos chante brièvement sa souffrance ; Admète prépare le convoi funèbre.

Deuxième stasimon : éloge d'Alceste.

Troisième épisode : arrivée d'Héraclès qui fait route vers la Thrace ; Admète lui offre l'hospitalité sans lui annoncer la mort de son épouse.

Troisième stasimon : éloge de l'hospitalité d'Admète, dont Apollon aussi a bénéficié.

Quatrième épisode : violent affrontement (*agon*) entre Admète et son vieux père Phérès auquel il refuse le droit d'accompagner le convoi d'Alceste ; le convoi s'éloigne, suivi du chœur. Un serviteur vient raconter l'ivresse indécente[1] d'Héraclès à qui il révèle enfin la mort d'Alceste ; Héraclès décide de l'enlever à Thanatos. Admète et les choreutes reviennent ; deuil.

Quatrième stasimon : nul ne peut lutter contre la Nécessité ; Alceste mérite en tout cas d'être honorée à l'égal des dieux.

Exodos : Héraclès arrive accompagné d'Alceste voilée ; Il rend enfin à Admète son épouse qu'il a arrachée à Thanatos.

On justifie généralement le ton peu tragique de cette scène et le dénouement heureux de la pièce en rappelant qu'*Alceste* tenait, dans la tétralogie présentée en 438 par Euripide, la place d'un drame satyrique.

Médée

(431 ; dernier prix ; c'est l'année où commence la guerre du Péloponnèse)

À *Corinthe ; devant la maison où vit Médée.*

Prologue : une nourrice vient exposer les craintes que lui inspire la violente douleur de Médée ; le Pédagogue arrive, amenant les deux fils de Médée, et annonce la décision du roi de les exiler avec leur mère. On entend de l'intérieur les plaintes de Médée.

Parodos en forme de *kommos* (le chœur, la Nourrice, Médée de l'intérieur) ; les femmes de Corinthe, qui constituent le chœur, voudraient consoler Médée.

Premier épisode : après les confidences de Médée au chœur, le roi Créon arrive pour lui signifier son exil ; à force de supplications, elle obtient un délai d'un jour ; délibérant sur sa vengeance, elle envisage le meurtre de Créon, de sa fille Glaukè et de Jason.

Premier stasimon : condamnation de Jason, traître à ses serments.

Deuxième épisode : long *agon* entre Jason et Médée qui dénonce avec violence la trahison de son époux.

Deuxième stasimon : un amour trop fort est souvent dangereux ; lamentations sur l'exil de Médée.

Troisième épisode : Égée roi d'Athènes passe par Corinthe ; contre la promesse de mettre fin à la stérilité d'Égée, Médée obtient de lui l'engagement de l'accueillir à Athènes. Désormais assurée d'un refuge, elle décide de tuer ses enfants pour mieux faire souffrir Jason.

Troisième stasimon : éloge d'Athènes ; horreur à l'idée de l'infanticide que projette Médée.

Quatrième épisode : Médée feint d'accepter les décisions et les conseils de Jason, et obtient ainsi pour ses enfants le droit de porter au palais les présents empoisonnés.

Quatrième stasimon : lamentation sur les morts qui se préparent.

Cinquième épisode : adieux douloureux de Médée à ses

enfants, puis scène de message : récit de la mort horrible
de Glauké et de son père Créon.

Cinquième stasimon : caractère effroyable de l'infanticide.

Exodos : on entend le cri des enfants frappés à mort.
Jason arrive au moment où Médée paraît *apo mechanes*
dans le char ailé de son aïeul de Soleil ; elle disparaît,
emportant avec elle les corps de ses enfants, après un
ultime affrontement.

Les *Héraclides*

*(peut-être 430 ou 429 ; après la première invasion de l'Attique
par les armées péloponnésiennes, cf. l'*exodos*)*

À Marathon, devant l'autel de Zeus.

Prologue : le vieux compagnon d'Héraclès, Iolaos, est
assis à l'autel en suppliant, avec les enfants du héros ;
ils sont venus demander à Athènes protection contre
Eurysthée qui veut les tuer. Iolaos veille sur les fils,
tandis que la vieille Alcmène veille sur les filles à
l'intérieur du temple. Arrive un héraut envoyé par
Eurysthée qui veut s'emparer des enfants par la force ;
un combat s'engage, qu'interrompt l'arrivée du chœur.

Parodos en forme de *kommos* : arrivée précipitée d'un
groupe de vieillards de Marathon ; ils condamnent
l'impiété du héraut.

Premier épisode : le roi Démophon, fils de Thésée, vient
écouter la requête du héraut argien et celle d'Iolaos ;
il promet sa protection aux Héraclides ; le héraut part
en annonçant la guerre.

Premier stasimon : éloge de la piété d'Athènes.

Deuxième épisode : Démophon vient annoncer que l'armée
argienne est là, et que les devins ordonnent de sacrifier
à Coré une « vierge née d'un père noble ». Macarie, la
fille d'Héraclès, sort du temple et s'offre volontairement
au sacrifice.

Deuxième stasimon : il faut accepter son destin ; Macarie
aura un glorieux renom.

Troisième épisode : un serviteur vient annoncer l'arrivée

d'Hyllos, l'aîné des fils d'Héraclès, avec une armée. Iolaos décide d'aller se battre à ses côtés.

Troisième stasimon : le chœur chante son espoir d'une juste victoire ; prière à Athéna.

Quatrième épisode : scène de message : récit de la bataille et du rajeunissement miraculeux d'Iolaos.

Quatrième stasimon : célébration de la victoire et éloge d'Athènes.

Exodos : on amène Eurysthée enchaîné ; Alcmène décide de le tuer elle-même ; Eurysthée annonce que les descendants d'Héraclès viendront un jour, au mépris du service reçu, envahir l'Attique ; on l'entraîne pour le mettre à mort.

Hippolyte

(428 ; premier prix ; écrit après l'échec d'un premier Hippolyte, *dans lequel le personnage de Phèdre avait été jugé choquant)*

À Trézène, devant le palais royal.

Prologue : Aphrodite annonce son plan : elle châtiera Hippolyte de son mépris au prix de la vie de Phèdre, qui est pourtant innocente. Hippolyte entre accompagné d'un groupe de chasseurs ; il prie Artémis et dépose une couronne sur son autel, tandis qu'il refuse d'adresser la moindre prière à Aphrodite dont la statue est aussi sur scène.

Parodos : un groupe de femmes de Trézène vient s'informer de la maladie dont souffre Phèdre.

Premier épisode : Phèdre sort, soutenue par une nourrice qui, à force d'insistance, lui fait avouer son amour pour Hippolyte. Phèdre s'explique longuement, provoquant l'admiration du chœur pour sa vertu, et accepte de laisser la Nourrice tenter de mettre fin à son mal.

Premier stasimon : le chœur chante le pouvoir d'Éros ; histoire d'Iole et de Sémélé.

Deuxième épisode : bref *kommos* pendant que Phèdre écoute de dehors les cris indignés d'Hippolyte ; il sort, avec la Nourrice et éclate en violentes injures contre les femmes. Phèdre rentre, après avoir annoncé sa décision de mourir pour sauver son honneur.

Deuxième stasimon : le chœur chante son désir d'évasion et se lamente sur le destin de Phèdre.

Troisième épisode : une servante vient annoncer que Phèdre s'est pendue ; on en informe Thésée qui vient d'arriver ; le corps de Phèdre apparaît porté sur l'*eccy-clème* ; *kommos*, puis découverte d'une tablette où Phèdre accuse Hippolyte de l'avoir déshonorée. Arrive Hippolyte, que Thésée maudit et condamne à l'exil.

Troisième stasimon : le chœur se lamente sur les vicissitudes du sort et sur le destin d'Hippolyte.

Exodos : scène de message : récit du terrible accident provoqué par le taureau monstrueux envoyé par Poséidon. Après un bref chant du chœur, Artémis apparaît et expose à Thésée la vérité. On apporte Hippolyte mourant ; le jeune homme n'a que le temps de pardonner à son père. Artémis disparaît en annonçant qu'elle vengera Hippolyte. Mort du jeune homme.

Andromaque

(entre 430 et 425 sans doute ; pièce violemment antispartiate)

À Phthie, devant le palais de Néoptolème ;
près du palais, un autel de Thétis.

Prologue : Andromaque est réfugiée à l'autel pour échapper à Hermione, épouse de Néoptolème, et à Ménélas qui veulent la tuer ; elle croit avoir mis en sûreté Molossos, le fils qu'elle a donné à Néoptolème. Une servante vient lui annoncer que ses ennemis l'ont pris et projettent de le mettre à mort ; le prologue s'achève par une douloureuse monodie d'Andromaque.

Parodos : des femmes de Phthie chantent leur pitié et encouragent Andromaque à se résigner.

Premier épisode : long affrontement d'Andromaque et d'Hermione, qui accuse Andromaque de l'avoir rendue stérile par ses maléfices.

Premier stasimon : évocation du jugement de Pâris, source du malheur de deux peuples.

Deuxième épisode : Ménélas parvient, en promettant (faussement) d'épargner Molossos, à écarter Andromaque de l'autel ; ses soldats saisissent et la mère et l'enfant pour les mener à la mort. Andromaque condamne violemment la fourberie spartiate.

Deuxième stasimon : tout le mal vient des « doubles amours » de Néoptolème (Hermione et Andromaque).

Troisième épisode : duo lyrique chanté par Andromaque et son fils qui marchent à la mort ; au moment où Ménélas va les frapper arrive le vieux Pélée, père d'Achille, qui l'arrête, condamne longuement son attitude et finit par le chasser.

Troisième stasimon : éloge de la vertu en général, et du courage de Pélée.

Quatrième épisode : abandonnée par son père, Hermione veut se tuer et chante son désespoir. Arrive Oreste, à qui elle était autrefois fiancée ; il lui promet protection et annonce le piège de mort qu'il a tendu, à Delphes, à Néoptolème.

Quatrième stasimon : lamentations sur la guerre de Troie et les deuils qu'elle a entraînés.

Exodos : scène de message : un compagnon de Néoptolème vient raconter sa mort ; on apporte le cadavre du héros ; deuil de Pélée (*kommos*). Thétis apparaît *apo mechanes* pour consoler son époux et annoncer l'avenir.

Hécube

(424 ?)

Dans le camp des Grecs sur la côte de la Chersonèse de Thrace, devant la tente d'Agamemnon.

Prologue récité par le fantôme de Polydore, le plus jeune fils d'Hécube : il raconte comment son hôte thrace Polymestor l'a assassiné et annonce la mort prochaine de sa sœur Polyxène. Le prologue s'achève par une monodie d'Hécube, enchaînant directement sur la parodos.

Parodos en forme de *kommos* : les captives troyennes

ont appris que les Grecs allaient sacrifier Polyxène sur le tombeau d'Achille ; plaintes.

Premier épisode : après un dialogue lyrique entre Hécube et Polyxène, Ulysse arrive ; scène de supplication interrompue par la décision héroïque de Polyxène de s'offrir volontairement à la mort.

Premier stasimon : les captives évoquent les pays où elles peuvent être emmenées en esclavage.

Deuxième épisode : scène de message ; Talthybios, héraut de l'armée grecque, raconte à Hécube la mort exemplaire de Polyxène.

Deuxième stasimon : le jugement de Pâris, source du malheur de Troie.

Troisième épisode : une servante apporte le cadavre de Polydore qu'elle vient de découvrir ; Hécube chante son deuil, puis supplie Agamemnon qui vient d'arriver de l'autoriser à se venger. Agamemnon accepte de faire venir Polymestor dans la tente où l'attendront les Troyennes.

Troisième stasimon : évocation douloureuse de la dernière nuit de Troie.

Exodos : Hécube et ses compagnes aveuglent Polymestor et tuent ses enfants (les meurtres ont lieu dans la tente, et l'*eccyclème* fait apparaître les corps des enfants et Polymestor les yeux crevés et couvert de sang) ; lamentations chantées de Polymestor. Agamemnon arrive et Polymestor et Hécube plaident longuement devant lui ; le bon droit d'Hécube est reconnu, mais Polymestor prédit sa mort et celle de Cassandre.

Les *Suppliantes*

(423 ?)

À Éleusis, devant le temple de Déméter et son autel.

Prologue : la vieille Aethra, mère de Thésée, est à l'autel, priant Déméter, entourée par les mères des guerriers tombés devant Thèbes, installées là en suppliantes.

Chant du chœur[1] : les mères supplient Aethra de les prendre en pitié.

Premier épisode : arrivée de Thésée ; il interroge Adraste et condamne sa folie et son impiété ; les mères supplient Aethra d'intervenir ; Thésée cède.

Premier stasimon : bref éloge de Thésée et d'Athènes.

Deuxième épisode : Thésée affronte le héraut envoyé par Thèbes ; long *agon* sur les mérites comparés de la démocratie et de la tyrannie, puis sur les droits des suppliants.

Deuxième stasimon : espoirs et craintes des mères ; les dieux vont-ils favoriser les armes de Thésée ?

Troisième épisode : un messager vient raconter la bataille et la victoire d'Athènes.

Troisième stasimon : bref chant où se mêlent joie et deuil.

Quatrième épisode : on apporte les corps des sept chefs, et Adraste fait pour Thésée l'éloge de chacun ; on décide de dresser deux bûchers, dont un pour le seul Capanée, mort foudroyé par Zeus.

Quatrième stasimon : chant de deuil.

Cinquième épisode : après avoir exprimé son amour et sa souffrance dans une monodie, l'épouse de Capanée, Évadné, se jette sur le bûcher de son époux sous les yeux de son vieux père Iphis.

Exodos : la transition lyrique est assurée par le chant de deuil des femmes et des enfants qui reviennent en portant les cendres de leurs pères. Athéna apparaît pour obtenir qu'Adraste prête serment de ne jamais combattre Athènes, et annoncer l'expédition des Épigones contre Thèbes.

On ne peut pas parler de *parodos* au sens strict du terme, puisque les femmes du chœur sont installées dans l'*orchestra* dès le premier vers, ainsi qu'un groupe de jeunes garçons qui entourent le roi Adraste, et constituent un chœur secondaire ou *parachoregema* ; la pièce s'ouvre donc sur un tableau caractéristique des scènes de supplication.

Électre

(entre 419 et 417 ?)

Dans la campagne d'Argolide ;
devant une humble maison de paysan.

Prologue : le laboureur à qui Égisthe a donné Électre en
mariage a toujours respecté la jeune fille ; il expose la
situation ; bref tableau réaliste de la vie du couple.
Oreste arrive, accompagné de Pylade ; il cherche sa
sœur. Le prologue se termine par une monodie d'Électre
qui enchaîne directement sur la parodos ; elle chante le
thrène de son père.

Parodos en forme de *kommos* : de jeunes paysannes
entourent Électre et tentent de la consoler.

Premier épisode : Oreste et Pylade se montrent ; le jeune
homme s'informe sans se faire reconnaître ; le laboureur
lui offre l'hospitalité ; Électre l'envoie chercher un vieux
serviteur qui pourra leur apporter quelques vivres !

Premier stasimon : le chœur évoque les danses des
Néréides qui accompagnaient vers Troie Agamemnon
et Achille, et décrit le bouclier d'Achille.

Deuxième épisode : le Vieillard arrive, chargé de vivres ;
il est bouleversé : passant près du tombeau d'Agamemnon, il a vu des offrandes et des traces qui ne
peuvent être que d'Oreste. Électre rejette ces signes
comme invraisemblables ; mais le vieillard reconnaît
Oreste à une cicatrice. Après de brèves effusions, tous
préparent la vengeance.

Deuxième stasimon : légende de l'agneau d'or que Thyeste
obtint par ruse, pour se faire proclamer roi.

Troisième épisode : Électre a presque perdu tout espoir
quand un messager vient lui annoncer qu'Oreste a
réussi : Égisthe est mort ; après une très brève intervention chantée du chœur, Oreste et Pylade arrivent ;
on apporte le cadavre d'Égisthe sur lequel Électre
prononce un violent contre-éloge funèbre. Clytemnestre,
qu'Électre a attirée par ruse, arrive chez sa fille. Le
chœur chante de nouveau quelques vers en prélude à
l'*agon* entre la mère et la fille.

Troisième stasimon : rappel de la mort d'Agamemnon ; la justice s'accomplit. On entend les cris de Clytemnestre frappée par ses enfants.

Exodos : dans un long *kommos*, Électre et Oreste prennent conscience de l'horreur de leur crime. Les Dioscures apparaissent *apo mechanes* pour condamner, eux aussi, l'ordre d'Apollon et annoncer à Oreste son futur acquittement par l'Aréopage d'Athènes.

Les *Troyennes*

(415, dernière pièce d'une trilogie liée, après Alexandre – *les fautes des Troyens – et* Palamède – *le crime des Grecs)*

Dans le camp des Grecs en Troade ;
devant une tente où se tiennent les captives troyennes.

Prologue : Poséidon fait ses adieux à Troie ; Athéna vient lui demander son aide pour châtier les Grecs pendant leur retour ; il promet une effroyable tempête. Hécube prostrée à terre depuis le premier vers se relève et chante son malheur ; la monodie enchaîne directement sur la parodos.

Parodos dont la première partie est un *kommos* : les Troyennes évoquent les pays où elles vont devoir aller comme esclaves.

Premier épisode : Cassandre, promise à Agamemnon, chante ses noces, puis prédit les malheurs d'Ulysse et la mort d'Agamemnon ; longues plaintes d'Hécube.

Premier stasimon : récit chanté de l'entrée du cheval à Troie et de la dernière nuit de Troie.

Deuxième épisode : Andromaque arrive sur le char qui doit l'emmener en Phthiotide ; elle annonce la mort de Polyxène et déplore son propre destin. Le héraut Talthybios vient, sur l'ordre des Grecs, prendre Astyanax pour le mettre à mort. Adieux d'Andromaque à son fils.

Deuxième stasimon : évocation de la première expédition contre Troie (Héraclès et Télamon), et du destin du Troyen Ganymède qu'aima Zeus.

Troisième épisode : devant Ménélas, Hélène plaide son

innocence tandis qu'Hécube prononce une accusation implacable (*agon*). Ménélas condamne Hélène, mais on sait bien qu'il ne la punira pas.

Troisième stasimon : les captives pleurent sur Troie, que les dieux ont abandonnée, et maudissent Hélène.

Exodos : Talthybios rapporte le corps du petit Astyanax et presse les Troyennes de se hâter, car il faut partir. Hécube fait à son petit-fils des adieux déchirants. La pièce se termine par un long thrène : deuil d'Astyanax et deuil de Troie que les Grecs incendient au moment du départ.

Héraclès furieux

(sans doute 414)

À Thèbes, devant le palais royal ;
près du palais, un autel de Zeus Sauveur.

Prologue récité par le vieil Amphitryon ; Héraclès descendu aux Enfers pour chercher Cerbère passe pour mort, et l'usurpateur Lycos a décidé de tuer sa famille. Mégara et ses enfants sont assis en suppliants à l'autel. Mégara tente de convaincre le vieillard d'accepter la mort.

Parodos : des vieillards thébains viennent dire leur sympathie et leur impuissance.

Premier épisode : Lycos vient presser les choses ; un débat l'oppose à Amphitryon, puis le vieillard, convaincu par Mégara, accepte de mourir.

Premier stasimon : long éloge d'Héraclès et des travaux qu'il a accomplis.

Deuxième épisode : alors que sa famille a déjà revêtu les ornements funèbres, Héraclès revient (premier coup de théâtre) ; il prépare avec son père le meurtre de Lycos.

Deuxième stasimon : déplorant leur propre vieillesse, les choreutes chantent la force et la gloire d'Héraclès.

Troisième épisode : Amphitryon attire par ruse Lycos dans le palais ; le chœur entend et commente joyeusement la mort du tyran.

Troisième stasimon : célébration de la justice et des dieux.

Quatrième épisode : apparition d'Iris et de Lyssa, déesse

de la rage, venue frapper Héraclès de folie selon la volonté d'Héra, afin qu'il tue ses enfants (deuxième coup de théâtre). Le chœur entend et commente avec horreur les meurtres qu'accomplit le héros dans le palais. Après un long récit fait par un serviteur, l'*eccyclème* fait apparaître Héraclès endormi, entouré des corps de sa femme et de ses enfants.

Kommos qui tient lieu de stasimon : Amphitryon supplie le chœur de ne pas réveiller Héraclès par ses lamentations.

Exodos : réveil d'Héraclès que son père amène peu à peu à prendre conscience de la situation ; le héros est tenté de se donner la mort. Survient son ami Thésée qui lui offre asile à Athènes ; décidé à « braver la tentation de la mort », Héraclès suit son ami.

Iphigénie en Tauride

(avant 412)

En Tauride, devant le temple d'Artémis et son autel.

Prologue : Iphigénie raconte comment Artémis lui a sauvé la vie à Aulis, lui substituant une biche sur l'autel, puis l'a conduite en Tauride où, prêtresse de la déesse, elle doit préluder à des sacrifices humains : « j'immole tous les Grecs qui débarquent ici ». Un songe vient de la persuader qu'Oreste est mort. Oreste et Pylade arrivent devant le temple ; Apollon leur a ordonné de prendre et d'apporter en Attique la statue d'Artémis.

Parodos en forme de *kommos* : un groupe de jeunes esclaves grecques rejoint Iphigénie et pleure avec elle la mort d'Oreste.

Premier épisode : un bouvier vient raconter comment lui et ses amis ont capturé après une rude bataille deux jeunes étrangers, Oreste et Pylade ; Iphigénie restée seule condamne la pratique du sacrifice humain.

Premier stasimon : les choreutes évoquent la navigation qui a amené en Tauride les deux étrangers ; puisse Hélène arriver à son tour, pour être enfin châtiée.

Deuxième épisode : on amène les étrangers enchaînés.

Iphigénie les interroge longuement sur la Grèce et propose de sauver l'un d'entre eux à condition qu'il porte en Grèce une lettre d'elle. Rivalisant d'amitié héroïque, chacun d'eux veut sauver son ami ; Oreste l'emporte ; la lettre provoque la reconnaissance du frère et de la sœur et un long duo lyrique, précédant la mise au point d'un plan d'évasion.

Deuxième stasimon : évocation nostalgique de la Grèce.

Troisième épisode : Iphigénie fait croire au roi Thoas qu'il lui faut purifier dans la mer la statue de la déesse.

Troisième stasimon : célébration des enfants de Léto, Apollon et Artémis.

Exodos : un messager vient raconter à Thoas que les étrangers, après une bataille, s'apprêtent à s'enfuir avec Iphigénie et la statue d'Artémis. Athéna apparaît *apo mechanes* pour apaiser Thoas et annoncer l'avenir d'Oreste et d'Iphigénie.

Ion

(avant 412)

À Delphes, devant le temple d'Apollon.

Prologue : Hermès raconte comment Ion, né de l'union de Créuse et d'Apollon, fut abandonné par sa mère, puis conduit à Delphes par Hermès lui-même et élevé par la Pythie. Apollon entend le donner comme fils à Xouthos, époux de Créuse. Tout en balayant le parvis du temple, Ion chante sa joie et son amour pour Phoibos (monodie).

Parodos : des Athéniennes, servantes de Créuse, décrivent avec émerveillement les sculptures et les peintures qui ornent le temple.

Premier épisode : rencontre d'Ion et de Créuse qu'un intérêt réciproque unit dans un long dialogue. Créuse raconte à mots couverts son histoire.

Premier stasimon : invocation à Athéna et à Artémis ; les jeunes femmes déplorent le malheur de Créuse, dont le fils a sans doute été dévoré par les fauves.

Deuxième épisode : Xouthos sort du temple et rencontre

Ion : selon l'oracle, Ion est donc son fils ; fausse reconnaissance. Ion accepte sans enthousiasme de suivre Xouthos, bien que la royauté n'ait rien qui le tente.

Deuxième stasimon : les choreutes prévoient la douleur de Créuse, et condamnent violemment « le nouveau fils » comme « le nouveau père ».

Troisième épisode : les choreutes apprennent la vérité à Créuse ; bouleversée, elle chante dans une douloureuse monodie sa rencontre avec Apollon, la violence du dieu et sa souffrance. Un vieux serviteur accepte de l'aider, en versant du poison à Ion au cours du banquet offert par Xouthos.

Troisième stasimon : le chœur maudit les amours coupables de Xouthos.

Quatrième épisode : un messager vient raconter l'échec de la tentative d'empoisonnement, et la condamnation à mort prononcée par les magistrats de Delphes contre Créuse.

Quatrième stasimon : bref chant de désespoir.

Exodos : poursuivie par Ion et les Delphiens, Créuse est rejointe et sur le point d'être tuée ; survient la Pythie, portant le panier où elle avait découvert le nouveau-né. La reconnaissance a lieu au milieu d'effusions chantées. Athéna apparaît *apo mechanes* pour confirmer la paternité d'Apollon et annoncer l'avenir des personnages.

Hélène

(412)

Devant le palais du roi d'Égypte Protée ;
près du palais se trouve le tombeau de Protée.

Prologue récité par Hélène : elle raconte la ruse des dieux qui ont fabriqué une fausse Hélène, un fantôme, et l'ont offerte à Pâris pour provoquer la guerre de Troie, tandis qu'Hermès la transportait elle-même en Égypte ; elle y est depuis dix ans, fidèle à Ménélas ; elle cherche asile auprès du tombeau pour fuir la poursuite amoureuse de Théoclymène, le roi actuel. Arrive Teucros, que Télamon a chassé après la mort d'Ajax ; il apprend à

Hélène l'issue de la guerre et la disparition de Ménélas au cours d'une tempête.

Parodos en forme de *kommos* : des captives grecques pleurent avec Hélène sur son triste destin.

Premier épisode : persuadée que Ménélas n'est plus, Hélène veut mourir ; ses compagnes la persuadent d'interroger d'abord la prophétesse Théonoé, sœur du roi.

Nouveau *kommos* qui tient lieu de stasimon ; Hélène entre dans le palais et les choreutes la suivent.

Deuxième épisode[1] : la scène est vide ; un naufragé vêtu de lambeaux de voiles entre ; c'est Ménélas ; une vieille portière l'invite à quitter une terre hostile aux Grecs et lui apprend que la fille de Tyndare séjourne au palais.

Épiparodos (nouveau chant d'entrée du chœur) : Théonoé a assuré que Ménélas était encore en vie.

Troisième épisode : Hélène et Ménélas se reconnaissent dès qu'ils se voient, mais Ménélas refuse de croire Hélène jusqu'au moment où un vieux serviteur vient lui raconter que le fantôme a disparu dans les airs en révélant la vérité. La reconnaissance a lieu (duo lyrique) et les époux cherchent un moyen de fuir. Théonoé survient, et se laisse persuader de ne rien dire à Théoclymène. On décide de feindre d'organiser en mer un cénotaphe en l'honneur de Ménélas.

Stasimon : réflexion sur les caprices du sort, le caractère inintelligible des desseins des dieux, et les souffrances de la guerre.

Quatrième épisode : réalisation de la ruse : Hélène convainc Théoclymène de lui donner tout ce qui est nécessaire pour la cérémonie funèbre.

Stasimon : évocation de la Grande Déesse (la déesse Mère, Déméter-Cybèle) et de ses rites.

Cinquième épisode : Théoclymène donne à Hélène un

Il s'agit en réalité d'un second prologue, puisque cette scène précède la rentrée du chœur ; aussi bien Ménélas procède-t-il à une véritable exposition de sa propre histoire.

navire et cinquante matelots, et rentre préparer ses propres noces avec elle.

Stasimon : évocation du retour en Grèce des deux époux.

Exodos : un messager vient apprendre à Théoclymène la ruse, et la fuite d'Hélène avec Ménélas. Les Dioscures apparaissent *apo mechanes* pour calmer la colère du roi et l'empêcher de châtier Théonoé.

Les *Phéniciennes*

(409 ?)

À Thèbes, devant le palais royal.

Prologue : La vieille reine Jocaste raconte l'histoire des Labdacides jusqu'au jour de la tragédie : Polynice et ses alliés assiègent Thèbes. Le Pédagogue et Antigone montent sur la terrasse du palais pour voir l'armée argienne ; le Pédagogue montre à Antigone les sept chefs (dialogue semi-lyrique : Antigone chante).

Parodos : les jeunes Phéniciennes du chœur racontent qu'elles ont été envoyées à Delphes par leurs compatriotes pour être consacrées au service d'Apollon.

Premier épisode : entré à Thèbes à la faveur d'une trève, Polynice retrouve Jocaste, dont la joie s'exprime dans une monodie, puis affronte Étéocle qui refuse de céder le pouvoir, malgré les efforts de Jocaste pour l'en persuader. Les deux frères se séparent en se lançant un ultime défi.

Premier stasimon : les choreutes rappellent la fondation de Thèbes par Cadmos, et invoquent leur ancêtre Épaphos pour qu'il vienne au secours de la ville.

Deuxième épisode : Créon vient conseiller à Étéocle de choisir sept chefs contre les sept chefs Argiens. On va d'autre part consulter le devin Tirésias.

Deuxième stasimon : lamentations sur la guerre et sur le terrible destin des Labdacides, suivies d'une évocation des noces de Cadmos et d'Harmonie.

Troisième épisode : Tirésias parle : les dieux demandent, pour le salut de Thèbes, que Ménécée, le jeune fils de Créon, soit égorgé. Ménécée feint d'accepter de fuir

pour rester en vie, et sitôt son père parti, il marche
volontairement au sacrifice

Troisième stasimon : autre épisode de l'histoire de Thèbes :
la Sphinx, la victoire d'Œdipe, puis les crimes dont il
souilla la cité.

Quatrième épisode : un messager vient raconter à Jocaste
le succès des Thébains contre les assiégeants. Les
questions de Jocaste le contraignent à dire qu'Étéocle
et Polynice ont décidé de mettre fin à la guerre en
s'affrontant en combat singulier. Jocaste sort en toute
hâte.

Quatrième stasimon : chant de lamentation.

Exodos : entre Créon qui vient d'apprendre la mort de
Ménécée ; le messager revient, il raconte le duel, la
mort réciproque des deux frères et le suicide de Jocaste.
Le cortège funèbre arrive, et Antigone l'accompagne
d'un chant de deuil, enchaînant sur un duo lyrique avec
le vieil Œdipe qui sort en gémissant du palais. Créon
exile Œdipe et interdit qu'on donne une sépulture à
Polynice. Œdipe et Antigone prennent le chemin de
l'exil.

Oreste

(408)

À Argos ; devant le palais des Atrides.

Prologue : tandis qu'elle veille sur Oreste endormi, accablé
par les crises que provoque la poursuite des Érinyes,
Électre raconte l'histoire des Atrides ; plusieurs jours
après le meurtre de Clytemnestre, le frère et la sœur
attendent le verdict de la cité. Hélène vient d'arriver
à Argos ; peu désireuse de se faire voir, elle envoie
sa fille Hermione porter au tombeau de sa sœur
Clytemnestre offrandes et libations.

Parodos en forme de *kommos* : des Argiennes, amies
d'Électre sont venues la consoler ; elle tente en vain
de leur faire garder le silence.

Premier épisode : Oreste se réveille ; la nouvelle de

l'arrivée de Ménélas lui donne quelque espoir ; une nouvelle crise de folie le saisit.

Premier stasimon : lamentations sur la cruelle poursuite des Érinyes.

Deuxième épisode : Oreste fait à Ménélas le récit de son crime et de ses malheurs, et lui demande son appui. Devant Ménélas, le vieux Tyndare – qui réclame la mort de son petit-fils – et Oreste plaident tour à tour leur cause. Ménélas promet sans conviction de parler au peuple d'Argos. Pylade survient, prêt à tout pour aider son ami ; il l'accompagne à l'assemblée qui doit décider de son sort.

Deuxième stasimon : thrène sur la malédiction de la race : l'agneau d'or, la mort de Clytemnestre, la poursuite des Érinyes.

Troisième épisode : un messager vient raconter à Électre les débats de l'assemblée ; Argos a voté la mort pour son frère et pour elle. Après une longue et douloureuse monodie d'Électre, Oreste et Pylade arrivent ; alors que le frère et la sœur se préparent à la mort, Pylade conçoit un plan : mourir glorieusement en tuant Hélène. Électre renchérit : il suffit de s'emparer d'Hermione, qui sera gage de leur salut. Oreste et Pylade entrent dans le palais.

Kommos tenant lieu de stasimon : Électre et ses compagnes montent la garde, s'impatientent, entendent enfin le cri d'Hélène.

Exodos : Électre persuade Hermione d'entrer dans le palais. Un esclave phrygien, terrifié, vient faire le récit *chanté* de la disparition d'Hélène. Ménélas arrive, avec une troupe armée ; il affronte Oreste, debout sur le toit et qui menace d'égorger Hermione, dans un dialogue plein de violence. Apollon apparaît *apo mechanes* avec Hélène à ses côtés : elle a rejoint les dieux puisqu'elle est immortelle ; le dieu annonce qu'Oreste épousera Hermione, et Pylade Électre.

Les *Bacchantes*

*(pièce représentée après la mort du poète par son fils Euripide
le Jeune en 405 ; la trilogie non liée : les* Bacchantes, Iphigénie
à Aulis, Alcméon à Corinthe *remporta le premier prix)*

> *À Thèbes, devant le palais royal ;
> près du palais, le tombeau de Sémélé.*

Prologue : Dionysos, sous l'aspect d'un étranger lydien,
entend instituer ses rites à Thèbes ; il a déjà châtié les
sœurs de sa mère, qui niaient sa divinité, en les frappant
de délire ; devenues bacchantes, les Thébaines ont quitté
leurs maisons pour se rassembler sur le Cithéron.

Parodos : un groupe de bacchantes, venues d'Asie elles
aussi, célèbrent Dionysos, et les joies de son culte.

Premier épisode : le vieux Cadmos et le devin Tirésias,
vêtus de « la sainte livrée du dieu », s'apprêtent à aller
célébrer le dieu par leurs danses. Survient Penthée,
petit-fils de Cadmos et roi de Thèbes, plein de colère
contre cette « folie ». Tirésias évoque longuement la
puissance de Dionysos. Penthée sort, décidé à arrêter
et à punir durement l'étranger lydien.

Premier stasimon : le chœur condamne l'impiété, et chante
son dieu.

Deuxième épisode : on amène Dionysos enchaîné ; premier
affrontement Dionysos-Penthée.

Deuxième stasimon : appel à Dionysos pour qu'il vienne
défendre son prophète emprisonné. Dès la fin du chant
on entend de l'extérieur les appels du dieu ; le palais
s'écroule, l'Étranger sort.

Troisième épisode : l'Étranger raconte aux bacchantes
comment le dieu l'a délivré. Un messager vient décrire
à Penthée l'attaque des troupeaux et des villages par
les bacchantes thébaines, qui déchiraient les bêtes à
mains nues. Deuxième affrontement Dionysos-Penthée.
Dionysos convainc le roi de se déguiser en bacchante
pour aller épier les Thébaines sur la montagne.

Troisième stasimon : brève méditation sur la sagesse et
sur les dangers de l'impiété.

Quatrième épisode : troisième dialogue Dionysos-Penthée ;

déguisé en bacchante, le roi est désormais dominé et possédé par le dieu.

Quatrième stasimon : les bacchantes appellent la justice, et réclament la mort de l'impie.

Cinquième épisode : un messager vient faire le récit de la mort de Penthée, que sa propre mère et ses tantes ont déchiré de leurs mains.

Cinquième stasimon : le bref chant de triomphe des bacchantes enchaîne sur un *kommos* avec Agavé, mère de Penthée, elle aussi triomphante : elle porte au bout de son thyrse la tête de Penthée qu'elle croit être celle d'un fauve.

Exodos[1] : Cadmos amène peu à peu sa fille à revenir à la raison ; souffrance et deuil interrompus par l'apparition de Dionysos *apo mechanes*, il condamne Cadmos et Agavé à l'exil.

Iphigénie à Aulis

Dans le camp des Grecs à Aulis, devant la tente d'Agamemnon.

Prologue : Agamemnon expose à un vieux serviteur ses cruelles hésitations, et le charge de porter secrètement à Clytemnestre une lettre lui demandant de ne pas conduire Iphigénie à Aulis, où l'attend non pas le mariage avec Achille, mais la mort réclamée par Artémis.

Parodos : un groupe de jeunes femmes de Chalcis arrive ; curieuses de voir les célèbres héros présents à Aulis, elles font, dans leur chant, un dénombrement de la flotte grecque.

Premier épisode : Ménélas a intercepté le Vieillard ; les deux frères s'affrontent violemment quand un messager annonce la prochaine arrivée de Clytemnestre. Ménélas cède alors à la pitié, et cesse d'exiger la mort d'Iphigénie ; mais Agamemnon a peur des réactions de l'armée.

Cette partie du texte est très mutilée ; on en reconstitue une partie à l'aide d'un centon chrétien *Christos Paschon* (le Christ souffrant) qu'il faut peut-être dater du XIe siècle.

Premier stasimon : le chœur chante les dangers d'un amour trop violent, et évoque Pâris.

Deuxième épisode : à l'arrivée de Clytemnestre et de sa fille, un dialogue long et difficile s'engage avec Agamemnon qui cache toujours la vérité.

Deuxième stasimon : évocation anticipée de la guerre de Troie.

Troisième épisode : Clytemnestre salue en Achille son futur gendre et découvre qu'il ignore ce projet de mariage ; le Vieillard apprend alors la vérité à la reine ; elle supplie Achille de venir en aide à Iphigénie et Achille s'y engage.

Troisième stasimon : les choreutes chantent les noces de Thétis et Pélée et déplorent le destin d'Iphigénie.

Quatrième épisode : après les violents reproches de Clytemnestre à son époux, Iphigénie supplie son père ; pour se justifier, il assure que seule la réussite de la guerre préservera la liberté de la Grèce. Après un chant de lamentation d'Iphigénie, Achille vient annoncer que l'armée réclame le sacrifice. Il est prêt à tenir sa promesse, mais Iphigénie accepte désormais de se sacrifier pour la Grèce, et fait ses adieux à sa mère.

Kommos qui tient lieu de stasimon : les choreutes célèbrent l'héroïsme d'Iphigénie et prient avec elle Artémis.

Exodos : un messager vient raconter à Clytemnestre l'issue du sacrifice ; Artémis a substitué sur l'autel une biche à la jeune fille[1].

Toute la dernière partie du récit est généralement tenue pour suspecte, et parfois datée en partie du IVe siècle, en partie de l'époque byzantine.

Rhésos

(pièce d'auteur et de date inconnus ; les Anciens mettaient déjà en doute son attribution à Euripide ; elle paraît, aujourd'hui encore, peu vraisemblable)

Dans le camp troyen, devant la tente d'Hector ; c'est la nuit.

Parodos : les soldats troyens qui constituent le chœur viennent éveiller Hector et l'inciter à la vigilance, car les Grecs préparent quelque chose.

Premier épisode : persuadé que les Grecs se préparent à fuir, Hector veut courir au combat ; Énée le persuade d'attendre et d'envoyer un éclaireur au camp des Grecs. Dolon accepte la mission contre la promesse qu'il recevra les chevaux d'Achille ; il va s'équiper d'une peau de loup.

Premier stasimon : le chœur prie Apollon de protéger Dolon.

Deuxième épisode : un berger vient annoncer l'arrivée d'un puissant allié des Troyens, le Thrace Rhésos, à la tête de milliers de soldats.

Deuxième stasimon : le chœur célèbre la prochaine arrivée de Rhésos, qui peut faire espérer la victoire.

Troisième épisode : Rhésos explique les raisons du retard que lui reproche Hector, et promet de vaincre les Grecs.

Troisième stasimon : Dolon tarde, et les choreutes, inquiets, partent pour réveiller les Lyciens.

Quatrième épisode : Ulysse et Diomède pénètrent dans le camp troyen ; ils ont tué Dolon ; Athéna apparaît pour leur conseiller de tuer Rhésos. En se faisant passer pour Aphrodite, elle éloigne Pâris venu s'enquérir d'espions grecs dont parle une rumeur. Les Grecs parviennent à s'échapper, une fois leur coup fait.

Quatrième stasimon : les choreutes s'interrogent sur l'identité de l'espion grec qu'ils ont aperçu ; ils pensent que ce pourrait être Ulysse.

Exodos : le cocher de Rhésos vient raconter le meurtre du héros ; Hector s'en prend aux choreutes, mauvaises sentinelles, mais le cocher soupçonne quelque traîtrise. Apparaît alors *apo mechanes* la Muse mère de Rhésos qui porte son fils dans ses bras ; elle révèle la vérité, et pleure le fils dont elle connaissait depuis longtemps le destin.

Le *Cyclope*

(seul drame satyrique intégralement conservé ; date inconnue, mais sans doute tardive : après 412 ?)

En Sicile, devant l'entrée d'une grotte.

Prologue : Silène regrette le service de Dionysos ; esclaves de Polyphème, les satyres gardent ses troupeaux, pendant que Silène sert le Cyclope dans la grotte.

Parodos : arrivée des satyres guidant les troupeaux ; ils chantent Dionysos et leur esclavage.

Premier épisode : Ulysse arrive avec ses compagnons. Silène lui nomme le lieu et ses habitants, et accepte de lui donner de la nourriture en échange du vin qu'apportent les Grecs. Le Cyclope arrive ; Silène terrifié accuse les Grecs de l'avoir brutalisé et volé. Ulysse se présente, et fait appel aux lois de l'hospitalité ; Polyphème repousse avec cynisme sa prière : il entend bien manger tous les Grecs.

Premier stasimon : les satyres évoquent le terrible repas qui se prépare.

Deuxième épisode : Ulysse sort de la grotte et raconte l'horrible festin. Il promet aux satyres de les aider à fuir s'ils l'aident à réaliser sa ruse.

Deuxième stasimon en forme de *kommos* : les satyres accompagnent le chant que le vin inspire au Cyclope.

Troisième épisode : Ulysse enivre complètement le Cyclope que Silène conduit ensuite dans la grotte.

Troisième stasimon : les satyres chantent la victoire toute proche.

Quatrième épisode : Ulysse sort et demande leur aide aux satyres, mais ils refusent d'entrer dans la grotte. Ils encouragent les Grecs par leurs chants.

Exodos : on entend les cris du Cyclope ; il apparaît, le visage ensanglanté, barrant l'entrée de la grotte, et se plaint d'avoir été perdu par Personne ; les Grecs parviennent à s'enfuir, emmenant les satyres avec eux.

Le théâtre d'Euripide

Euripide ne remporta de son vivant que quatre victoires, mais son œuvre connut dès le IVᵉ siècle et pendant toute l'époque hellénistique un immense succès. Cette admiration tardive était la reconnaissance de tout ce que les drames d'Euripide apportaient de nouveau au théâtre. Son œuvre témoigne en effet d'une curiosité incessante et multiple, d'efforts délibérés pour renouveler l'art tragique, pour explorer encore et encore des voies nouvelles, que ce soit dans le domaine des idées, ou dans celui des techniques théâtrales : nature de l'intrigue, conventions du genre, mètres et style, musique, spectacle, etc. Aussi est-il impossible de proposer une présentation globale d'un ensemble qui frappe d'abord par son extrême variété. Quels traits communs trouver qui caractérisent par exemple à la fois *Médée* et *Ion* ? La première des deux pièces est une tragédie de la vengeance, comme les *Choéphores*, comme l'*Électre* de Sophocle ; l'action y progresse de façon régulière, sans coup de théâtre ni renversement, au gré de la volonté et des initiatives de Médée qui triomphe peu à peu de tout ce qui fait obstacle à ses projets, obtenant d'abord du roi de Corinthe un jour de délai avant l'exil, puis d'Égée la promesse d'un asile à Athènes, feignant enfin de se réconcilier avec Jason pour qu'il laisse pénétrer ses deux fils dans le palais où ils porteront à la princesse sa rivale les présents mortels. La dernière victoire est la plus difficile ; Médée doit triompher de son amour maternel et trouver le terrible courage de tuer ses enfants pour accomplir pleinement sa vengeance. Elle l'emporte par sa seule volonté, sa seule énergie, sans l'aide de quiconque, ni parmi les hommes ni parmi les dieux. *Médée* est une tragédie de type héroïque, dont l'action est « simple » selon les définitions d'Aristote – « cohérente et une, sans péripétie ni reconnaissance » (*Poétique*, 1452a 15) –, et menée par un seul personnage qui ne dévie jamais de la voie qu'il s'est tracée. Aucun de ces traits ne se retrouve dans *Ion*. Le drame se déroule dans le sanctuaire d'Apollon à Delphes. Un jeune homme, enfant trouvé autrefois recueilli par la Pythie, y fait fonction de serviteur et d'intendant du dieu. Arrive au sanctuaire le couple royal d'Athènes, Créuse fille du roi Érechthée et Xouthos, un prince étranger auquel son père a donné Créuse en mariage. Ils viennent demander au dieu comment avoir enfin une postérité. Les spectateurs savent, mais non pas les personnages, que le jeune Ion est en réalité le fils d'Apollon et de Créuse que le dieu posséda autrefois par la contrainte ; Hermès a pris soin d'annoncer au prologue l'histoire de l'enfant et le dessein d'Apollon : faire reconnaître Ion par Xouthos, pour que son fils devienne à son tour roi d'Athènes. Ces explications sont un peu longues, mais non pas superflues ; on ne saurait en effet définir exactement l'intrigue du drame, dans la mesure où aucun des personnages – à l'exception d'Apollon qu'on ne verra jamais – n'a, au départ, de dessein particulier. Au lieu donc qu'un héros assume fermement la conduite de l'action, on voit chacun agir au hasard, en pleine ignorance de la situation, réagissant vivement à chaque rencontre, à chaque événement, sans prendre le temps d'une calme réflexion. L'action complexe – deux reconnaissances dont une trompeuse, et deux tentatives de meurtre, celui d'un fils par sa mère, puis d'une mère par son fils – avance de façon chaotique. Xouthos, comme le voulait Apollon, reconnaît Ion pour son fils, sans pouvoir lui nommer sa mère : fausse reconnaissance, qui ne suscite guère l'émotion d'Ion, ni son enthousiasme. Créuse, toujours torturée par le souvenir de l'enfant qu'elle croit mort et d'autant plus jalouse du bonheur de son mari, se laisse convaincre de tramer la mort de ce fils qu'Apollon vient de donner à Xouthos ; l'empoisonnement échoue et Ion, aidé de Delphiens en armes, s'apprête à se venger en tuant Créuse. La princesse n'a que le temps de se réfugier à l'autel d'Apollon. Survient alors la Pythie qui porte dans ses bras la corbeille où fut trouvé le bébé, le tissu brodé, le collier et la couronne d'olivier que Créuse y avait déposés : la vraie reconnaissance a lieu, celle qu'Apollon n'avait ni prévue ni souhaitée, et qui s'achève par une touchante effusion. Ion doute encore, pourtant, de l'identité de son père ;

Athéna apparaît, qui éclaircit tout, et dessine à grands traits l'avenir des personnages. Xouthos ne saura rien, et tous seront heureux. On voit rassemblés là tous les éléments d'une intrigue romanesque, riche en surprises, dénouée *in extremis* par un dieu *apo mechanes*. Aucune volonté n'a pu s'accomplir, pas même celle d'Apollon, qui souhaitait que ses amours restent secrètes ; tout est allé comme au hasard jusqu'au tout dernier moment. On comprend assez que le Coryphée commente ainsi cette folle journée : « À voir cette aventure, chacun doit estimer qu'il n'y a rien qui ne puisse arriver dans la vie des mortels. » (v. 510-511).

Si *Médée* ou *Hippolyte* sont à l'évidence des tragédies qui s'inscrivent dans la droite ligne du genre, certains ont refusé ce nom de « tragédie » à *Ion* et à d'autres drames assez semblables, particulièrement *Iphigénie en Tauride* et *Hélène*, dominés aussi par cette force incontrôlable, « cours des événements », « fortune » ou « hasard », que les Grecs appellent *tyche*, et qui aura dans la comédie nouvelle un rôle déterminant. Le nom importe peu, mais la distance entre *Médée* et *Ion* illustre de façon exemplaire le caractère hétérogène de l'ensemble de l'œuvre d'Euripide. Les tendances générales que l'on peut définir ne conviennent que rarement à toutes ses pièces.

Le théâtre d'Euripide apparaît, au premier abord, comme un théâtre d'idées ; il abonde en réflexions, sentences, discours en forme, débats portant sur des questions morales, philosophiques ou politiques et mettant en œuvre les techniques les plus subtiles de la rhétorique et de la philosophie contemporaines. Le débat dramatique lui-même ou *agon*, scène typique dont la forme imite le déroulement des débats devant un tribunal, bien attesté déjà chez Sophocle, tient dans l'œuvre d'Euripide une place privilégiée. L'*agon* des *Suppliantes* voit s'affronter longuement Thésée, champion de la démocratie, et le héraut thébain défenseur du système monarchique ; il s'inscrit exactement dans la ligne de la longue discussion que mènent, au livre III, 80-82 de l'*Enquête* d'Hérodote, Otanès, Mégabyze et Darius, partisans respectivement de la démocratie, de l'oligarchie et de la monarchie. L'*agon* des *Troyennes* oppose devant l'arbitre Ménélas l'accusée Hélène, qui plaide non coupable et rejette la faute sur Aphrodite, et l'accusatrice Hécube qui dénonce avec vigueur le caractère fallacieux d'une telle défense ; on ne peut manquer d'y entendre l'écho – et la réfutation – de l'*Éloge d'Hélène* tout récemment composé par le sophiste Gorgias. Le « procès » en forme de Clytemnestre dans *Électre* – discours de défense de Clytemnestre, accusation et condamnation prononcées par Électre devant un tribunal représenté par le chœur – précède immédiatement l'exécution de la sentence, c'est-à-dire le meurtre de la reine que sa fille vient d'attirer dans un piège mortel. Or il arrive que certains débats, ou certaines réflexions, semblent briser la tension dramatique, créant dans la tragédie des contrastes étranges, comme si, en dépit de l'urgence ou de la vive émotion impliquées par une situation, le poète s'attardait à discuter telle ou telle question intéressant son époque. Ce n'est le plus souvent qu'une apparence. Ainsi, alors qu'au début d'*Héraclès furieux* la femme et les enfants d'Héraclès sont réfugiés en suppliants à l'autel de Zeus, et que l'usurpateur Lycos s'apprête à les en chasser pour les mettre à mort, un débat s'engage entre Lycos et le vieil Amphitryon sur les mérites comparés de l'archer et de l'hoplite armé de la lance et du bouclier ; faut-il penser, comme beaucoup l'ont fait, qu'Euripide entend, au mépris de toute pertinence dramatique, donner là un avis circonstancié sur un problème à la mode ? Mais le problème est à la mode au moins depuis Homère (la condamnation de l'arc comme arme des lâches est déjà formulée dans l'*Iliade* à propos du Lycien Pandaros et de Pâris) et le motif de l'arc et de la lance, lié au personnage même d'Héraclès l'archer, est inséparable de la thématique de toute la tragédie : réflexion sur le courage, définition d'un nouvel héroïsme, valeur de l'amitié. Il reste que cette thématique trouve des échos dans la réflexion contemporaine, comme le montre le *Lachès* de Platon. Et l'on ne peut nier la place conquise dans le drame par la rhétorique, même si le poète sait à l'occasion condamner la mauvaise

rhétorique, celle d'Ulysse « le roué, l'astucieux parleur »
(*Hécube*, v. 131-32), ou celle des démagogues « à la
langue effrénée » (*Oreste*, v. 903), et tirer surtout de riches
effets du contraste entre la froide rhétorique et le langage
de l'émotion ou de la passion (comme dans le débat qui
oppose Médée à Jason aux v. 465-475 de *Médée*). Reste
aussi une foule de réflexions inattendues, parfois para-
doxales, souvent critiques, comme cette remarque d'Hélène
mettant en doute, pour des raisons de vraisemblance, la
légende de sa propre naissance : « On raconte que Zeus
vola un jour vers ma mère Léda, après avoir pris
l'apparence d'un cygne, pour s'unir à elle par ruse... mais
peut-on croire ce récit ? » (*Hélène*, v. 17-21), ou l'étrange
prière d'Hécube, où se mêlent des éléments de divers
systèmes philosophiques contemporains, et qui laisse
pantois Ménélas : « Ô toi, support de la terre, toi qui sur
terre as ton séjour, qui que tu sois, Zeus,... inflexible loi
de la nature ou intelligence des mortels, je te révère. »
(*Troyennes*, v. 884-88). Toutes témoignent de l'infinie
disponibilité d'Euripide, de son refus des conventions et
des systèmes, de la mise en question perpétuelle qui
caractérise l'ensemble de son œuvre.

De là viennent d'innombrables contradictions, qui ont
toujours rendu malaisés les efforts pour cerner les idées
d'Euripide. Au gré des situations dramatiques et du
tempérament des personnages apparaissent tantôt une idée,
tantôt l'idée contraire : ici les Grecs se montrent plus
« barbares » encore que les Troyens (les *Troyennes*), là il
est nécessaire et juste que les Grecs l'emportent sur les
Barbares (*Iphigénie à Aulis*) ; la guerre est belle quand
elle est menée pour la défense des suppliants par les rois
exemplaires d'Athènes, Thésée et Démophon (les *Suppliantes*, les *Héraclides*) ; elle est source de souffrances
infinies tant pour les captives troyennes, victimes de
l'agression des Grecs, que pour les vainqueurs, dont le
châtiment ne se fera pas attendre. Médée, dont tout le
malheur vient de ce qu'elle est femme et sans défense
contre le mari qui la répudie, s'insurge contre les privilèges
injustes dont jouissent les hommes, et revendique avec

conviction une part meilleure pour la femme; il est vrai qu'elle affirme ses droits d'une façon terrible, par l'infanticide, mais le plaidoyer en faveur des femmes ne perd pas pour autant son sens; or Euripide met en scène, peu de temps après, la folle violence d'Hippolyte, à qui la chasteté et l'indignation inspirent le rêve d'un monde où l'homme pourrait procréer sans la femme.

La religion traditionnelle n'échappe pas davantage à cette mise en question. Ni l'exigence de justice ni le besoin d'ordre n'y trouvent leur compte. Souvent les dieux interviennent avec une insoutenable cruauté, comme Aphrodite qui s'apprête à sacrifier Phèdre, toute innocente qu'elle soit, pour mieux se venger d'Hippolyte, comme Héra, déchaînant contre Héraclès, quand il est au sommet de sa gloire, et reconnu par tous comme bienfaiteur des dieux et des hommes, la rage meurtrière qui lui fera tuer sa femme et ses enfants, comme Dionysos enfin, qui punit de leur impiété le roi Penthée et sa mère Agavé de façon tellement atroce qu'Agavé, revenue à la raison après la «chasse» et le meurtre de son enfant, ose s'insurger : «Les dieux ne devraient pas imiter les mortels dans leurs accès de colère.» (les *Bacchantes*, v. 1348). Même les ordres des dieux sont contestés : les Dioscures, à la fin d'*Électre*, jugent «peu sage» l'oracle d'Apollon qui exigeait la mort de Clytemnestre, et Oreste accuse le dieu de lui avoir ordonné «le crime le plus impie qui soit» (*Oreste*, v. 286). Aussi bien n'y a-t-il pas d'harmonie dans ce monde divin; les Dioscures critiquent Apollon, Apollon combat Thanatos, le génie de la mort, (*Alceste*), Lyssa, déesse de la rage, tente de s'opposer à la volonté d'Héra (*Héraclès*), et quand il arrive que deux divinités s'allient au lieu de se combattre, comme font Poséidon et Athéna au prologue des *Troyennes*, c'est double malheur pour les hommes. Les dieux d'Euripide sont, plus encore que ceux d'Homère, des dieux conçus à l'image de l'homme, et sujets comme lui aux excès, aux faiblesses et aux luttes. Le poète ne songe pas à nier leur existence, ni leur puissance, souvent terrifiante; mais ces dieux, tels que la mythologie traditionnelle les représente, ne peuvent garantir ni la justice ni le bonheur. Le monde, avec ou sans les dieux, reste pour l'homme inintelligible.

Aussi bien la tragédie d'Euripide est-elle centrée sur l'homme, et propose-t-elle de lui une image nouvelle ; car si l'on voit encore, chez Euripide, des êtres pourvus d'autant d'énergie, de volonté et de lucidité que les héros de Sophocle, ou quelques très jeunes gens que leur pureté, leur idéalisme, leur noblesse instinctive poussent au sacrifice volontaire de leur vie – par dévouement à leur patrie ou à leur famille, comme Iphigénie, Macarie, la jeune sœur des Héraclides et Ménécée, fils de Créon (les *Phéniciennes*), ou pour éviter de subir la mort au lieu de la choisir, comme Polyxène dans *Hécube* – la plupart des personnages ne sont que des êtres ordinaires, sans grandeur ni noblesse en dépit de leur rang, souvent faibles et velléitaires, parfois médiocres ou simplement méchants. Tel est Jason, bourgeois rangé, soucieux de respectabilité, de tranquillité et de confort, qui conclut un mariage de raison pour assurer son avenir et celui de ses fils, et dont la médiocrité est durement soulignée par la grandeur de Médée, et la violence de ses passions ; Jason n'est plus qu'un homme du Ve siècle, alors que Médée, elle, appartient toujours à l'univers héroïque de la légende des Argonautes. Tel est Agamemnon dans *Iphigénie à Aulis*, un pauvre homme déchiré entre l'amour qu'il a pour sa fille, une ambition sans grandeur, et la crainte que lui inspirent tour à tour son frère, sa terrible épouse, et l'armée des Grecs, père d'autant plus lamentable qu'il est confronté à la tendresse infinie et à l'héroïsme ingénu d'Iphigénie. Tels sont encore ces vieillards implacables ou égoïstes, farouchement attachés à la vie, volontiers cyniques que sont Phérès, le vieux père d'Admète (*Alceste*), Alcmène (les *Héraclides*) ou Tyndare, père d'Hélène et de Clytemnestre (*Oreste*). Ceux-là et beaucoup d'autres témoignent du réalisme psychologique qui est un des traits les plus remarquables du théâtre d'Euripide. La vertu est chose rare, et là où elle existe, la passion triomphe des meilleures résolutions : « nous savons discerner le bien, dit Phèdre, mais nous ne le mettons pas en pratique »

(*Hippolyte*, v. 381-82). Les hommes connaissent pourtant des instincts généreux, la compassion, la tendresse, l'amitié, et peuvent parfois assurer par là leur salut, voire leur bonheur : l'amitié de Thésée arrache Héraclès à la tentation de la mort, celle de Pylade sauve Oreste et Électre (*Oreste*), l'amour donne à Hélène et Ménélas assez de ruse et d'énergie pour réussir à fuir l'Égypte (*Hélène*) ; mais les faiblesses l'emportent sur les vertus. Et comme si les passions, les défauts, l'aveuglement liés à la condition de l'homme ne suffisaient pas, d'autres égarements l'atteignent, hallucinations, délire, et folie meurtrière d'Héraclès, d'Oreste ou d'Agavé dont Euripide montre les terribles symptômes et les conséquences atroces.

Peu de personnages provoquent l'admiration, tous ou presque font naître la pitié. Le pathétique est, chez Euripide, l'émotion dominante, parce qu'il résulte de la faiblesse et du malheur des hommes. Captives promises à l'esclavage, femmes à qui l'on vient arracher leurs enfants, suppliants menacés de mort, vieillards incapables de se défendre ou que leur bras trahit à l'instant décisif, ce sont là des images ou des tableaux qui reviennent sans cesse. Les enfants, personnages jusque-là muets dans la tragédie, chantent eux-mêmes leur désespoir ou leur terreur, comme Eumélos à l'instant même où meurt sa mère Alceste, ou comme le fils d'Andromaque que Ménélas entraîne à la mort (*Andromaque*). Il est remarquable aussi que dans le camp où Sophocle situe l'action d'*Ajax* on ne voie que les vainqueurs (les Grecs), et presque que des guerriers, tandis que le même camp achéen, chez Euripide, semble n'être peuplé que de captives troyennes et d'enfants dont les vainqueurs exigent la mort (*Hécube*, les *Troyennes*).

Si les grandes figures du mythe paraissent ainsi déchues, d'autres personnages surgissent, qui ne faisaient pas partie du personnel ordinaire de la tragédie ou n'avaient que des rôles très secondaires, les serviteurs et les servantes, les simples soldats, les gens du peuple, les paysans. Sans doute voit-on, chez Eschyle, Cilissa, la vieille nourrice d'Oreste, évoquer l'enfant qu'elle croit mort en des termes à la fois pathétiques et plaisamment familiers ; sans doute Sophocle prend-il plaisir à dessiner, dans *Antigone*, la figure d'un homme simple, le garde chargé de surveiller le corps de Polynice. Mais de tels personnages restent chez eux l'exception ; ils se multiplient au contraire chez Euripide. Deux d'entre eux surtout méritent d'être mentionnés : d'abord le pauvre laboureur qui, pour la plus grande surprise du public, prononce le monologue d'ouverture d'*Électre* ; il est le mari imposé par Égisthe à la princesse, et il n'est pas exagéré de dire que ce laboureur, amené par la malice du poète à côtoyer des princes, est le personnage le plus noble de la pièce (Oreste développe très explicitement ce paradoxe aux v. 367-400) ; autre paysan, celui qui vient, dans *Oreste*, annoncer les décisions de l'assemblée du peuple, des décisions qu'il a apprises parce qu'il « passait par hasard en ville » ; on ne saurait mieux souligner ce qu'a d'insolite le choix d'un tel personnage pour messager ; on en comprend bien vite la raison : cet homme simple et juste vient exposer l'ensemble des débats où, résistant aux démagogues, un homme comme lui, un simple paysan, a pris la défense d'Oreste, un de ces laboureurs « qui ne fréquentent guère la ville... et qui, à eux seuls, assurent le salut de la cité » (v. 919-920). L'allusion à la vie politique du temps est ici à peine voilée ; la pièce est contemporaine de la montée de la démocratie extrême à Athènes, et, par réaction, le slogan de la république des paysans est alors particulièrement en vogue.

Ce renouvellement du personnel tragique va de pair avec les efforts d'Euripide pour transformer et enrichir tous les éléments du spectacle. Les costumes d'abord : on a vu qu'Euripide était, aux yeux du public et des poètes comiques, le spécialiste des rois loqueteux, comme ce Télèphe dont le héros des *Acharniens* vient emprunter au poète les hardes pathétiques ; de fait, Euripide habille souvent ses personnages de costumes plus réalistes que les vêtements tragiques traditionnels. Ce souci accroît la vraisemblance des situations et permet aussi des effets de spectacle dont le sens est fort clair. Électre, puisqu'elle est contrainte désormais de mener l'existence d'une simple paysanne

d'Argolide, est vêtue de vêtements grossiers, et va la tête
rasée à la manière d'une esclave : le spectacle souligne
sa déchéance, l'oppose en tout point à Clytemnestre, qui
étale avec complaisance une parure somptueuse, et suggère
que dans la haine d'Électre pour sa mère il y a une part
au moins de jalousie de femme. Ménélas, pitoyable rescapé
d'un naufrage, apparaît affublé de lambeaux de voiles
(*Hélène*) ; son malheur est éclatant, comme son impuissance
à comprendre la situation ou à trouver la voie du salut.
À l'instant décisif, il retrouve à la fois ses armes et sa
valeur. Il saura se battre et vaincre en héros. Euripide
exploite aussi plus que tout autre les ressources matérielles
du théâtre ; l'usage de l'*eccyclème* est chez lui assez
fréquent pour qu'Aristophane le parodie avec insistance ;
celui de la *mechane* est constant, surtout au prologue et
à l'exodos des tragédies ; ainsi dans *Bellérophon*, que
nous avons perdu, on devait voir le héros s'élever dans
les airs, à cheval sur Pégase. Et si le décor n'est guère
susceptible de s'enrichir ou de se transformer, le poète
pallie cette absence de variété d'une part en multipliant,
dans le texte, des descriptions de paysages rares, voire
exotiques (particulièrement les rivages de la Crimée dans
Iphigénie en Tauride, et la basse vallée du Nil dans
Hélène) d'autre part en construisant sur scène des tableaux
pathétiques ou splendides, horribles ou baroques : groupes
d'enfants suppliants (les *Héraclides*), entrée de Clytemnestre sur un char d'apparat, escortée de servantes troyennes
(*Électre*), suicide d'Évadné qui se jette sur le bûcher
funèbre de son mari sous les yeux des spectateurs (les
Suppliantes), arrivée triomphante d'Agavé portant, empalée
au bout de son thyrse, la tête sanglante de son fils Penthée
(*Bacchantes*), etc. La musique aussi se transforme. Euripide
passe pour avoir introduit dans la tragédie des modes
(harmonies ou tons, caractérisés par la disposition particulière des intervalles de la gamme) nouveaux, qui
différaient nettement des mélodies plus sobres et sans
doute plus répétitives d'Eschyle. Platon soutient, dans la
République, que seuls les modes dorien et phrygien
conviennent aux guerriers (399a) ; la tragédie usait cou-

ramment du mode dorien, mais aussi du mode mixolydien, mode émotionnel, adapté aux lamentations et propre à susciter la pitié ; Euripide usa d'autres modes encore (lydien, ionien, etc.), que Platon, dans le même passage, juge pernicieux, et propres à encourager la mollesse, l'ivresse, et la paresse. S'inspirant de Timothée, un des maîtres de la nouvelle musique, Euripide a modifié parfois la structure des parties lyriques traditionnellement bâties selon la règle de la *responsio* en composant des chants choraux ou des monodies astrophiques ; il a poussé même l'audace jusqu'à donner à la mélodie le pas sur les paroles en introduisant sur certains mots une sorte de commentaire mélodique, qui ressemble déjà à une vocalise. C'est en tout cas ce que suggère la parodie fine et drôle du lyrisme d'Euripide que propose Aristophane aux v. 1309-1322 des *Grenouilles* (*eieieieieieilissete...*, v. 1314).

Dans cette exploration de toutes les voies ouvertes à son art, Euripide semble en avoir atteint les limites. La tragédie elle-même est mise en question, autant que le sont les grands mythes, les valeurs héroïques ou la religion traditionnelle. L'impulsion qu'il a donnée à la transformation du genre tragique explique le succès que remporte son œuvre dès le siècle suivant ; mais elle aura, s'il faut en croire Aristote, de tristes conséquences ; les tragédies d'Agathon consacrent déjà le divorce entre le chœur et le drame, puisque les chants choraux n'y sont plus que des intermèdes (*Poétique*, 1456a 30). Et les poètes tragiques du IVe siècle, pour autant que nous puissions nous faire une idée de leur œuvre, imitant Euripide sans avoir son génie, n'ont su ni construire, par le choix judicieux du sujet, une œuvre vraiment cohérente ni utiliser le langage qui convient à la tragédie : « les poètes d'autrefois faisaient parler les personnages comme des citoyens, ceux d'aujourd'hui les font parler comme des rhéteurs » (*Poétique*, 1450b 7). Mais à défaut d'avoir eu, dans le domaine de la tragédie, une postérité digne de lui, Euripide fut la source où vinrent puiser les poètes de la comédie nouvelle et les auteurs de romans grecs.

L'enlèvement du jeune Oreste par Télèphe dans une version héroïque (cratère attique à figures rouges de Lucanie, c. 400 av. J.-C., Musée de Cleveland).

Prise d'otage comique (cratère attique à figures rouges d'Apulie, c. 370 av. J.-C., Musée de Würzburg).

CHAPITRE IV

LA COMÉDIE

« Bienheureuse la tragédie, bienheureux genre littéraire ! D'abord, les spectateurs y connaissent l'histoire, avant même qu'un mot soit prononcé, et le poète n'a qu'à réveiller leur mémoire. Si je dis : Œdipe, on sait tout le reste : son père, c'est Laïos, sa mère, Jocaste, ses filles et ses fils, on sait qui c'est, et ce qu'il va subir et ce qu'il a fait [...]. Deuxièmement, quand les poètes tragiques n'ont plus rien à dire et qu'ils sont complètement au bout de leur drame, ils n'ont qu'à lever la *mechane*, aussi aisément qu'ils lèveraient le petit doigt, et les spectateurs sont contents. Nous, nous n'avons pas tout cela. Il nous faut tout inventer. »

C'est un personnage de théâtre qui parle ainsi, dans le prologue d'une comédie du milieu du IVᵉ siècle (la *Poésie*, d'Antiphane, citée par Athénée, 222a). Mais la comparaison entre comédie et tragédie est bien antérieure. La comédie ancienne, déjà, ne cesse de se référer au genre rival, plus ancien qu'elle dans les festivals officiels et surtout infiniment plus prestigieux, pour le mimer, le parodier, le dévoyer et ainsi, peu à peu, se construire. Aristophane forgea même un mot nouveau, pour faire apparaître le parallélisme : la comédie, c'est la *trugoidia* (sur le mot *tryx*, génitif *trygos*, « vin nouveau » !), et elle aussi, clamait-il, a droit à la considération. Nous avons vu comme ce fait était utile pour la connaissance de la tragédie. Il est essentiel aussi, bien sûr, pour la compréhension de la comédie et de son évolution.

COMÉDIE ANCIENNE ET COMÉDIE NOUVELLE

Nous connaissons la comédie grecque antique par trois sources principales. Les fragments ou les titres d'environ 1 500 comédies par 200 auteurs différents ont été conservés dans des citations ou des listes de provenance variée : leur texte grec est en cours de réédition et quelques-uns sont accessibles en français. Mais nous possédons surtout onze pièces intégrales d'Aristophane et une (presque deux) de Ménandre, avec, pour Ménandre, des fragments très importants de plusieurs autres pièces. Si le théâtre d'Aristophane nous a été transmis par des manuscrits médiévaux, celui de Ménandre, qui fut, dans l'Antiquité, aussi célèbre qu'Homère, est, pour l'essentiel, ressuscité récemment, grâce aux découvertes et aux progrès de la papyrologie depuis le début du XXᵉ siècle : ainsi, la seule pièce intégrale que nous ayons, le *Dyscolos* (le *Bourru*), a été retrouvée vers 1956 dans un lot de papyrus acquis par un riche collectionneur genevois, Martin Bodmer, et sa première édition date de 1958.

Ces résurrections font mieux comprendre la division traditionnelle entre la « comédie ancienne » et la « comédie nouvelle ». La comédie ancienne, à sujets politiques et alliant le chant au texte parlé, couvre tout le Vᵉ siècle ; elle est représentée pour nous principalement par Aristophane (c. 445-386/385), mais est née environ deux générations plus tôt, avec des poètes comme Chionidès et Magnès ; ensuite vinrent Cratinos (dont nous connaissons une trentaine de titres, comme la *Bouteille*, qui l'emporta sur les *Nuées* et où l'auteur, âgé, se mettait en scène entre sa femme, la Comédie, et sa maîtresse, l'Ivrognerie) et Cratès (le premier à traiter de « sujets généraux » et à composer des « histoires », selon Aristote, *Poétique* 1449b), et enfin Aristophane avec de nombreux rivaux, comme Eupolis, Phérécrate ou Phrynichos. La « comédie nouvelle », à intrigue familiale, où le chœur n'intervient plus, naît à partir de la deuxième moitié du IVᵉ siècle, elle est surtout représentée par Ménandre (c. 342-292/291) mais elle se prolonge durant tout le IIIe siècle. Comme le théâtre d'Aristophane lui-même et ce que l'on peut savoir d'un certain nombre d'autres auteurs suggèrent qu'entre ces deux moments il y eut une période intermédiaire, on a aussi tenté de définir une «comédie moyenne». Nous nous limiterons ici aux deux formes les mieux connues et laisserons aussi de côté les maigres indications que nous pouvons avoir sur le mime et la farce, appelés à un si brillant avenir dans le monde romain.

La comédie ancienne a pour matériau de base un régime politique, la démocratie directe athénienne contemporaine : les thèmes qu'elle traite, les événements et les hommes politiques évoqués ou mis en scène sont contemporains. D'une certaine façon, on peut la comparer, avec précaution, aux émissions qui, dans la télévision de notre temps, parodient les informations. Tandis que la comédie nouvelle, bien que Ménandre soit athénien lui aussi et qu'Athènes tienne une grande place dans son théâtre, est de coloration à la fois beaucoup plus universelle et beaucoup plus privée, familiale : c'est en son sein qu'apparaissent certaines des maximes les plus célèbres de l'humanisme : «Comme l'homme est beau, s'il est homme» ou (par l'intermédiaire du poète latin Térence) «Je suis homme, et rien de ce qui est humain ne m'est étranger».

Dans la comédie ancienne, un héros, pour réaliser ses objectifs, souvent à la fois très publics et ambitieux (faire la paix avec les cités ennemies par exemple, dans les *Acharniens*), et envisagés d'un point de vue fort égoïste (au besoin, une paix personnelle suffira amplement, toujours dans les *Acharniens*), invente une méthode comique, hautement invraisemblable (par exemple, dans *Lysistrata*, que les femmes des deux camps fassent la grève de l'amour pour obliger leurs époux à rendre les armes). La ruse de ce filou assez comparable au «trickster» des anthropologues est présentée dans un prologue parlé, souvent divisé en plusieurs scènes, et qui est bien plus qu'un prologue au sens que nous donnons à ce terme. Car si le héros y dévoile le plan qu'il a bâti pour mener à bien sa tâche, il s'efforce aussi de le réaliser, seul ou avec d'autres, et parfois il y parvient dès ce moment, le plus souvent d'une façon qui défie la logique. Puis il se heurte à divers opposants. Le principal d'entre eux est, généralement, le chœur, dont l'entrée (la *parodos*), menaçante ou solennelle, collective ou par petits groupes, interrompue ou non, mais toujours chantée et dansée de façon généralement très spectaculaire, constitue l'un des morceaux de bravoure de la pièce. Le public y découvre la façon dont le poète a mis en scène son invention la plus remarquable, qui a souvent donné son nom à la pièce. L'imagination s'y déploie sans limites, depuis la mise en scène de la réalité contemporaine, outrée et transfigurée, jusqu'à la plus haute fantaisie : les choreutes sont des charbonniers d'Acharnes, des cavaliers, ou encore des guêpes, des oiseaux, et même des nuages ou des îles... L'affrontement entre le héros et ses adversaires prend ensuite souvent la forme d'un duel (ou *agon*) mi-parlé, mi-chanté, très strictement codifié (on y appelle parfois « syzygies » l'alternance des mètres parlés et lyriques) : après un bref chant du chœur, le coryphée invite l'un des adversaires à mener son offensive, ce qu'il fait crescendo, en alternant interrogatoire et longues tirades, jusqu'à s'étouffer dans une longue phrase finale qu'il débite sans reprendre son souffle, le *pnigos* ou « suffocation » ; puis le chœur chante à nouveau, et c'est le second personnage que le coryphée exhorte à parler à son tour, de la même façon. Enfin, le coryphée proclame le vainqueur. Ce sont parfois aussi des batailles comiques tout à fait concrètes, à défaut d'être vraisemblables, mi-jouées, mi-dansées, avec des ustensiles et des stratagèmes variés, qui pastichent souvent la tragédie. Quand le héros triomphe, l'action s'interrompt un moment : les acteurs disparaissent et l'illusion théâtrale, qui est de toute façon souvent utilisée de façon complexe dans la comédie ancienne, la fiction étant parfois élargie aux spectateurs, est nettement rompue. Le chef du chœur déclare qu'il est temps d'en venir « aux anapestes », du nom du mètre employé. Au beau milieu de la pièce, le chœur s'adresse alors directement aux spectateurs et leur donne des conseils de politique générale, ou bien il vante la qualité du spectacle comique qu'il offre et critique la concurrence, dans un morceau appelé la *parabase*. Les règles en sont fixes, ici encore. Comme dans les scènes de débat, les anapestes se terminent par un *pnigos* à effet. Ensuite, vient la syzygie, où alternent selon le principe de la *responsio*, dans des mètres successivement chantés et parlés, et avec accompagnement de danses, «ode» et «épirrhème» (ou discours parlé), puis «antode» et «antépirrhème», qui sont l'occasion de mettre le chœur en valeur et de lancer des attaques politiques très vives contre des cibles souvent prises à partie nommément. Après la parabase, l'action reprend, le héros revient devant le public; la liaison avec les scènes précédentes est fort lâche. Son objectif une fois atteint, il exploite son succès sans vergogne dans quelques scènes de parade, sans véritable progression dramatique, aux personnages et aux thèmes traditionnels, comme le sycophante rossé – la victoire sur ce spécialiste des procès et de la procédure, qui vit de fausses accusations lancées contre les citoyens riches ou peu combatifs, recueille toujours les applaudissements du public –, jusqu'au triomphe final, qui est souvent une procession débridée célébrant un mariage, dans une sorte d'âge d'or de la sexualité et de la ripaille.

Toutes les pièces d'Aristophane n'obéissent pas entièrement à ce schéma. Parfois, les scènes de débat, ou d'*agon*, s'étendent presque à toute l'œuvre : c'est le cas dans les *Cavaliers*. On peut aussi rencontrer une seconde parabase, plus courte, dans la fin de la pièce. Les dernières comédies d'Aristophane surtout tendent à s'éloigner de la comédie ancienne : la parabase, si caractéristique du genre, s'efface dès *Lysistrata*, elle disparaît dans l'*Assemblée des femmes* et dans le *Ploutos* ; dans ces deux dernières pièces, le chœur a toujours un rôle dans l'action, mais ses chants deviennent de simples intermèdes et, dans le *Ploutos*, il arrive que les manuscrits portent seulement l'indication «Chœur», sans texte. L'action est ainsi plus linéaire et progresse du début à la fin de la pièce d'une façon plus conforme à la vraisemblance. Ce type de comédie est

caractérisé par l'appellation «comédie moyenne» et les
noms d'Antiphane et d'Alexis y sont attachés. Mais
l'évolution continue et aboutit à la fin du IVᵉ siècle à la
comédie dite nouvelle, qui est véritablement un autre
genre littéraire.

Après un prologue destiné uniquement à l'exposition,
l'action, concentrée sur une seule journée, y tourne le
plus souvent autour d'un thème nouveau, l'amour, et
surtout l'amour contrarié, et elle progresse en cinq actes
(en grec, cinq «parties») séparés par des intermèdes
choraux. L'intérêt est désormais centré sur les acteurs.
Parmi eux, on retrouve certains personnages typiques
présents dès la comédie ancienne : le soldat fanfaron, le
cuisinier, l'esclave fripon. Mais ils sont insérés dans une
action soigneusement conduite, qui se développe, sans
l'interruption de la parabase, d'une façon logique, du
début à la fin de la pièce. Les passions et les divers
caractères de l'âme humaine s'y déploient, le plus souvent,
dans un cadre familial plus ou moins éclaté en raison
des séparations, des voyages et des expéditions militaires,
en raison aussi d'unions furtives à lourdes conséquences.
L'amour finit par triompher, grâce à la Fortune (*Tyché*),
après des quiproquos et des incompréhensions qui man-
quent de tourner au drame, dans un mariage final qui
enregistre sa toute-puissance. De nombreux coups de
théâtre, très romanesques, imités de la tragédie de la fin
du Vᵉ siècle et du IVᵉ siècle, relancent l'intérêt à chaque
acte : personnages qu'on croyait morts et qui étaient
vivants, enfants enlevés qu'on retrouve soudain, bâtards
qui se révèlent enfants légitimes. L'ensemble respecte la
décence et le vraisemblable, car chaque personnage agit
en fonction d'un caractère nettement dessiné, à la fois
stéréotypé et individualisé, et cela même lorsque la Fortune
multiplie les surprises, car, comme le dit Aristote, l'invraisemblable aussi est vraisemblable.

Les différences entre la comédie ancienne et la comédie
nouvelle se manifestent aussi dans le détail du style. Du
début à la fin de chaque pièce, la comédie ancienne joue
sur une gamme très étendue de procédés comiques et de

niveaux de langue contrastant les uns avec les autres, depuis la farce la plus truculente jusqu'au comique le plus lettré, depuis le plus haut lyrisme jusqu'à l'obscénité, aux grivoiseries et à la scatologie la plus explicite, car elle ne cesse de mettre en scène ou de se référer à la vie du corps de façon grotesque. Le style de la comédie nouvelle est, lui, beaucoup plus uniforme. Il est en quelque sorte à mi-chemin entre celui des parties parlées de la tragédie d'Euripide et celui du langage courant. Les grossièretés en sont à peu près bannies, réservées qu'elles sont à un genre bien distinct, le mime. Le pastiche ou la parodie du lyrisme et de la tragédie sont beaucoup moins appuyés. Il suffit de lire quelques vers de l'un et de l'autre genre pour sentir l'écart entre la complexité et l'audace des jeux de langue dans la comédie ancienne, et l'unité, la bienséance le plus souvent recherchées dans la comédie nouvelle. Le très grand succès de la comédie nouvelle fut à l'origine, à l'époque romaine, de la comédie latine dite *palliata*, et par ce biais, de la comédie classique en Europe.

ARISTOPHANE

Nous possédons le quart de la production d'Aristophane ainsi que de nombreux fragments. Aristophane est ainsi l'auteur classique que nous connaissons le mieux. Fils de Philippos, du dème de Kydathénée (d'où était originaire aussi l'une de ses têtes de turc favorites, le démagogue Cléon), il est né vers 450-445. Il commença très jeune, très probablement avant vingt ans, sa carrière comique, en présentant ses pièces, jusqu'aux *Cavaliers*, sous un prête-nom, mais une partie au moins du public en connaissait sûrement le véritable auteur. Sa première pièce, les *Banqueteurs*, en 427, caricaturait les sophistes à la mode. Cléon, attaqué l'année suivante dans les *Babyloniens*, était le « chef du peuple » (ou *demagogos*) le plus influent à ce moment-là et, certainement atteint par les flèches du poète, intenta alors une procédure judiciaire contre lui.

Résumé des pièces conservées d'Aristophane

Les *Acharniens*

(425, Lénéennes, premier prix)

[Les Athéniens, en guerre contre les Péloponnésiens depuis six ans, vivaient à l'abri de leurs murailles grâce à leur flotte et laissaient l'ennemi saccager chaque été la campagne, ce qui exaspérait les paysans, et en particulier les plus farouches partisans de la guerre (Thucydide, II, 20), les villageois d'Acharnes, qui exploitaient le charbon de bois au nord de l'Attique et étaient fort exposés]

Prologue : Assemblée des citoyens athéniens, que bernent diverses fripouilles. Seul le héros, Dicéopolis (« Juste-cité »), se préoccupe de la paix avec Sparte. Écœuré, il conclut une trêve personnelle.

Parodos et scènes de bataille : Tout joyeux, il célèbre les Dionysies rurales en famille. Mais le chœur des Acharniens, informé de sa trahison, le poursuit. Sur le point d'être mis à mort, le héros prend en otage un de leurs sacs de charbon (procédé imité du *Télèphe* d'Euripide, où l'otage était le jeune fils d'Agamemnon), puis emprunte les pathétiques haillons de Télèphe au magasin d'Euripide pour plaider sa cause : il convainc la moitié du chœur puis emporte l'adhésion générale après avoir vaincu le général Lamachos (« Labataille »).

Parabase : Le poète montre qu'il rend service à Athènes en lui apprenant à ne pas se laisser berner. Le chœur, lui, réclame qu'on fasse plus attention aux vieux comme lui.

Réalisation de l'idée comique : Dicéopolis ouvre un marché privé. Un Mégarien aux abois vient y vendre ses filles, en prétendant qu'il s'agit de petites truies, un Béotien y propose anguilles et autres douceurs, malgré les menaces des sycophantes. Le chœur acclame Dicéopolis et célèbre son union avec la Paix. Tandis que Lamachos part pour la guerre et en revient en piteux état, Dicéopolis se prépare, avec deux jolies filles à ses bras, pour le concours de beuverie des Anthestéries, qu'il remporte.

Les *Cavaliers*

(424, Lénéennes, premier prix)

[*Cléon était alors le démagogue le plus influent d'Athènes, en particulier grâce à son succès inespéré contre Sparte dans l'affaire de Pylos (Thucydide, IV, 2-41)]*

Prologue : Deux esclaves du citoyen Dèmos (« Le peuple ») se plaignent de leur régisseur, un Paphlagonien marchand de cuir (qui représente Cléon). Ils lui volent un oracle annonçant qu'il sera renversé par plus fripouille que lui. Voici justement un marchand de boudin, à qui ils promettent ce magnifique destin. Mais le Paphlagonien se réveille.

Parodos et scènes de bataille : Le chœur des Cavaliers (les plus riches et les plus nobles citoyens d'Athènes) attaque le Paphlagonien et engage le marchand de boudin à lutter contre lui, en un débat contradictoire, avec force injures et coups, dont le marchand de boudin sort vainqueur.

Parabase : Le poète explique pourquoi il a attendu avant de présenter une pièce sous son propre nom. Les Cavaliers célèbrent leur dieu, Poséidon, ainsi qu'Athéna, et font l'éloge de la cavalerie.

Fin de la pièce : Le marchand de boudin raconte qu'il vient d'obtenir la confiance du Conseil des Cinq-Cents. Surgit son rival : nouvel échange d'injures, qui fait sortir Dèmos de chez lui. Les deux rivaux se livrent à un second débat contradictoire en règle, où il font assaut de dém...agogie : Dèmos choisit finalement le marchand de boudin, qui régénère son patron, devenu, d'un coup, lucide, et lui offre une jolie jeune femme, la Paix.

Les *Nuées*

(423, Dionysies urbaines, troisième prix)

[Pièce révisée ultérieurement, dont nous ne possédons que la deuxième version, peut-être destinée uniquement à la lecture. Eupolis, rival d'Aristophane, écrivit une pièce sur un sujet comparable, les Flatteurs, *en 421]*

Prologue : Un vieux paysan, Strepsiade (« Tourneboule », trad. Debidour), se plaint du fils qu'il a eu avec une citadine de noble parage : Phéidippide le couvre de dettes. Strepsiade voudrait qu'il fréquente le grand sophiste Socrate, pour apprendre à tromper ses créanciers, mais Phéidippide refuse, et le vieux bonhomme doit aller lui-même à l'école. Ahuri, il y découvre la recherche fondamentale. Le Maître, suspendu entre terre et ciel pour mieux penser, l'introduit, après un test de motivation, aux mystères des Nuées.

Parodos : Le chœur des Nuées entre majestueusement et initie le vieillard, qui se donne corps et âme à elles.

Parabase : Le poète reproche aux spectateurs (dans la deuxième version seulement ?) de ne pas accueillir avec assez d'applaudissements le nouveau comique, moins vulgaire, plus varié, qu'il leur propose. Les Nuées leur reprochent, elles, de ne pas les honorer à la hauteur de leur puissance.

Scènes de bataille et fin de la pièce : L'éducation de Strepsiade progresse difficilement. Il peine à analyser les rythmes et le genre des noms, malgré la didactique socratique et malgré sa bonne volonté, indéniable. Finalement, c'est l'échec : il envoie son fils à sa place. Deux personnages (déguisés en coqs de combat ?) défendent devant lui l'éducation à l'ancienne, verte et virile, et l'éducation nouvelle, identifiée au « raisonnement faible », à la langue et au sexe pendants. Le raisonnement faible triomphe, comme chez le sophiste Protagoras. Phéidippide, lui, apprend vite. Strepsiade, ragaillardi, peut alors renvoyer ses créanciers à coup de sophismes, jusqu'au moment où son fils, déniaisé, se met à le battre comme plâtre, et à lui prouver qu'il a raison d'agir ainsi. Le héros, furieux, incendie le pensoir de Socrate.

Les *Guêpes*

(422, Lénéennes, deuxième prix)

[Pour faciliter la participation des citoyens pauvres aux jurys populaires qui exerçaient à Athènes une justice collective directe et expéditive, Périclès avait institué une allocation journalière remise aux volontaires, sensiblement augmentée récemment par Cléon, ce qui attirait en particulier les citoyens âgés]

Prologue : Deux esclaves surveillent leur maître, Philocléon (« Chéricléon », trad. Debidour), atteint de délire procédurier, sur ordre de son fils Bdélycléon (« Vomicléon », Debidour). Philocléon essaie en vain de sortir au moyen de différents stratagèmes comiques.

Parodos et scènes de bataille : Le chœur des vieillards athéniens volontaires qui ont été désignés par le sort pour être jurés ce jour-là – ils sont déguisés en guêpes –, vient chercher Philocléon. Mais son fils se réveille à temps. Un combat s'engage, suivi d'une joute oratoire entre père et fils. Le chœur, convaincu par le fils, condamne le père, qu'on autorise cependant à faire le juge chez lui. Il juge donc le chien, pour vol.

Parabase : Le poète reproche aux Athéniens de ne pas avoir reconnu son courage dans sa lutte contre le démagogue Cléon. Les Guêpes expliquent le sens politique bouffon de leur déguisement : les jurés piquent tous ceux qui tombent dans leurs jurys.

Fin de la pièce : Le père et le fils se querellent. Le père accepte finalement d'aller banqueter. Il en revient ivre, avec une torche allumée et, dans l'autre bras, une fille nue. Il est poursuivi pour violences par une marchande, puis par une autre victime. De plus en plus ivre, il lance, avec le chœur des vieillards, un défi aux danseurs modernes : c'est le finale.

La *Paix*

(421, Dionysies Urbaines, deuxième prix)

*[De 427 à 421, Aristophane a représenté onze ou douze comédies.
La Paix conclut cette période extraordinairement riche. Quand
le poète obtient un chœur, à l'été 422, les combats font rage.
Mais les deux principaux fauteurs de guerre, Cléon à Athènes
et Brasidas à Sparte, meurent au combat, à Amphipolis, pendant
l'automne. Alors la paix devient possible : elle est conclue juste
après les Grandes Dionysies, au début de 421 (Thucydide, V,
16,1 et 20,1), donc juste après la représentation de la pièce
d'Aristophane, que le poète avait su transformer en célébration
de la paix. Une deuxième version, non conservée, de la pièce
fut représentée l'année suivante aux Lénéennes]*

Prologue : Deux esclaves nourrissent de merde un bousier
géant pour que leur maître Trygée (« Lavendange »,
trad. Debidour), en le chevauchant, puisse gagner
l'Olympe à la recherche de la Paix. L'envol a lieu,
grâce à la *mechane*, et non sans mal. Mais dans l'Olympe,
Trygée ne trouve plus que Polemos (« Guerre ») ; Paix
est enfermée dans une caverne. Heureusement, Polemos
a perdu ses deux pilons (Cléon et Brasidas), avec
lesquels il s'apprêtait à faire une ratatouille de cités.

Parodos et scènes de bataille : Trygée appelle à la
rescousse tous les peuples de la Grèce. Ils arrivent en
chœur, et dansent allègrement. Le dieu Hermès tente
de résister, mais quelques cadeaux ont raison de lui.
Le chœur, et surtout le groupe des paysans attiques,
parvient à ouvrir la caverne de la Paix, qui apparaît
avec Theoria (« Festivité ») et Opora (« Trésor-d'été »,
Debidour). Hermès fait l'histoire comique de la guerre.

Parabase : Le poète explique comment il a élevé le
comique au rang de la haute politique et quel rôle il
a joué contre Cléon.

Réalisation de l'idée comique : Retour de Trygée sur
terre avec la Paix, qui va patronner son mariage avec
Opora. Theoria, elle, est offerte aux magistrats du
premier rang et se déshabille devant eux. Trygée sacrifie.
Le chœur chante la paix et ses bienfaits pour les

paysans. Deux artisans passent, l'un ravi, l'autre furieux de la paix. Le mariage est célébré.

Les *Oiseaux*

(414, Dionysies Urbaines, deuxième prix)

[Aristophane revient enfin au théâtre, avec un sujet moins directement politique. Athènes s'est alors lancée dans la conquête de la Sicile]

Prologue : Deux Athéniens fuient les affaires politico-judiciaires, guidés par un choucas et une corneille. Ils arrivent chez La Huppe. L'oiseau, d'abord effrayé (les humains sont ornithophages), accepte de fonder avec eux une cité des oiseaux, entre terre et ciel, qui interceptera pour vivre les offrandes destinées aux dieux.

Parodos et scènes de bataille : Les oiseaux, convoqués, s'assemblent peu à peu. D'abord furieux à la vue des deux humains, ils fondent sur eux, puis acceptent de les écouter. Pisthétairos leur rappelle leur antique puissance et leur expose son plan, qui est adopté avec enthousiasme.

Parabase : Les oiseaux exposent aux spectateurs les origines mythiques et l'étendue de leur souveraineté.

Réalisation de l'idée comique : Les deux Athéniens, désormais ailés, fondent Coucouville-Les-Nuées. Divers importuns, attirés par cet événement, un poète, un diseur d'oracle, un géomètre, un inspecteur, un marchand de décrets, sont chassés successivement. Le chœur célèbre le nouvel État. Au moment où les remparts sont terminés, arrive la déesse Iris, qu'on informe du nouveau partage du monde. Des candidats terrestres à l'immigration sont refoulés : un criminel, Cinésias le spécialiste du dithyrambe, un sycophante. Alors les dieux envoient en délégation Poséidon, Héraclès et le dieu barbare Triballe. Mais Prométhée les avait devancés. Aussi sont-ils reçus très fermement. Héraclès affamé cède à la première offre de nourriture, le Triballe parle sans qu'on le comprenne : Poséidon doit donner la Royauté aux

oiseaux. Elle apparaît, et s'unit pour le finale à Pisthétairos triomphant.

Lysistrata

(411, Lénéennes)

*[Le désastre de Sicile a relancé la guerre du Péloponnèse. À
Athènes, une révolution oligarchique se prépare, sous couvert
de modération de la démocratie extrême]*

Prologue : Lysistrata (« Démobilisette », trad. Debidour)
a convoqué les femmes de la Grèce entière. Qu'elles
fassent toutes la grève de l'amour, jusqu'à ce que leurs
maris concluent une trêve ! Les femmes, d'abord peu
chaudes, ratifient ce plan, non sans états d'âme, par
un serment solennel et cocasse. Pendant ce temps, des
complices se sont emparées de l'Acropole. Tout le reste
de la pièce se déroule devant l'Acropole.

Parodos et scènes de bataille : Le chœur est divisé en
deux. Une troupe de vieux Athéniens apportent du bois
pour enfumer les révoltées. Une autre troupe, de femmes
cette fois, arrive avec des seaux d'eau. Ils s'affrontent
verbalement, puis physiquement, en chantant et dansant.
Les vieux sont arrosés. Aussi la force publique intervient-
elle. Mais les femmes de l'Acropole font une sortie
victorieuse. Les hommes enquêtent et apprennent que
les femmes vont désormais gérer le trésor public et
ravauder la cité. Escarmouches diverses. Certaines
femmes sont tentées de trahir la cause. Les deux
demi-chœurs restent finalement face-à-face.

Réalisation de l'idée comique : Apparaît Cinésias, en
érection. Sa femme le fait languir avant de le planter
là. C'est au tour d'un envoyé spartiate, en pareil état,
d'arriver à l'Acropole. Les hommes finissent par céder.
Lysistrata fait alors apparaître une superbe fille nue,
Diallagè, la Réconciliation. Athéniens et Spartiates
chantent, chacun à leur façon, leur bonheur retrouvé.

Les *Thesmophories*

(411, Dionysies urbaines)

[La représentation eut lieu deux mois après Lysistrata, en mars, et deux mois avant la révolution oligarchique de juin. Athènes, dit Thucydide (VIII, 66), était alors en proie à la terreur, ambiance que ne suggère nullement la pièce d'Aristophane]

Prologue : Le poète tragique Euripide conduit l'un de ses parents (anonyme dans la pièce) chez son délicat confrère Agathon. Il veut que celui-ci, déguisé en femme, participe à la fête féminine des Thesmophories, interdite aux hommes, pour savoir ce que les femmes complotent contre lui. Agathon refuse. Le fort viril parent d'Euripide s'entremet alors : on l'épile, on l'habille en femme, et il part.

Parodos et scènes de bataille : Le chœur des femmes ouvre l'assemblée rituelle d'inauguration. Plusieurs prennent la parole contre Euripide, coupable, selon elles, de leur triste condition. Le parent, déguisé, renchérit, mais avec des arguments qui éveillent le soupçon. Un inverti arrive alors et dénonce la machination d'Euripide. Le parent est soumis à interrogatoire, puis à déshabillage. Le chœur chante sa colère. Mais le parent parvient à prendre en otage un enfant, qui se révèle n'être qu'une outre de vin. Il doit chercher une autre ruse.

Parabase : Le coryphée défend la race des femmes.

Fin de la pièce : Le parent feint d'être la belle Hélène (Euripide a donné son *Hélène* l'année précédente, en 412). Euripide apparaît alors, déguisé en Ménélas et joue la scène de sa pièce dans laquelle Ménélas délivre Hélène prisonnière en Égypte. Il prend un instant les femmes dans l'illusion du jeu tragique, mais la ruse échoue. Un peu plus tard, le parent se transforme en Andromède attendant le héros Persée, qui doit la délivrer, dans une nouvelle parodie de tragédie euripidéenne. Euripide devient successivement la nymphe Écho, puis Persée, sans plus de résultat. Le chœur chante Athéna et les deux déesses honorées aux Thesmophories,

Déméter et Coré. Euripide obtient enfin la libération de son parent contre la promesse de ne plus dire de mal des femmes.

Les *Grenouilles*

(405, Lénéennes ; premier prix ;
seconde représentation en 404 en raison du succès de la parabase)

[La révolution de 411 n'a duré que quelques mois, Athènes est revenue à une démocratie extrême, mais la guerre est presque perdue. Pour trouver des troupes, elle doit même promettre le droit de cité aux esclaves et aux métèques. Sa victoire navale des Iles Arginuses, en 406, est suivie d'un procès catastrophique, où les généraux vainqueurs sont condamnés à mort pour n'avoir pas recueilli les marins tombés en mer. La défaite finale survint quelques mois après la pièce d'Aristophane, accompagnée par l'instauration d'une oligarchie tournant vite à la tyrannie, le régime des Trente. Euripide était mort en 406, et Sophocle quelques mois plus tard]

Prologue : Dionysos, vêtu de l'habit efféminé qui lui est habituel, mais muni aussi comme Héraclès d'une massue et d'une peau de lion, veut descendre aux Enfers avec son esclave Xanthias. Il se renseigne auprès du véritable Héraclès, qui lui ouvre en s'esclaffant. Dionysos voudrait aller chercher Euripide pour sauver le théâtre de l'état lamentable où il est tombé : Héraclès lui donne quelques conseils sur le chemin à parcourir, qui doit le mener près des Initiés aux Mystères, éternellement bienheureux. Mais il faut d'abord traverser un lac sur la barque de Charon, au milieu d'un chœur de grenouilles, et côtoyer quelques monstres affreux.

Parodos : S'approchent alors les Initiés, qui chantent en chœur leurs hymnes de paix, comme lors des processions qui conduisaient les Athéniens à Éleusis.

Scènes diverses : Dionysos, toujours déguisé en Héraclès, parvient enfin à la porte de Pluton. Le portier le menace de mille morts : Dionysos remet vite son déguisement à Xanthias. Aussitôt surgit une accorte soubrette, prête à beaucoup donner à Héraclès : Dionysos reprend son déguisement. Mais les menaces resurgissent et le jeu recommence, agrémenté de nouvelles inventions : Xanthias-Héraclès suggère qu'on mette à la question son esclave-Dionysos, celui-ci se rebiffe en arguant de sa condition divine. Le portier, un peu perdu, n'arrive pas à discerner le dieu de l'esclave.

Parabase : Le chœur, avec l'autorité religieuse attachée à son Initiation, conseille à la cité de pardonner aux bons et honnêtes citoyens qui ont été partisans de l'oligarchie et prédit la perte des singes démagogues : sinon, la fausse monnaie des nouveaux citoyens risque de chasser la bonne.

Scènes de combat : Finalement, Dionysos est reconnu comme tel. Il tombe bien : on va départager Euripide et Eschyle, car le premier veut déposséder le second de son trône de roi de la tragédie parmi les Morts. Dionysos tranchera le combat, en pesant sur une balance, «comme au marché aux fromages», les vers de chacun des deux tragiques : le poids de ceux d'Eschyle est incomparablement supérieur. Il se décide finalement à le ramener sur terre.

L'Assemblée des femmes

(392)

[Sparte domine le monde grec, mais la guerre fait rage]

Les femmes d'Athènes se retrouvent à l'aube, déguisées en hommes, avec barbes, bâtons, grosses chaussures et manteaux, pour s'entraîner, sous la conduite de Praxagora, mais non sans mal, à tenir assemblée, comme les hommes. Elles veulent en effet prendre le pouvoir et imposer des mesures de salut public. Les voici en route pour l'Assemblée, en deux demi-chœurs. Quelques maris, revêtus, faute de mieux, des habits de leur femme, se demandent ce qui se passe, quand Chrémès, de retour de l'Assemblée, annonce que l'État est désormais confié aux femmes. Le chœur des femmes reparaît en chantant. Praxagora expose au public les mesures prises : l'égalité absolue entre tous, et donc la communauté de la terre, de l'argent et de tous les biens, y compris les femmes. Les enfants auront tous les hommes pour pères. Il y aura égalité entre les femmes laides et belles dans l'accès au plaisir. Chrémès, obéissant, dépose ses biens au Trésor, sous les quolibets d'un voisin, qui entend bien profiter des repas publics sans rien lâcher de ce qui lui appartient. Après un intermède choral, une vieille femme et une jolie fille cherchent à attirer un jeune et beau garçon : la vieille fait valoir ses droits, quand surgit une plus vieille encore. La pièce se termine par un appel au festin.

Ploutos

(388)

[L'actualité politique – après quinze ans d'hégémonie spartiate, Athènes, dirigée par des démocrates modérés, commence à relever la tête – ne joue aucun rôle dans la pièce ; un premier Ploutos, non conservé, date de 408]

L'esclave Carion suit son maître Chrémylos, qui lui-même suit un aveugle, sur l'ordre d'un oracle. Interrogé, l'aveugle dit s'appeler Ploutos (Dieu de la richesse) et avoir été rendu aveugle par Zeus, pour qu'il ne puisse pas récompenser l'honnêteté. Chrémylos veut l'emmener chez lui pour lui rendre la vue. Un groupe de paysans, averti par Carion, danse de joie : c'est le chœur. Chrémylos, avec un voisin, Blepsidèmos, veut faire passer à Ploutos une nuit dans le temple du dieu guérisseur Asclépios. Mais surgit Pénia (« Pauvreté »), qui est furieuse d'être ainsi éconduite du monde paysan. Elle leur prouve que la pauvreté est nécessaire au fonctionnement d'un État moderne. Mais ils ne veulent rien entendre. Après un intermède de danse, Carion raconte la guérison miraculeuse de Ploutos. Nouvel intermède. Réjouissances. Un honnête homme qui a retrouvé la richesse vient faire ses dévotions, tandis qu'un sycophante, lui, se plaint en vain de sa misère nouvelle. Après une danse du chœur, une vieille, qui a perdu son gigolo, vient se lamenter, suivie, après une nouvelle danse, par un dieu affamé et par un prêtre de Zeus, tout heureux de pouvoir s'installer chez Chrémylos.

Le théâtre d'Aristophane

La comédie ancienne attique et les fêtes de Dionysos, dont elle fait partie intégrante, participent de ces rituels et de ces spectacles qui, dans un grand nombre de civilisations, pour un bref instant, réalisent l'impossible et s'affranchissent des codes de bonne conduite de la vie ordinaire. En particulier, ils remplacent la guerre par la paix, la pauvreté par la bombance, la vie réelle par l'âge d'or et inversent les rapports sociaux habituels entre dieux et hommes, maîtres et esclaves, hommes et femmes, pour oublier la dure réalité. Le rire renverse les situations acquises et régénère la cité. Dans ce monde à l'envers, les plaisirs du ventre, que ce soient ceux de la nourriture et de la boisson ou ceux du sexe, sont magnifiés sans la moindre retenue. Le héros de comédie, homme ou femme du commun, est soucieux avant tout de son sort personnel, rétif à toute sujétion, peu lié par les valeurs et les croyances reconnues, c'est un anti-héros doté des pouvoirs quasi-magiques d'un roi de carnaval. Le rapport entre « carnaval » et littérature a été théorisé par M. Bakhtine, à propos de Rabelais et de Dostoievski. Ses analyses sont certainement fort éclairantes : les participants au carnaval, déguisés et masqués, sont revêtus des marques du monde officiel, mais vivent avant tout par leur corps, avec toutes les fonctions de la vie corporelle, sans la moindre censure, ce qui les ramène à l'état qu'on se représente comme primitif et naturel de l'humanité, l'âge d'or ; à cette vie grotesque correspond une langue carnavalesque, aux antipodes du langage officiel ; la littérature se met parfois au service de la fête collective, dans des œuvres comiques qui paraissent pétries de contradictions absurdes si l'on ne sait pas y voir à l'œuvre une polyphonie permettant au spectateur ou au lecteur de passer d'un point de vue à un autre, sans fin, et lui donnant ainsi une attitude sans cesse joyeusement critique. On ne doit donc pas croire que l'auteur chercherait à faire passer un message ou à imposer ses idées, sous peine de méconnaître ce type de littérature. Souvent, la notion même d'auteur se dilue quelque peu, et les emprunts d'un auteur à l'autre sont fréquents.

Cependant, l'œuvre d'Aristophane nous met en présence, non pas d'un rituel ou d'une fête traditionnelle, mais d'un genre littéraire qui a évolué et continue son évolution. L'auteur y revendique une originalité qu'il nous faudra décrire. Il revendique aussi la paternité sur ses pièces, même lorsqu'elles ont été représentées sous d'autres noms que le sien. Il ambitionne enfin, à ce qu'il affirme à plusieurs reprises, d'exercer une influence bénéfique sur la réalité politique et sociale. Comme cela s'est produit aussi dans certains carnavals médiévaux ou modernes, la comédie peut alors être une arme dans les conflits idéologiques.

La place dévolue au corps humain et à ses organes est le trait de la comédie ancienne qui la rattache le plus nettement à la fonction carnavalesque. Tout sentiment est ramené à la vie corporelle et décrit au moyen des fonctions corporelles. Au début des *Acharniens*, Dicéopolis s'ennuie ferme : il geint, il bâille, il pète, il dessine, il s'épile. Être en colère, c'est avoir les yeux qui piquent. Un personnage dit qu'il est en train de chier : c'est qu'il a la frousse. Un politicien est-il corrompu ? On nous dira qu'il a un cul trop accueillant. Faut-il décrire la joie ? Si les héros triomphent, ils se pavanent dans une euphorie bien visible, grâce au phallus du costume comique, au bras de gracieuses nudités ; ils évoquent sans retenue tous les plaisirs qu'ils en tireront, en les comparant, comme il est de règle dans les sociétés paysannes, à toute la gamme des travaux de la terre ; et les héroïnes ne sont pas en reste, quel que soit leur âge... Tous s'insultent aussi de la pire façon, comme des anti-héros qu'ils sont : Aristophane offre certainement dans la littérature occidentale l'un des plus forts taux de « Espèce d'enculé ! » qu'on puisse rencontrer. À tout moment, la métaphore sexuelle ou culinaire ajoute les jeux de l'auteur à ceux de ses personnages. Sur son marché privé, Dicéopolis, dans les *Acharniens*, se voit proposer par un Mégarien de petites truies qui ne sont autres que les propres filles du Mégarien : l'équivoque joue sur le double sens d'un mot grec, *choiros*, qui s'emploie à la fois pour une « jeune truie » et pour le « sexe féminin », elle est développée par de multiples calembours et jeux de scène tous plus grossiers les uns que les autres.

Mais peut-on parler de grossièreté à propos de ces jeux sur le corps comique ? La civilisation grecque classique n'avait certainement pas la pudibonderie que la société occidentale bourgeoise a, jusqu'à il y a peu, montré à l'égard du corps. Le sexe masculin et le sexe féminin étaient portés en procession, et parfois montrés, maniés dans des cultes officiels. On les voyait sur les statues, sur les peintures des murs et des vases. Il ne faut pas pour autant imaginer une civilisation de naturistes. Aristophane déclare dans un passage des *Acharniens*, comme pour s'excuser, qu'il s'agit d'une blague « à la mégarienne » (v. 738) et, à plusieurs reprises, il proclame que son comique vole bien plus haut que celui de ses confrères. « Et d'abord, la comédie que je fais ne s'accroche pas d'appendice en cuir, tout pendouillant, avec le bout peint en rouge, pour faire rire les gamins, et elle ne se moque pas des chauves » (*Nuées*, v. 538-539) : en fait, s'il arrive à Aristophane de se passer, pendant des scènes entières, de ces effets, il est loin d'ignorer les recettes de la farce la plus vulgaire pour faire rire à gorge déployée son public, ou une partie de son public. Cependant, que la comédie fasse elle-même des réserves sur les manquements à la bienséance qu'elle s'autorise si volontiers, prouve que la séparation entre grossièreté et décence était parfaitement perçue, et même réclamée par certains. Pour cette raison peut-être, la vulgarité était parfois dissimulée, ce qui autorise certains érudits à proposer des lectures très salaces de passages apparemment sans malice, ou assaisonnée d'un pastiche littéraire ou musical destiné aux seuls connaisseurs. De toute façon, elle n'empêche pas Aristophane de participer chez Platon, avec beaucoup de fantaisie, il est vrai, à une discussion d'éminents intellectuels sur l'amour, dans le *Banquet* : la fonction sociale (de délassement, dirait Aristote) de la comédie était bien reconnue et acceptée par tous. Dans cette discussion platonicienne, d'ailleurs, la thèse d'Aristophane est que chacun, chaque corps sur cette terre, recherche tout au long de sa vie la fusion originelle qui l'unissait à la moitié perdue de lui-même, ce qui donne peut-être le sens profond de la place dévolue au corps dans la comédie ancienne. Aristophane portait sur lui les stigmates du corps comique : il était chauve, et sans doute dès vingt ans ! La confrérie des chauves est grotesque par définition. Mais surtout, la calvitie est réputée, dans l'Antiquité, être la conséquence de deux grands abus : l'abus du sexe et l'abus du vin. «Les eunuques ne sont jamais chauves», déclare Hippocrate. Vive les chauves, donc, quand vient le concours de comédie. Aristophane, malgré ses dénégations, sait jouer là-dessus, y compris à ses dépens.

Au corps comique est associée une langue comique. Aristophane est peut-être le meilleur poète du siècle de Périclès. Il excelle à mettre en scène, pour les renouveler et les faire vivre concrètement, les images les plus usuelles, et même ce qu'on appelle parfois les «images mortes» ou catachrèses lexicalisées. Dans sa première comédie, les *Acharniens*, le héros veut conclure une trêve avec Sparte. Le mot grec utilisé est *spondai*, le pluriel d'un mot qui signifie la «libation» de vin offerte aux dieux, car la paix est garantie en Grèce par un échange de libations entre les belligérants. Dicéopolis reçoit donc trois échantillons de «trêve» à goûter, qui sont trois vins d'âges différents. Bien entendu, celui qu'il choisit, c'est le meilleur, un bon cru de trente ans, et non cette piquette de cinq ans qui sent les préparatifs de guerre. Et aussitôt qu'il en a pris possession, le voici qui célèbre le dieu du vin et du théâtre, Dionysos, en mimant le *comos* de la fête des Dionysies rurales dans une procession champêtre autour du phallus où l'on voit souvent les origines de la comédie. La mise en scène fait littéralement goûter l'image. L'association de la paix et de la consommation du vin se poursuivra jusqu'à la fin de la pièce, puisque les *Acharniens* se concluent par la victoire du héros dans le concours de beuverie des Anthestéries, une autre fête en l'honneur de Dionysos. Le poète utilise ainsi à la fois le lexique et les cultes au service de son idée comique.

L'invention verbale aristophanesque utilise abondamment l'aptitude de la langue grecque à l'innovation lexicale, en particulier par le moyen de la composition nominale ; la plus célèbre de ces créations est le plat que cuisinent les femmes à la fin de l'*Assemblée des femmes*, véritable patchwork de 78 syllabes. Sans aller jusque-là, d'innombrables passages montrent cet art de l'accumulation verbale. Vingt mots bien concrets qui se succèdent en asyndète suggèrent la tension qui précède la guerre plus efficacement que tout un discours (*Acharniens*, v. 545-554). La vie de la campagne attique est une mine d'évocations délicieuses, quand les citadins ne jettent pas l'État dans la guerre : « Oui ! souvenez-vous, les gars, la belle vie qu'on menait, grâce à Elle [la paix], dans le temps ! vous savez, les pains de fruits, les figues fraîches, les myrtes, le jus sacré de nos treilles, et le coin des violettes, près du puits, et les olives ! » (*Paix*, v. 571-579, trad. Debidour). L'art consiste ici à accumuler les notations précises, concrètes, pour peindre une atmosphère de rêve.

Les noms propres vivent, dans la comédie, bien au-delà de leur vocation individualisante. Voici dans les *Nuées* ce chenapan de Phéidippide. Son père nous explique d'où vient ce nom bizarre, composé de *pheid-*, qui évoque la vertu d'épargne, et de *(h)ipp-*, qui signifie cheval : le garçon est le fruit du mariage mal assorti qui l'unit, lui, un paysan soucieux avant tout de la préservation de son patrimoine, à une citadine qui ne rêve que de loisirs aristocratiques et d'équitation. V.-H. Debidour a trouvé le moyen de rendre en français le résultat : son Phéidippide s'appelle Galopingre. Dans *Lysistrata*, le nom de l'héroïne résume toute l'idée comique : « Qui délie l'armée. » Le thème verbal de la première partie du composé, en grec, est employé pour peindre la faiblesse qui s'empare des membres du guerrier quand il est blessé ou... amoureux.

La pièce ne cesse de mettre en scène, de la façon la plus crue, cet état lamentable où sont réduits Athéniens et Spartiates, dont seul le sexe se tient bien, trop bien.

La comédie joue aussi sur tous les états du grec : un grand nombre de dialectes non attiques sont pastichés. Les niveaux de langue sont soigneusement reproduits ou caricaturés. Les Barbares eux-mêmes ont leur langage, naturellement en partie (mais en partie seulement) incompréhensible. L'exploitation théâtrale, musicale et orchestique des virtualités du langage s'étend aux simples sons, lorsque la comédie met en scène des animaux. Les deux exemples les plus célèbres sont dans les *Oiseaux* et les *Grenouilles*. Dans les *Oiseaux*, Aristophane met en scène l'apparition progressive du chœur des oiseaux et chaque espèce est décrite avec suffisamment de précision pour qu'on puisse penser que les choreutes étaient munis de déguisements différents et spectaculaires. Les oiseaux entrent à l'appel de la Huppe (*Épops*), qui commence son solo par une célèbre onomatopée mimant à la fois son propre nom et son chant, et évoluant peu à peu vers le langage articulé des humains : « Épopopoi, popoi, popopopoi popoi, io io, ici, ici, ici... », avant de revenir à des trilles qui suggèrent tout un monde à la Messiaen : « Torororo rorotorotix, kikkabau, kikkabau, torotorotorotorolililix ». La recherche des harmonies imitatives est vraiment exceptionnelle dans toute la pièce. La pièce des *Grenouilles*, elle, doit son nom, d'une façon fort inhabituelle, à un bref épisode peu lié à l'action : la traversée d'un lac des Enfers au milieu des grenouilles, par Dionysos que le passeur Charon oblige à ramer à sa place. On s'est même demandé si les spectateurs voyaient effectivement un chœur de grenouilles (qui n'est pas le chœur principal de la pièce, comme on l'a vu plus haut) ou s'ils l'entendaient seulement en coulisses, ce qui paraît hautement invraisemblable. Le succès de l'épisode, en tout cas, est suffisamment attesté par le titre. Il s'agit d'un combat mi-parlé, mi-chanté, entre Dionysos, qui rame et marque donc la cadence de ses coups de rame (« Oh hisse, oh hisse »), et les grenouilles qui chantent de leur côté sur un rythme différent («Brekekex koax koax, brekekekex koax koax»), ce qui perturbe le pauvre dieu, qui finit par s'en prendre aux grenouilles et à les faire taire à coups d'injures et à force de péter, dans une cacophonie inénarrable.

La comédie ancienne est polyphonique, elle rivalise avec tous les autres genres littéraires : elle se fait lyrique, épique, éloquente, tragique, à volonté, mais toujours pour un instant, jusqu'au moment où une brusque rupture de ton transforme la polyphonie en cacophonie. Il y a une sorte de loi de la dégradation comique des autres genres. Chacun est pastiché avec un art consommé, que seul Platon égalera en partie. Les parodies et les pastiches musicaux nous échappent malheureusement. C'est bien dommage : ils jouaient un rôle essentiel dans le comique d'Aristophane. Mais prenons l'exemple de l'épopée. Le pauvre Bdélycléon, dans les *Guêpes*, veut aller juger, mais son fils le retient prisonnier : il cherche à s'échapper en utilisant la ruse d'Ulysse retenu avec un troupeau de moutons dans la caverne du cyclope Polyphème. Le héros s'était suspendu à la toison d'un gros bélier ; Bdélycléon, lui, faute de mieux, agrippe tant bien que mal un âne, mais il n'oublie pas de répondre comme Ulysse, quand son fils demande qui se cache sous le grison : «C'est Personne !» Les deux ruses d'Ulysse sont ainsi transformées de façon burlesque et amalgamées comiquement hors de toute vraisemblance, avec pour finir un jeu de mots sur une expression proverbiale concernant les ânes. Dans les *Oiseaux*, c'est la parabase qui fournit au chœur l'occasion de se livrer à une cosmogonie parodiant les doctrines secrètes de l'orphisme sur la naissance du monde à partir d'un œuf primordial.

Le genre le plus souvent parodié est naturellement le genre immédiatement rival de la comédie, la tragédie, à tel point que la comédie est pour une bonne part paratragédie. L'ancêtre de notre Matamore est Lamachos («Labataille») dans les *Acharniens* ; ce guerrier fanfaron part au combat, superbement armé, mais il est blessé (une blessure non héroïque, une entorse, bien sûr) et revient en hurlant des adieux au soleil et à la vie qui sont monnaie courante dans les tragédies. Puis, tandis que Lamachos est emmené par deux serviteurs dont chaque geste provoque de grandes lamentations, le héros Dicéopolis, en un éloquent contraste, s'appuie sur deux courtisanes dont chaque geste lui arrache, à lui, des râles de plaisir. La paratragédie est souvent encore plus précise. Euripide avait représenté un *Télèphe* : ce personnage de la guerre de Troie était célèbre pour avoir lutté contre les Grecs, puis plaidé non coupable devant eux, pour obtenir d'être guéri d'une blessure infligée par Achille ; il s'était déguisé en mendiant pour exciter la pitié et avait pris en otage un enfant, le petit Oreste, afin de sauver sa vie. À quinze ans d'intervalle, Aristophane le parodie deux fois. Dans les *Acharniens*, le héros Dicéopolis trahit en faisant sa paix personnelle avec l'ennemi : il va chercher l'habit de Télèphe dans le cabinet de travail d'Euripide, où s'entassent les haillons des héros tragiques, pour persuader le chœur de son bon droit, puis il plaide sa cause sans omettre en passant de pasticher quelques vers d'Euripide ; il avait déjà, pour sauver sa vie, pris en otage un enfant des Acharniens, c'est-à-dire... un sac de charbon. Bien plus tard, dans les *Thesmophories*, c'est le parent d'Euripide qui, après un discours où il semble bien aux femmes qu'il trahit leur cause, et une fois convaincu de déguisement frauduleux, s'empare d'un de leurs enfants pour l'égorger si elles ne laissent pas tranquille. Cette fois, le sang coule, mais c'est... du vin, car – et le public applaudit – le prétendu enfant que la femme portait maternellement sur son sein, c'était une outre de vin. Des vases reproduits p. 154 attestent le succès de cette parodie. Dans la même comédie, Aristophane pastichait encore deux autres pièces d'Euripide, l'*Hélène* et l'*Andromède* : sa comédie, sur une idée comique qui lui est propre, est donc en partie un centon d'Euripide, un Euripide rendu ridicule par la destruction ou la dénonciation de l'illusion théâtrale, ou par la transposition burlesque des jeux de scène tragiques.

Cet acharnement sur Euripide – l'un des rivaux d'Aris-

tophane se moque de la façon dont notre poète « euripi-
daristophanise » – n'est pas le fait du hasard. Une pièce
entière, les *Grenouilles*, comme on l'a vu, est consacrée
à l'analyse de ce tragique, par comparaison à un Eschyle
transformé en représentant de la poésie à l'ancienne
(n'oublions pas qu'il est mort depuis une cinquantaine
d'années au moment de la pièce d'Aristophane). C'est la
première Poétique conservée, un siècle avant celle d'Aristote (qui, lui, prend surtout Sophocle pour modèle).
Aristophane avait été précédé dans cet exercice par d'autres
poètes comiques dont les œuvres sont perdues. L'Euripide
d'Aristophane reproche à Eschyle ses invraisemblances et
son vocabulaire extravagant. Il déclare avoir fait subir à
la tragédie une cure d'amaigrissement, pour la débarrasser
de toutes ses boursouflures, au moyen d'un régime sévère,
comme le faisaient les médecins intellectuels à la mode
à l'époque, constitué de décoctions de fadaises pseudo-
intellectuelles et de « promenades », c'est-à-dire des
digressions que le poète multiplie sur les sujets les plus
variés à n'importe quel moment. Ensuite, en bon médecin,
il a « remonté » le patient, à coups de monodies, ces
grands airs que les acteurs chantent désormais en solo.
Il se vante aussi d'avoir ouvert le théâtre sur la vie, en
mettant en scène des hommes du peuple, des femmes,
des esclaves, et en représentant les passions qui agitent
tous les hommes. Enfin, il a clarifié la conduite de l'action,
en faisant des prologues qui sont réellement des intro-
ductions, claires et chronologiques, à ses pièces. C'est un
réalisme scandaleux, réplique Eschyle, tout à fait contraire
à la mission éducative du poète. La tragédie d'Euripide
a en réalité, soutient-il, enseigné le vice, le bavardage et
les singeries démagogiques. Le débat devient ensuite plus
technique. Euripide et Eschyle discutent leurs prologues,
puis leurs monodies et en font apparaître comiquement
les fautes : le vieil Eschyle, accompagné d'une danseuse
nue, caricature même les airs à la mode introduits par
Euripide en imaginant, sur le modèle de la monodie
d'Oreste, un solo où il chante successivement les alcyons
et les araignées. Le rôle joué par le théâtre, tragique et

comique, à Athènes ne peut mieux être illustré que par le succès considérable de cette pièce d'Aristophane.

Euripide est en partie l'objet des railleries des comiques parce qu'il est réputé intellectuel. Les intellectuels sont des tête-en-l'air, maintenant comme autrefois : la métaphore vit sous nos yeux, quand Aristophane met en scène le poète dans son Pensoir des *Acharniens* : « Descendre sur scène, je n'ai pas le temps ! » ; puis ce sont les divinités des intellectuels, les Nuées, un chœur dont on regrette de ne pas connaître le déguisement (en tout cas, elles avaient « des nez » – comme les humains), et Socrate, leur principal sectateur : pour mieux étudier la « météorologie », c'est-à-dire la science des corps célestes en suspension, il est suspendu dans une nacelle entre terre et ciel. Les *Nuées*, sont consacrées entièrement à ce thème, que le poète avait déjà traité dans sa première œuvre, perdue, les *Banqueteurs*, et que son rival Eupolis reprit en 421 dans ses *Flatteurs* (c'est-à-dire les pique-assiettes que sont les maîtres à penser à la mode). À travers le personnage de Socrate, sont ridiculisés à la fois les savants « présocratiques », les sophistes à la mode, en particulier Protagoras, et le Socrate historique, qui avait alors quarante-sept ans. Socrate est un choix génial, pour une comédie, compte-tenu de son physique et du fait que lui, au moins, à la différence des grands intellectuels contemporains, était connu de tous les Athéniens.

La volonté qu'avaient les « physiciens » ioniens de parvenir à découvrir les secrets de l'univers est transformée en une recherche vaine et futile : dans son pensoir, Socrate calcule de façon expérimentale combien de fois une puce saute la longueur de ses pattes, et ses disciples sont à quatre pattes pour mieux explorer les mystères de la terre, tandis que leur cul, lui, fait de l'astronomie. Du moins serait-ce vain si ce n'était pas impie et criminel, car ces recherches mènent tout droit à l'athéisme. Il est vrai que les dieux, et le grand Zeus tout le premier, sont passablement moqués dans Aristophane : on les voit souvent détrônés, aux abois, à la merci du bon vouloir des oiseaux ou des humains, ce qui est un juste retour des choses.

Mais, par une contradiction apparente bien typique du genre, la comédie condamne tout de même très vigoureusement l'athéisme, l'agnosticisme et toutes leurs conséquences désastreuses sur la morale.

Le travail effectué par les sophistes sur la langue, les débuts de la grammaire, de la rhétorique, de la dialectique, sont ridiculisés dans une perspective elle aussi morale. D'une part, tout cela ne sert à rien et est incompréhensible au commun des mortels : la bêtise du maître rivalise avec celle de l'élève et certains passages des *Nuées* font irrésistiblement penser au *Bourgeois gentilhomme*. D'autre part, la seule chose qu'on en retient est que ces faux « sages » enseignent, si l'on est jeune et docile, à rendre forte, c'est-à-dire juste, l'argumentation faible, c'est-à-dire injuste, donc à faire triompher l'injustice. Aller chez Socrate, c'est apprendre à ne pas payer ses dettes, ou à avoir raison de battre son père comme plâtre.

Enfin, l'ascétisme socratique bien connu est montré à travers son résultat, une bande d'oisifs tout pâles, jaunâtres, enfermés toute la sainte journée loin de l'air libre et du bon exercice. Aristophane et la comédie ancienne voient partout dans Athènes les conséquences de cette dégradation de la pensée et de la morale. La solution comique que proposent les *Nuées* est une solution finale : mettre le feu au pensoir de Socrate.

La satire porte donc surtout sur la nocivité sociale de Socrate et de ses pairs ; il ne faut pas en négliger les conséquences, pas plus que ne le fit Platon, qui estime dans son *Apologie de Socrate* qu'Aristophane est responsable, pour une part, de la mauvaise réputation qui a entraîné la condamnation à mort de Socrate, et fit tout, de son côté, pour contrer le tableau d'Aristophane et opposer le plus nettement possible Socrate aux sophistes. Qui peut résister à l'invention comique mise en œuvre par Aristophane ?

Est-il aussi efficace, et expéditif, en politique ? Son œuvre est presque entièrement un théâtre politique, inséré dans l'histoire d'Athènes, prenant parti dans les luttes internes et externes de la cité, à la fois sur un plan général, par exemple en défendant en pleine guerre la cause de la paix, et par des attaques personnelles violentes contre tel ou tel homme politique. Ces prises de parti sont-elles sérieuses ? Jouent-elles dans la vie politique un rôle sérieux ? Ou bien ne visent-elles qu'à effacer, pour le plaisir de tous, pendant l'instant fugitif de la fête, les dures réalités de la politique et de la guerre, ou qu'à moquer, sans grande conséquence, les grandes figures d'Athènes comme le font nos marionnettes télévisées des « Guignols de l'Info » ? Ces questions divisent encore les interprètes d'Aristophane.

L'incertitude demeure, car les témoignages anciens sur le rôle de la comédie sont rarissimes. D'après deux scholies malheureusement peu explicites (à *Acharniens*, v. 67 et *Oiseaux*, v. 1297), à deux reprises, en 440-439 et en 415-414, la démocratie a légiféré quelque temps pour limiter la liberté des auteurs comiques : preuve qu'ils pouvaient représenter une menace sérieuse pour les citoyens en vue. Un adversaire de la démocratie note vers la même époque que les Athéniens, pour sauvegarder la démocratie, « n'autorisent pas qu'on fasse une comédie sur le régime populaire, ni qu'on le critique, pour éviter d'encourir eux-mêmes une mauvaise réputation, mais ils autorisent toutes les critiques individuelles qu'on veut, car ils savent bien que, dans ce cas, c'est le plus souvent un riche, un noble ou un puissant que la comédie moquera, mais rarement un pauvre ou un partisan du peuple, et dans ce cas, seulement s'il est chicaneur, affairiste et ambitionne une position supérieure » (Pseudo-Xénophon, *Constitution des Athéniens*, II, 18). La première partie du passage n'est pas aisément conciliable avec une pièce comme les *Cavaliers*, dans laquelle Lepeuple lui-même est mis en scène et moqué abondamment. Ce témoignage capital montre en tout cas quelle conscience le public pouvait avoir de l'impact de la comédie sur le sort de tel ou tel homme politique et sur la réflexion politique de chacun, quel lien existait aussi entre la pratique de la comédie ancienne et la vie démocratique. Ce lien subsista au IVe siècle, à en juger par une remarque d'Isocrate sur la liberté dont jouissent les auteurs comiques (*Paix*, 14) et par les mesures proposées par Platon pour interdire la mise en scène des individus (*Lois*, 935e).

La comédie ancienne dans son ensemble présente des thèses traditionnelles, liées au genre, comme la défense de la paix, du bonheur campagnard qu'elle autorise, et la critique de la guerre et des ennuis qu'elle apporte, l'une et l'autre étant envisagées surtout dans leurs conséquences les plus triviales sur la vie de tous les jours. La ville, avec toutes les «affaires» qu'elle génère, est un lieu de débauche, un endroit dangereux. C'est là qu'on doit craindre les guêpes : dans les *Guêpes*, le spectateur ne cesse d'avoir sous les yeux les danses agressives d'un chœur de 24 hommes-guêpes, munis d'aiguillons postiches tout peinturlurés, car les juges attiques forment un essaim d'insectes nuisibles dont les braves citoyens sont les victimes désarmées. La comédie attaque avec autant de véhémence les vieilleries ridicules et les audaces nouvelles : elle est ainsi, comme nos revues satiriques, «à la fois agressivement critique et puissamment conformiste» (J.-Cl. Carrière). Mais la comédie n'attaque pas avec la même violence tous les hommes politiques : les modérés, en particulier, sont beaucoup mieux traités que les chefs du peuple les plus radicaux, comme Cléon, Hyperbolos ou Cléophon (ou encore Périclès «Tête d'oignon», pour les prédécesseurs d'Aristophane). Et la lutte d'Aristophane contre les fauteurs de guerre et contre Cléon en particulier présente dans ses premières pièces un crescendo très notable, jusqu'à la *Paix*, une comédie qui apparaît presque comme une victoire personnelle, juste après la conclusion effective de la paix de Nicias, en 421 : ce ne peut guère être seulement un thème obligé.

Sur un plan plus général, la parenté entre le théâtre comique et la vie politique ou judiciaire est fondamentale. La comédie met en scène de façon comique le fonctionnement de l'État athénien : les spectateurs assistent et participent presque à une parodie d'assemblée du peuple au début des *Acharniens*, ailleurs ils voient des séances d'entraînement avant de telles assemblées pour les novices que sont les femmes, ils en entendent plusieurs comptes rendus, ils assistent à des parodies de procès ou de scènes de marché.

Ne prenons ici qu'un exemple de la transposition d'un thème politique dans la comédie. Il existe un portrait récurrent du citoyen tranquille, qui n'a pas l'expérience des « affaires » politico-judiciaires, mais que les circonstances forcent à intervenir dans ces « affaires », contrairement à sa nature profonde. Il est décliné au théâtre comme à la tribune selon trois comportements possibles. En premier lieu, celui de l'Athénien tranquille, éternelle victime des affairistes, en version pitoyable, ou en version à la fois pitoyable et comique : ce sont les victimes désignées des « guêpes » attiques. À l'inverse, il y a l'Athénien actif, voire activiste, « qui aime les affaires » : son devoir est d'intervenir sans cesse, à l'Assemblée, au Tribunal, pour la défense de l'État, prétend-il. Il le proclame hautement dans le *Ploutos*. Mais, poussé à l'extrême, c'est aux yeux de ses adversaires le fameux type du sycophante, tout aussi présent dans la comédie que dans les plaidoyers des orateurs : il n'y a cette fois nulle pitié dans les quolibets et les coups de bâton qui le fustigent, pratiquement dans chaque pièce d'Aristophane. Entre les deux, il y a enfin une troisième catégorie : le citoyen tranquille et activiste à la fois. Il tente, quand il prend publiquement la parole, de gagner sur les deux tableaux : il est tranquille comme tout un chacun et ne parle que parce qu'il ne peut faire autrement, parce qu'il a un grand sens du devoir ou bien qu'il est contraint par des circonstances malheureuses. Évidemment, quand il est décrit par un adversaire, il perd aussi sur les deux tableaux. Sa tranquillité apparaît alors « purulente », comme celle d'Eschine aux yeux de Démosthène (*Sur la couronne*, 307). Car on voit d'un seul coup cet homme bien tranquille apparaître dans la vie publique, « la voix parfaitement entraînée, avec tout un stock de formules et de tirades » (*ibid.*, 308). Il est en fait pire que les activistes. Cette troisième attitude a aussi son équivalent dans la comédie et elle fournit même l'un des prototypes du héros comique.

« Il est doux de vivre tranquillement ; la vie est bienheureuse et noble avec des compagnons tranquilles ; mais au milieu des bêtes sauvages et des singes, il faut, quelle misère, faire le singe ! » (Apollodore, Fragm. 1 K-A). Le héros voudrait rester parmi le groupe des gens tranquilles, à l'écart des « affaires », mais le monde est rempli de singes, de chicaneurs et de sycophantes ; il faut donc s'engager, de gré ou de force, dans les singeries. C'est exactement le cas de Dicéopolis dans les *Acharniens*. Ce citoyen tranquille est condamné, par son souci du bien public et par les accusations de Cléon, à l'action et aux affaires.

Or ce Dicéopolis présente une particularité qui mérite examen. Pourquoi a-t-il été accusé par Cléon ? C'est, nous dit-il, « à cause de ma comédie de l'an passé » (v. 378) : « Il m'a traîné devant le Conseil, et il me calomniait, et il déversait des mensonges sur mon compte, et il m'inondait, et j'en étais tout trempé : j'ai vraiment failli périr sous la boue de ses manœuvres ! Alors maintenant, laissez-moi m'équiper avant de parler, pour que je sois le plus pitoyable possible. » (v. 379-384). Cette tirade, qui, dans le cours de la pièce, en dehors de la parabase, rompt l'illusion théâtrale en s'appliquant au metteur en scène et à l'auteur, beaucoup plus qu'au personnage, est un cas unique dans la comédie ancienne. Dicéopolis-Aristophane avait donc été à l'agonie, « couvert-par-la-boue-des-manœuvres » de Cléon. Aristophane s'identifiant à Dicéopolis, la thématique du citoyen bien tranquille contraint aux « affaires » vaut aussi pour lui. Le combat du poète, quel qu'il ait été, se trouve amalgamé aux tracas des citoyens tranquilles, désireux de la paix, hostiles aux affaires politiques et judiciaires, mais bien forcés de s'y lancer avec toute l'effronterie qu'il faut pour cela. Plus loin, dans la parabase des *Acharniens*, Dicéopolis est bien sûr entièrement oublié ; le rôle dévolu par le chœur au poète reste pourtant en partie celui qu'assumait Dicéopolis dans la scène initiale : apprendre aux Athéniens à ne pas se laisser berner par les étrangers, par les flatteries. Comme Dicéopolis, le poète se déclare prêt au

combat contre Cléon, et emprunte lui aussi quelques vers
d'Euripide (il est vrai, sans haillons), et cette fois sans
le dire. Son argumentation est cependant différente, beaucoup plus générale que celle de Dicéopolis. Il n'est plus
question de prôner la paix avec Sparte, bien au contraire. :
tout se passe comme si, pour traiter la question d'une
paix éventuelle en 425, même en comédie, la parabase
n'était pas un lieu adéquat ; comme s'il fallait passer par
le déguisement plus protecteur du protagoniste.

Un autre déguisement favori, pour faire de la politique
comique, consiste pour l'homme qu'est Aristophane à
mettre en scène les femmes. Concluons cette brève
description des principaux thèmes du théâtre d'Aristophane
par sa peinture des rapports entre hommes et femmes,
qui oppose de façon particulièrement nette comédie
ancienne et comédie nouvelle. Si l'amour imprègne la
comédie nouvelle, le sexe est roi dans la comédie ancienne.
Les deux mondes masculin et féminin ne communiquent
pour ainsi dire que dans le plaisir de l'accouplement,
mais alors, sans réserve. La « race des femmes », pour
employer une expression de la poésie archaïque reprise
et mise en scène par Aristophane, est caractérisée par son
apparence : des vêtements nettement distincts (robes
longues, chaussures légères), un corps pâle, soigneusement
épilé et paré, et par des fonctions spécifiques : la
reproduction, qui assure la survie de la cité, la gestion,
en principe silencieuse (quand l'homme est là), de l'intérieur de la maison, avec la cuisine, l'entretien et la
fabrication du linge. Elle est protégée par des divinités
en partie spécifiques, Athéna la vierge, patronne de la
cité et garante de la chasteté, Artémis la vierge, plus
spécifiquement honorée par les fillettes et qui prépare
aussi les jeunes filles à la fécondité, Aphrodite, qui veille
au plaisir du mariage et à son succès, Déméter et Coré,
enfin, maîtresses de la fécondité, honorées lors des
Thesmophories dans des fêtes interdites aux hommes.
Inversement, les femmes sont exclues de la vie publique,
et en particulier de la guerre et de la politique : elles ne
peuvent y participer que par l'intermédiaire des conver-

sations, limitées, qu'elles ont avec leurs maris, leurs seigneurs et leurs maîtres. Le traitement comique de cette situation consiste d'abord à en exploiter les virtualités. Alors que les citoyens sont par définition liés à leur cité – ils sont Athéniens, Spartiates, Thébains avant d'être hommes – et qu'ils sont donc voués à la guerre, la race des femmes, elle, est, selon une jolie formule de Nicole Loraux, «la seule Internationale pensable» dans la Grèce antique. C'est donc à elles que le poète comique confie la tâche de faire la paix entre les Grecs : il ne le fait d'ailleurs qu'à partir du moment où la chose paraît franchement impossible ! La Paix est toujours représentée, des *Acharniens* aux *Oiseaux,* par des personnages féminins muets à la très suggestive nudité. On débat pour savoir s'il s'agissait d'hommes déguisés de façon comique en femmes nues, de courtisanes offertes en pâture aux regards des spectateurs ou bien si le poète jouait seulement avec la riche imagination de son public. La femme, en un sens, est la paix, la jouissance de la paix. Les femmes de Sparte, d'Athènes et des autres cités se retrouvent sans difficulté aucune pour bâtir des plans de paix, car elles vivent toutes en dehors de la guerre et possèdent toutes la même nature et les mêmes armes, leur capacité de séduction. Enfin, le poète peut jouer, à Athènes, sur la multiplicité de leurs patronages divins. Les femmes sont à la fois du côté d'Athéna : elles s'emparent de l'Acropole, transformant Athènes en une vaste maison commune dont elles gèrent le trésor en bonnes et chastes intendantes, et du côté d'Aphrodite : elles savent exciter les plus vifs désirs, au risque de s'y trouver prises elles-mêmes. Voilà toute l'intrigue de *Lysistrata* avec ses jeux si peu convenables, et tellement utopiques. Elles seules, enfin, sauvent vraiment l'État en assurant sa pérennité : le thème est commun à la tragédie et à la comédie, mais dans la comédie, il légitime comiquement leur accès à la vie politique et au pouvoir.

Les rôles féminins et masculins se trouvent alors inversés. C'est bien sûr une source vive de comique. Du côté des hommes, nombreux sont les personnages d'invertis, d'« enculés », ces poètes comme Agathon, qui s'épilent et se parent, et tant d'hommes politiques ou de sophistes qui leur sont assimilés : la décadence de cette Athènes dévirilisée éclate alors aux yeux de tous. La quintessence, peut-être, en est le dieu du théâtre, Dionysos, lui-même, le dieu efféminé qui se prend, dans les *Grenouilles*, pour le très viril Héraclès. Mais les vrais hommes ont parfois eux aussi à devenir des femmes, quand le pouvoir change de sexe : le comique est alors de les voir s'empêtrer dans les habits féminins, comme au début de l'*Assemblée des femmes*, ou souffrir mille morts pour se transformer en femmes, comme le parent d'Euripide des *Thesmophories*. Cependant, le jeu le plus apprécié d'Aristophane consiste dans la transformation inverse, qui est au fondement de trois de ses pièces, celles des femmes en hommes. Comme elle est jouée par des acteurs masculins déguisés en femmes, c'est une double transformation, aux connotations métathéâtrales. Et dans ce cas, à la différence de ce qui se passe dans le cas précédent, les femmes gardent, on l'a vu, leur sexualité et conquièrent en sus le monde masculin de la politique. Or, autant les hommes sont patauds lorsqu'ils s'habillent en femmes, autant les femmes déguisées en hommes sont malhabiles dès qu'il s'agit de prendre la parole en public. Aristophane montre leur entraînement laborieux au début des *Thesmophories* et de l'*Assemblée des femmes*. La scène comique d'assemblée, traditionnelle, est renouvelée, quand ce sont les femmes qui « font assemblée ». La gynécocratie, qui peut être inquiétante dans les mythes, fait ici bien rire.

Surtout, les femmes devenues hommes ne peuvent s'empêcher de raisonner en femmes. Elles font de la politique quenouille en mains. Que ce soit dans *Lysistrata*, dans les *Thesmophories* ou dans l'*Assemblée des femmes*, Athènes tout entière devient une sorte d'énorme maisonnée. Elles pensent restaurer le statut de la cité en l'administrant sérieusement, c'est-à-dire comme on a toujours fait, en préparant de la bonne cuisine, en effectuant un solide nettoyage et en fabriquant de la bonne laine. Elles s'opposent aux tripatouillages des politiciens mâles (au

vrai, si peu mâles) et à la gangrène des vils apports
étrangers. Tout ce qui est politique, en fait, disparaît :
plus de guerre dans *Lysistrata*, plus de tribunaux dans
l'*Assemblée des femmes*. Tout, sauf le trésor public et les
banquets collectifs. Le communisme qu'elles veulent ins-
taurer dans l'*Assemblée des femmes* se limite à la transformation de l'État en maison commune. La politique,
métaphorisée par les femmes, devient domestique. Quand
les revendications égalitaires typiques de la démocratie
athénienne s'étendent, dans le régime fondé par les femmes,
au sexe, on aboutit au comble de l'absurdité et de l'utopie :
les jeunes gens seront contraints par la loi à suivre de
vieilles guenons. La nature, que les femmes voulaient voir
s'épanouir, est niée. La comédie pousse ainsi à l'extrême
du ridicule la logique de la démocratie.

MÉNANDRE

Soixante-dix ans après le *Ploutos*, la comédie ancienne
attique a conquis le monde grec : nombreux sont par
exemple les vases de Sicile et d'Italie du sud, régions
pourtant doriennes, qui reproduisent manifestement des
scènes de la comédie attique. Mais elle a été remplacée
par la comédie dite « moyenne », à qui les Anciens
attribuaient parfois quelque six cents pièces, perdues.
Aristophane participa à l'invention du genre, à en juger
par ses deux dernières pièces conservées, et cela appa-
raissait plus nettement encore dans deux autres comédies,
posthumes, qu'on lui attribue : l'*Aiolosikon*, en particulier,
introduisait, semble-t-il, des éléments qui devinrent traditionnels : les enlèvements, viols et retrouvailles. À une
date indéterminée, le costume rembourré, avec phallus,
fut remplacé par un costume plus proche de l'habit des
Athéniens. La citation d'Antiphane comparant la tragédie
et la comédie par laquelle nous avons ouvert ce chapitre,
appartient à cette époque. Le poète insiste sur ce que
doit inventer la comédie : « Il nous faut tout inventer, les

noms, les événements antérieurs à la pièce, ceux qui sont contemporains, le dénouement, le prologue. » Le rôle essentiel dévolu désormais à l'intrigue comique et à la vraisemblance apparaît nettement. Le reste, en particulier la mise en forme, la versification, le lyrisme, est accessoire. Une anecdote fameuse sur Ménandre, anecdote que connaissait sûrement Racine [1], le confirme. « L'un des familiers de Ménandre, dit-on, lui demanda un jour : "Les Dionysies approchent, Ménandre, et tu n'as pas fait ta comédie ?" Il répondit : "Si, ma comédie est faite, car l'intrigue (*diathesis*) est bâtie, il faut juste ajouter les vers." » (Plutarque, *La Gloire des Athéniens*, 347 E).

Ménandre, né en 342-341, parent ou disciple du poète comique Alexis, a produit très jeune, comme Aristophane, sa première pièce, la *Colère*, à vingt ans, en 321, cent ans après la *Paix* d'Aristophane ; il est mort vers cinquante ans. Compagnon d'armes d'Épicure, disciple de Théophraste (successeur d'Aristote à la tête de l'École péripatéticienne), il fut l'ami de Démétrios de Phalère, gouverneur d'Athènes au nom du roi Cassandre de Macédoine de 316 à la révolution démocratique de 307. C'est l'époque où la chorégie est remplacée par l'institution d'agonothètes et où est supprimée la subvention du *theorikon* permettant aux citoyens pauvres l'accès au théâtre. On attribue à Ménandre plus d'une centaine de pièces. En dehors de celles qui sont résumées ci-dessous, nous possédons de larges extraits de la *Tondue*, et, depuis les années 1960, de passages significatifs de l'*Homme haï*, du *Sicyonien* et de la *Double Tromperie*, ainsi que de renseignements non négligeables pour une cinquantaine de pièces, dont sept furent adaptées par Plaute et Térence. Il ne nous reste malheureusement presque rien de ses

---

1. Ou son fils Louis, qui raconte ceci dans ses *Mémoires sur la vie de Jean Racine*, à propos du premier acte d'une *Iphigénie en Tauride* dont son père avait rédigé seulement le plan : « Quand il entreprenait une tragédie, il disposait chaque acte en prose. Quand il avait ainsi lié toutes les scènes entre elles, il disait : "Ma tragédie est faite", comptant le reste pour rien. »

principaux rivaux ou successeurs, notamment Diphilos et Philémon (mort vers 263), que nous ne pouvons apprécier qu'à travers les adaptations latines.

Résumé de quelques pièces de Ménandre

La *Samienne*

[En 1961-1962, une villa de Mytilène a révélé un ensemble étonnant de mosaïques inspirées par cette pièce (vers 300 avant J.-C.)]

Déméas et son voisin Nicératos sont partis en voyage. Moschion, fils adoptif de Déméas, vient d'avoir un enfant de la fille de Nicératos, qu'il aime. Déméas lui-même vit avec une Samienne, Chrysis, qui vient aussi d'accoucher, mais d'un enfant mort-né : elle accepte d'allaiter l'enfant de Moschion en le faisant passer pour le sien, pour ne pas faire jaser.

Acte I : Chrysis pousse Moschion à tout dire à Déméas, qui rentre chez lui. D'autant plus que Nicératos, sans savoir ce qui s'est passé, est décidé à marier sa fille avec lui.

Acte II : Déméas se demande si la Samienne n'a pas eu un fils en son absence. Il propose la solution de Nicératos à son fils.

Acte III : Déméas a surpris Chrysis en train d'allaiter ! Il interroge un serviteur qui avoue seulement que... c'est le fils de Moschion. Déméas chasse sa concubine.

Acte IV : Moschion apprend que son père a chassé Chrysis, et insiste pour qu'elle soit présente à son mariage, ce qui fait enrager plus encore Déméas. Mis au courant, Nicératos refuse le mariage, ce qui pousse Moschion à dire la vérité à Déméas. Mais il ne le croit pas. Nicératos à son tour voit sa fille en train d'allaiter. Les quiproquos ne tombent que lorsque les deux parents se rencontrent.

Acte V : On prépare le mariage prévu, mais Moschion, furieux d'avoir été soupçonné, feint de partir définitivement, avant de revenir à de meilleurs sentiments.

Le *Dyscolos*

[Représenté aux Lénéennes en 317-316 à Athènes, années où Démétrios de Phalères est nommé gouverneur d'Athènes]

Acte I : Exposition, par le dieu Pan, maître d'œuvre, depuis sa grotte (porte du centre) : la scène est à la campagne près de la maison d'un misanthrope, Cnémon, et de sa fille (porte de gauche) ; sa femme l'a quitté pour revenir chez Gorgias, le fils qu'elle avait eu d'un premier mariage (porte de droite). Un riche citadin oisif, Sostrate, qui chassait par là, est tombé amoureux de la fille de Cnémon. L'action s'engage : Sostrate, arrivant de la ville (à droite) explique la profondeur de son amour à un confident. L'esclave de Sostrate, déjà envoyé aux nouvelles, surgit en courant (de la campagne, à gauche), épouvanté par Cnémon, qui l'a chassé à coups de pierres sans même l'écouter. Sostrate aperçoit à son tour Cnémon, mais n'ose l'entretenir. Sort la fille, dont le seau est tombé dans le puits : Sostrate se précipite pour tirer l'eau. Mais l'esclave de Cnémon, Daos, l'aperçoit.

Acte II : Daos prévient Gorgias, qui accuse Sostrate de vouloir séduire une jeune fille pauvre. Celui-ci se défend : il n'envisage que le mariage. Gorgias l'invite à se donner un peu plus l'air d'un travailleur s'il veut avoir ses chances. Sicon, cuisinier de Sostrate, avec son serviteur, prépare un sacrifice familial à l'instigation de la mère du jeune homme.

Acte III : Ils vont demander un chaudron à Cnémon. Le vieux les chasse à coups de fouet. Sostrate, fatigué de travailler, invite Gorgias à se joindre au sacrifice. Pendant ce temps, la servante de Cnémon laisse tomber la houe dans le puits.

Acte IV : Cnémon, voulant la houe du puits, y tombe à son tour. Sicon veut l'y laisser, mais Sostrate, lui, en profite pour revoir sa belle tout en aidant un peu Gorgias à remonter Cnémon. Le vieil homme, sorti d'affaire, reconnaît malgré lui l'altruisme de Gorgias, et qu'il n'est pas possible de vivre tout seul. Mais il ne changera pas ; il confie seulement sa fille à Gorgias, en la dotant. Celui-ci l'accorde à Sostrate.

Acte V : Le père de Sostrate, Callipide, accepte son mariage, car il repose sur la meilleure garantie, l'amour, mais refuse de donner sa fille à Gorgias, comme le voudrait Sostrate. Gorgias ne veut pas non plus lui forcer la main. Cette noble attitude séduit Callipide, qui revient sur son refus. Les promesses de mariage sont conclues, et Sicon emmène de force le pauvre Cnémon au milieu des danses.

L'*Arbitrage*

[Une moitié environ de la pièce est conservée]

Pamphilè accouche cinq mois après son mariage avec Charisios : elle avait été violée, au cours d'une fête, par un inconnu à qui elle avait réussi à arracher un anneau. Elle expose son enfant, avec l'anneau. L'enfant est recueilli par un berger, Daos, qui le donne au charbonnier Syriscos. Celui-ci réclame aussi l'anneau, et fait appel pour l'obtenir, dans une longue scène d'*agon*, à l'arbitrage d'un passant qui se trouve être le père de Pamphilè, Smicrinès. L'esclave de Charisios reconnaît alors l'anneau... de son maître. Mais pendant ce temps, le mari indigné avait quitté sa femme pour une courtisane, qui feint, semble-t-il, d'être la véritable mère de l'enfant alors conçu. Smicrinès voudrait que sa fille quitte Charisios, mais Pamphilè pardonne. Le mari fautif se lamente sur sa conduite, avant d'apprendre à son tour la vérité. Le vieux Smicrinès est le dernier à comprendre, sous les moqueries.

Le *Bouclier*

[Partiellement conservée]

L'esclave Daos rapporte le bouclier de son maître Cléostrate, soldat mercenaire mort à la guerre en Asie, ainsi que beaucoup d'argent venant du butin. La déesse Fortune explique aux spectateurs qu'il est en fait toujours en vie, que la scène représente les maisons des deux oncles de Cléostrate, l'aîné, le méchant Smicrinès, et le cadet, Chérestrate, qui a bien voulu, lui, héberger la sœur de Cléostrate avec sa fille et se prépare à la marier avec son fils d'un premier lit. Mais la mort de Cléostrate fait de sa sœur son héritière « épiclère » et la loi autorise son plus proche parent, en l'occurrence Smicrinès, fort attiré par l'héritage, à l'épouser. C'est ce qu'il explique à Daos, puis à son frère, qui le trouve bien vieux pour cette jeunesse et lui propose l'argent, sans la fille. Smicrinès refuse, par peur de se voir réclamer l'argent par le fils que la fille aura un jour, et il interrompt les préparatifs culinaires du mariage. Daos invente un stratagème : avec l'aide d'un faux médecin, Chérestrate feindra d'être mort subitement et comme il est fort riche, c'est sa fille que Smicrinès voudra alors épouser, libérant la sœur de Cléostrate. Le retour de Cléostrate en parfaite santé devait compliquer encore l'intrigue de la suite de la pièce, qui est perdue.

Le théâtre de Ménandre

Comme on le voit par ces quelques exemples, le théâtre de Ménandre ouvre une tradition extrêmement féconde, qu'on peut suivre dans le théâtre latin, dans le roman grec et latin, puis dans la comédie et le roman classiques. L'innovation essentielle est certainement l'effacement du lyrisme et de la danse. Dans les cinq « parties » de la comédie nouvelle, le mètre employé est le plus souvent le trimètre iambique, le mètre le plus propre à créer un effet de réel : le système des « syzygies » alternant chant et vers parlés a disparu, car le chœur ne participe plus à l'action. Chaque partie est séparée de la suivante par l'indication de l'intervention d'un chœur, notée «Chœur», mais les papyrus ne lui donnent aucun texte, ni aucune musique, qui permettent d'imaginer ce que faisait ce chœur, absent de la liste des personnages. En fait, ces intermèdes permettent une nouvelle et bien plus solide organisation de l'intrigue, qui devient l'un des intérêts essentiels de la pièce.

Bien sûr, certains traits rappellent la comédie ancienne. La conclusion du *Dyscolos*, avec son double projet de mariage et les danses qui l'accompagnent, avec son héros emporté malgré lui dans la fête, n'en est pas si éloignée. Plusieurs rôles traditionnels subsistent et même se développent dans la comédie nouvelle, en particulier ceux d'esclave (l'esclave effrayé qui fait irruption sur scène en courant, le futur *servus currens* de la comédie latine, ou bien l'esclave aux mille ruses, le futur Scapin) et de soldat fanfaron. La paratragédie joue toujours son rôle. Comme ceux d'Aristophane, les héros de Ménandre aiment ainsi emprunter aux tragiques leurs plaintes déchirantes ou leurs maximes solennelles, pour faire rire. Mais la parodie est désormais souvent remplacée par l'imitation. La place dévolue souvent à une divinité qui est responsable du déroulement de l'action, les péripéties que créent les scènes de reconnaissance, le caractère moralisant de bon nombre de scènes, tout cela était présent chez Euripide, surtout dans ses dernières pièces, cet Euripide que Ménandre, aux dires de Quintillien, «admira énormément et imita, dans un genre différent» (*Institution oratoire*, X, 1, 69). La ressemblance va parfois jusqu'à l'adaptation. La scène qui donne son nom à l'*Arbitrage* devait figurer dans une pièce perdue d'Euripide, l'*Alopè*, dont on a conservé le résumé suivant : [Alopè, fille de Cercyon, a eu un enfant d'une union secrète avec Poséidon et l'a fait exposer] «Un berger vit l'enfant et le prit. L'enfant était vêtu d'un habit royal. Il l'emmena dans sa maison. L'un de ses collègues lui demanda de lui donner l'enfant. Il le lui donna sans son habit. Comme celui qui avait accepté l'enfant réclamait l'habit qui prouvait sa naissance et que l'autre refusait, ils se querellèrent et soumirent leur litige au roi Cercyon.» (Hygin, fable 178). Comme chez Euripide, l'arbitre se trouve être chez Ménandre le grand-père de l'enfant. Le débat qui suit chez Ménandre est d'ailleurs un *agon* de type tragique sans les syzygies usuelles, mi-parlées, mi-chantées, dans les scènes comparables d'Aristophane : deux grands plaidoyers, farcis de ces maximes qui firent la célébrité du poète, s'affrontent. Mais Ménandre écrit une comédie : la même scène tournait au cauchemar chez Euripide. Et il abandonne le cadre mythologique : seules restent quelques divinités ordonnatrices de l'intrigue, *Tyche* ou Pan, des prête-noms de l'auteur. Ménandre, en quelque sorte, pousse jusqu'à ses conséquences dernières le choix qu'Aristophane reprochait à Euripide d'avoir fait, celui du réalisme et de la peinture de la vie quotidienne.

Ce réalisme ne consiste pas à décrire la société réelle, mais à suggérer la réalité de la société décrite, dont les personnages et les aventures ne sont pas toujours très «réalistes». Les personnages sont des types, à la psychologie obligée, reconnaissables dès leur entrée à leur masque (on en a conservé un grand nombre, très typés) et à leur costume (plus décent que dans la comédie ancienne), le jeune homme amoureux, son ami, le «parasite» (qui partage ses repas et l'aide dans ses aventures galantes) et son esclave (souvent appelé Daos, aussi rusé que son maître est sans malice), le vieillard, acariâtre ou affable, selon qu'il interdit ou encourage les jeux de l'amour, le cuisinier fanfaron, mi-médecin, mi-philosophe, qu'on empêche de faire sa cuisine, du côté des hommes ; la jeune fille chaste et pudique, presque muette, la courtisane séduisante, expérimentée et compréhensive, la maîtresse de maison enfin, du côté des femmes, beaucoup moins présentes. L'art de Ménandre sait individualiser chacun de ses personnages à l'intérieur de ce code dramaturgique. C'est une société privée, centrée sur la petite partie de la cité qu'est la famille, dont sont mis en scène tous les problèmes : relations d'autorité entre père et fils, entre mari et femme, entre frères, entre maîtres et esclaves, relations de cœur, extraconjugales ou non, problèmes de succession. Les aventures qui s'y déroulent multiplient les coups du sort, viols, naissances imprévues, abandons d'enfant, enlèvements, reconnaissances tardives, erreurs sur la mort des gens, à l'intérieur d'une ou de deux familles. Elles aboutissent toujours à un dénouement heureux. Les incertitudes et les bouleversements de la société hellénistique, le rôle qu'y joue la déesse Fortune, dont le culte prend une telle ampleur à l'époque, sont ainsi présentés sous une forme romanesque agréable.

L'amour est la donnée fondamentale de l'intrigue : « Chez l'agréable Ménandre, il n'y a pas de pièce sans amour », note déjà Ovide (*Tristes*, II, 369), ce qui suppose, comme le même Ovide le signale ailleurs, « un esclave rusé, un père sévère, une entremetteuse malhonnête, une courtisane bien douce » (*Amours*, I, 15, 17). L'amour chez Ménandre est subit, total, violent, il n'admet pas de résistance. Il est peint surtout du point de vue de l'homme. Les femmes, surtout les femmes libres, fort discrètes, semblent accepter ce qui leur arrive avec quelques cris, mais sans trop d'interrogations. La question essentielle est de savoir si l'amour du jeune héros pourra s'épanouir dans un mariage légitime, s'il pourra triompher des obstacles que représentent en particulier les vieux barbons, avec leurs vices, ou telle faute de jeunesse, ou encore telle ou telle disposition législative (comme celles qui sont relatives à « l'épiclérat » dans le cas du *Bouclier*). Naturellement, il le pourra : la comédie fait triompher la nature, la saine nature et il lui arrive, grâce à la Fortune, de légitimer bien des viols ou de corriger bien des abandons. La vertu et le sentiment triomphent ainsi en même temps que l'amour.

Le *Dyscolos*, dans lequel, à la surprise de ses premiers éditeurs, il n'y a ni courtisane, ni entremetteuse, ni viol, va le plus loin possible dans cette direction. La vertu y est même proclamée. Les rapports entre les hommes seront apaisés si les riches ne méprisent pas les pauvres (v. 271 et suiv.), si les jeunes gens s'engagent dans un amour fidèle et durable (v. 302 et suiv.), si chacun reconnaît qu'«On doit toujours avoir auprès de soi quelqu'un pour vous aider» (v. 717). Le misanthrope, à voir comment l'appât du gain règle la vie des hommes, croyait «qu'il ne peut y avoir au monde aucun dévouement pour autrui». Eh bien, il doit reconnaître son erreur (v. 720 et suiv.). D'une certaine façon, l'amour et la vertu, dans le *Dyscolos*, comme, dans une moindre mesure, dans les autres pièces de Ménandre, remplacent la politique. Il est vrai qu'au moment de la création de la pièce, Démétrios de Phalère inaugurait à Athènes une politique de la vertu, inspirée par l'école aristotélicienne, prônant la modération et la collaboration des classes sociales dans un régime censitaire évitant les désordres de la démocratie : il est possible que le théâtre de Ménandre, lui aussi très proche du Lycée, ait participé à ce mouvement. Il n'en reste pas moins que la disparition de tout l'arrière-plan politique de la comédie ancienne est frappante : il n'y a plus d'attaques personnelles, plus de mise en scène des institutions, plus de scènes politiques, plus d'intervention explicite dans les débats en cours. En allait-il de même chez tous les contemporains ? Les maigres fragments conservés de Timoclès, de Philippidès et d'autres, suggèrent que non. Néanmoins, si les pièces latines de Plaute et de Térence reflètent fidèlement les originaux grecs, Philémon et Diphilos, les principaux rivaux de Ménandre, participaient à la même orientation que lui, la représentation d'une vie essentiellement privée.

Les philosophes du IVe siècle avaient beaucoup travaillé, après Euripide et Socrate, la question de la vertu et des différentes vertus. Platon avait analysé les conflits de l'âme, prise entre le désir, le «cœur» et la raison, et classé différents types d'âme dans une psychologie qui devait servir à fonder une nouvelle rhétorique. Aristote poursuivit cette recherche. Sa *Rhétorique* analyse les divers «caractères» de l'homme et procure ainsi le premier traité de psychologie que nous possédions. L'*Éthique à Nico-maque* définit les différentes vertus comme des moyens termes entre des attitudes excessives : être aimable, c'est ainsi éviter à la fois la complaisance ou la flatterie d'un côté, et, de l'autre, n'être ni agressif, ni *dyscolos*, « bourru » (*EN*, II, 7, 1108a 26-30). Son successeur Théophraste écrit ses *Caractères* vers 319, soit deux ans avant le *Dyscolos* de Ménandre. La comédie ancienne et la comédie moyenne avaient certes déjà à plusieurs reprises consacré des pièces entières à l'analyse de tel ou tel caractère excessif, en particulier au misanthrope (le type en est le fameux Timon d'Athènes évoqué par Aristophane dans les *Oiseaux* et *Lysistrata*). Il semble cependant que sous l'influence des philosophes – que beaucoup de comiques contemporains ridiculisaient d'ailleurs avec autant de violence qu'Aristophane en son temps –, cette tendance se soit accentuée et affinée chez Ménandre. Il décrit les ravages de la cupidité, de la jalousie, de la misanthropie ; il analyse aussi les repentirs de l'âme, le remords, la volonté de bien faire. En dehors des nombreux coups du sort, le destin de l'homme lui appartient, s'il est sage. Au total, Ménandre apparaît comme le premier dramaturge humaniste, et cela explique une part de son succès ultérieur, par l'intermédiaire des imitations latines.

CHAPITRE V

APERÇUS SUR LA POSTÉRITÉ
DU THÉÂTRE GREC CLASSIQUE

Platon, Aristote et le théâtre grec

Le théâtre grec est bien loin de mourir avec la fin du Ve siècle. Ménandre suffit à le prouver, pour la comédie. Les analyses fondatrices des philosophes Platon et Aristote sont le plus éloquent témoignage du rôle social que joue la tragédie elle aussi au IVe siècle.

Le théâtre fascine en effet Platon comme il fascine ses contemporains, et cela inquiète le philosophe. Tragédie et comédie sont pour lui, comme la poésie en général, des arts d'imitation (*mimesis*), un concept qu'étudient surtout les livres III et X de la *République* (composés vers 375 avant J.-C.). Les poètes imitent le monde sensible, qui est lui-même une imitation du monde des idées, au lieu de chercher à connaître les idées comme le fait le philosophe. Ils sont donc exposés à l'erreur et doivent être soigneusement corrigés, expurgés ou bannis de la cité idéale. Mais le théâtre est plus dangereux encore que les autres genres poétiques, car rien n'y laisse deviner l'imitation : les spectateurs sont face à une représentation, sans que la voix de l'auteur intervienne pour dire qui parle et si celui qui parle a raison ou tort (*République*, 394b et suiv.). Le pourrait-il d'ailleurs ? « Comme son art est d'imiter, il est contraint, en créant des personnages opposés entre eux, de se mettre souvent en contradiction avec lui-même et, dans les paroles qu'il leur prête, il ne sait pas si la vérité est d'un côté ou de l'autre. » (*Lois*, 719c). Il ne saurait donc être question, dans la cité idéale, de laisser chacun se prendre à ce jeu sans repère et s'identifier à son tour aux êtres les plus vicieux. D'autant que les phénomènes de foule jouent : ce sont les cris, les applaudissements qui imposent leur jugement, au lieu de la raison (*République*, 492c). La sanction de ces analyses tombe à nouveau dans le livre VII des *Lois* (après 347 avant J.-C.). La belle voix des acteurs tragiques, qui sonne plus haut que celle des sages magistrats de la cité philosophique, sera soumise à censure avant toute représentation devant des citoyens. Quant à la comédie, où l'on rit en dansant, en parlant et en chantant, c'est un spectacle bon pour les esclaves ou des étrangers à gage, mais interdit aux hommes et aux femmes libres : ils pourront à la rigueur connaître ce qui est comique, mais «pour ne jamais se conduire ou parler d'une façon ridicule par méconnaissance » (816e). L'attitude de Platon eut une longue postérité. Se rencontrant avec « l'infamie » qui s'attachait à Rome aux métiers du spectacle, puis avec les condamnations morales et canoniques de la chrétienté naissante (*Constitutions apostoliques*, VIII, 32, 9 et 15), elle trouva son prolongement dans la situation ambiguë du théâtre des sociétés modernes et même contemporaines.

Pour Aristote (mort en 323-322), il n'est pas non plus question que les gens bien élevés fassent du théâtre ou de la musique. Ils pourront néanmoins assister, avec les classes inférieures, aux spectacles, pour se divertir, pour trouver un moment de «détente» et de «délassement». Tous les genres musicaux sont cependant permis au peuple, car son âme est dévoyée, dissonante et il lui faut des harmonies en accord avec cette situation. D'un autre côté, les hommes sont tous plus ou moins sensibles à certaines affections de l'âme comme la crainte et la pitié, ou la transe religieuse : «Cette émotion-là envahit complètement certains individus, mais, quand ils ont eu recours aux chants qui bouleversent l'âme, nous les voyons apaisés et guéris par les chants sacrés, comme s'ils prenaient une médecine ou un purgatif. Nécessairement, les gens sensibles à la pitié, à la crainte, et ceux qui sont émotifs en général, et les autres dans la mesure où ils participent à ces émotions, éprouvent ces effets : tous subissent une sorte de purge et ont un sentiment de légèreté joint à du plaisir.

C'est ainsi que les chants qui ressortissent à la purgation procurent aux hommes une joie qui ne fait pas de mal » (*Politique*, VIII, 1342a). Or, la tragédie agit principalement par la crainte et la pitié, enseigne Aristote dans la *Poétique*. Elle accomplit donc, comme les musiques dont il est question dans la *Politique*, la « purgation » (en grec, *katharsis*) de ces émotions. Le sens de cette « purgation » ou « purification » a donné lieu à des interprétations très divergentes, tantôt esthétiques, tantôt morales, qu'il n'est pas possible d'aborder ici. L'attitude d'Aristote est en tout cas fort différente de celle de Platon, puisqu'il cherche, outre cette analyse de la purgation, à définir les conditions d'une action éducatrice au moyen de l'imitation artistique.

Il donne aussi la première définition de la tragédie (1449b) : « La tragédie est l'imitation d'une action noble, conduite jusqu'à sa fin et ayant une certaine étendue, en un langage relevé d'assaisonnements dont chaque espèce est utilisée séparément selon les parties de l'œuvre ; c'est une imitation faite par des personnages en action et non par le moyen d'une narration, et qui, par l'entremise de la pitié et de la crainte, accomplit la purgation des émotions de ce genre. Par "langage relevé d'assaisonnement", j'entends celui qui comporte rythme, mélodie et chant, et par "espèces utilisées séparément", le fait que certaines parties ne sont exécutées qu'en mètres, d'autres en revanche à partir du chant. » (trad. M. Magnien). C'est à la tragédie qu'est consacré l'essentiel de la *Poétique*, dans une perspective analytique qui, pour être souvent très dogmatique (moins cependant que les « règles » que les Humanistes et l'époque classique en tirèrent), ne participe en rien des condamnations platoniciennes de l'imitation en art. Aristote insiste sur la spécificité de l'imitation tragique : elle « imite non des hommes, mais l'action, la vie » (1450a) ; les « caractères » ne sont que le résultat de l'histoire (*mythos*), l'étude des caractères relevant proprement pour Aristote de la rhétorique et de l'éthique. L'action doit être une et former un tout lié par la vraisemblance, qu'elle soit « simple » ou rendue « complexe » par des « reconnaissances » et des « péripéties », c'est-à-dire des retournements complets de l'action (la plus belle reconnaisance est celle de l'*Œdipe-Roi* de Sophocle – pièce dont Aristote fait un peu le canon de la tragédie –, car elle est à la fois reconnaissance et péripétie) ; elle comporte enfin des événements pathétiques ou effets violents (*pathos*). Pour susciter la crainte et la pitié, l'action doit peindre le passage du bonheur au malheur chez un héros qui « n'est exceptionnel ni par sa vertu ni par sa justice [sinon, son destin nous ferait horreur, et il serait trop loin de nous], qui ne tombe pas dans le malheur en raison de sa méchanceté ou de sa vilenie [sinon, nous ne le prendrions pas en pitié], mais à cause d'une faute (*hamartia*) » (1453a). Ce passage se fait en deux étapes : l'action « se noue » (*desis*), puis elle « se dénoue » (*lusis*). Aristote examine ensuite les qualités de « l'expression » (*lexis*) tragique, en rupture par rapport au langage quotidien, avant de conclure par une comparaison entre la tragédie et sa proche parente, l'épopée (ou plutôt le seul Homère), critique voilée de la théorie platonicienne de la *mimesis*. Le « spectacle » et le « chant », qu'Aristote met pourtant au nombre des « parties » constitutives de la tragédie, sont fort négligés : peut-être cela vient-il du fait qu'Aristote lit ou se fait lire la tragédie plus qu'il ne la voit au théâtre.

Un second livre de la *Poétique* existait probablement, comportant une analyse de la comédie dont des textes anonymes et difficiles à dater, en particulier le *Tractatus Coislianus*, tentent de reconstituer la teneur, à partir, vraisemblablement, d'une tradition remontant à Aristote ou à Théophraste : on y trouve notamment une classification des effets comiques selon qu'ils reposent sur « l'expression » (jeux d'homonymie et de paronomase, ou sur la synonymie et la répétition, les diminutifs, l'altération des mots, le niveau de langue) ou sur le fond (ruses, déguisements, impossibilités, ruptures logiques, effets « contre l'attente », vilenie des personnages, vulgarité des danses, médiocrité des choix, absurdités).

La *Poétique* a peut-être influencé, par son exigence de vraisemblance, sa classification des divers types de péripéties et de reconnaissances, son insistance sur la primauté de l'action et sa théorie du caractère « naturel » du trimètre iambique, la comédie nouvelle de Ménandre. Relativement peu connue pendant l'Antiquité – mais l'*Art poétique* d'Horace, si important lui aussi pour la suite, témoigne pourtant de son influence au moins indirecte – et durant le Moyen Âge, elle fut redécouverte au XVᵉ siècle et constitua jusqu'au XVIIIᵉ siècle l'une des bases de la dramaturgie classique, avant d'être méditée par les romantiques allemands. Enfin, elle a profondément marqué, jusqu'à nos jours, notre approche de la tragédie grecque.

Le théâtre grec à l'époque hellénistique et romaine

Non seulement le théâtre grec continue d'être vivant, productif, après la période classique, et le fut jusque pendant l'époque romaine, mais la civilisation hellénistique lui assure une formidable expansion. Il profite, comme on l'a vu, de la construction d'innombrables bâtiments en pierre, jusque dans les cités les plus médiocres, de l'organisation des acteurs, désormais professionnels, en confréries de Dionysos qui sillonnent l'ensemble du monde grec hellénistique de l'Italie jusqu'au fond de l'Orient, de la multiplication enfin des festivals civiques accueillant et récompensant les activités théâtrales. Le théâtre joue donc toujours un rôle essentiel dans la cité grecque, et les souverains hellénistiques, comme Ptolémée Philadelphe au IIIᵉ siècle en Égypte, le savent bien. Mais il n'en reste, de nos jours, que de misérables fragments. Pour le IVᵉ siècle, rien ne correspond, du côté de la tragédie, à la redécouverte de Ménandre, alors que de grands auteurs, tels Astydamas ou Théodecte, ont continué à produire avec beaucoup de succès : le *Rhésos* attribué parfois à Euripide et conservé parmi ses œuvres offre toutefois un jalon possible. Du IIIᵉ siècle, ne subsiste guère plus que le souvenir de la « Pléiade tragique » d'Alexandrie, un groupe de sept auteurs réunis par Philadelphe, dont le nom fut repris au XIVᵉ siècle par un cercle de poètes toulousains, puis, au XVIᵉ siècle, par le cercle de Ronsard.

Parallèlement, poursuivant un mouvement entamé dès le siècle précédent, comme le prouvent les *Grenouilles* d'Aristophane, un classement s'effectue parmi les meilleurs poètes du temps passé, dont les pièces sont reprises un peu partout. Déjà Eschyle avait été rejoué dès après sa mort, déjà Eschyle et Euripide avaient produit certaines de leurs pièces loin d'Athènes, en Sicile et en Macédoine. Rappelons que c'est au cours du IVᵉ siècle, que la reprise des anciens auteurs dans des concours théâtraux fut organisée officiellement à Athènes, et que Lycurgue, ami et disciple d'Aristote, fit établir un texte officiel des trois grands tragiques et dresser leurs statues dans le théâtre. L'école d'Aristote releva dans les archives les dates des premières représentations. Vers la même époque, le critique et philosophe aristotélicien Héraclide du Pont écrivit un traité intitulé *Sur les trois tragiques*. Le canon actuel était constitué. Le cas de la comédie est moins net que celui de la tragédie. L'influence de la comédie ancienne est très sensible au IVᵉ siècle en Italie du sud, dans la décoration des vases dits « phlyaques » ; les grammairiens alexandrins travaillent sur ce genre littéraire, l'éditent, le commentent, sans qu'Aristophane acquière une prééminence incontestée. Pour la comédie nouvelle, en dehors de Ménandre, les Latins imitent aussi Diphile, Philémon, Apollodore, Démophile, dont il ne reste presque rien. Le hasard de la transmission des textes joua ici davantage son rôle. Mais à la fin du Iᵉʳ ou au cours du IIᵉ siècle de notre ère, le canon comique est lui aussi acquis ; un traité conservé dans les œuvres de Plutarque s'intitule : *Comparaison entre Aristophane et Ménandre* et Dion Chrysostome recommande de lire d'abord, parmi les tragiques, Euripide, et parmi les comiques, Ménandre, plus « utiles » tous les deux que l'ancienne tragédie ou l'ancienne comédie (XVIII, 6). Le succès de Ménandre est attesté par bien des témoignages : Plutarque par exemple évoque la fréquence avec laquelle ses comédies étaient utilisées pour animer les banquets (*Propos de table*, 706 D et 712 B).

La Bibliothèque d'Alexandrie est réputée avoir emprunté,

et gardé, sous le règne de Ptolémée II (285-246 avant J.-C.), l'édition officielle des tragiques grecs. L'un de ses bibliothécaires, Aristophane de Byzance, édita divers auteurs tragiques et comiques, dont Aristophane, et fut peut-être le premier à faire précéder les pièces tragiques et comiques d'un argument qui résume l'intrigue et indique les autres auteurs ayant traité le sujet, les dates et circonstances des représentations : ces très précieux renseignements ont permis, par exemple, de rectifier la date traditionnellement retenue pour les *Suppliantes* d'Eschyle. Les Alexandrins multiplièrent aussi les commentaires au théâtre grec classique.

La tragédie et la comédie nouvelle grecques furent introduites à Rome, dans des adaptations en latin, mais avec des costumes grecs, à partir de 240 avant J.-C., par décision du Sénat, qui avait désigné Livius Andronicus, un grec de Tarente, pour cette tâche. La comédie latine dite *palliata*, c'est-à-dire, vêtue à la grecque, fit ainsi refleurir la comédie nouvelle à peine un siècle après la création des pièces en grec. Plaute (vers 200 avant J.-C.) et Térence après lui utilisèrent ainsi, à eux deux, sept comédies de Ménandre. Une comparaison vers à vers est possible dans un cas, la *Double Tromperie* de Ménandre, et les *Bacchides* de Plaute, pour environ cent cinquante vers. On savait depuis longtemps que Plaute et Térence traduisaient parfois littéralement certains vers, comme, dans les *Bacchides*, le fameux : « Il meurt jeune, celui que les dieux chérissent. » (dans la bouche d'un esclave fripon à son vieux maître...). On le vérifie dans les passages conservés en grec et en latin. Mais on y vérifie aussi que Plaute modifiait la structure de la pièce, raccourcissant ou allongeant à sa guise sans se soucier des divisions en actes, disparues en latin, qu'il transformait le nom des personnages, qu'il développait en particulier les rôles d'esclave et surtout, qu'il introduisait, comme les autres poètes latins, une très grande variété métrique, conforme à l'habitude latine des solos d'acteurs accompagnés à la flûte (*cantica*), ce qui modifiait considérablement le spectacle. L'intrigue était conservée dans ses grandes lignes : hors de son cadre socio-politique originel, elle devait paraître souvent fort exotique au public latin, mais l'idéologie universaliste de la comédie nouvelle ressortait encore davantage ainsi. Parallèlement, la tragédie dite «en cothurnes» rivalisait elle aussi librement avec la tragédie grecque, empruntant comme elle aux cycles épiques, sans passer toujours par un modèle tragique grec et en tout cas, sans se limiter le moins du monde au canon des grands tragiques (Livius, Naevius, Ennius, Pacuvius, Accius). Dans l'histoire de la réception de la tragédie grecque en Occident, cette étape est cependant moins importante que la suivante, qui doit tout à un homme, Sénèque (mort en 64). Il s'inscrit dans la tradition des lettrés de bonne famille qui traduisaient pour leur compte le théâtre grec et en faisaient donner des lectures publiques. Le théâtre de Sénèque fut-il représenté ou seulement déclamé ? On en débat encore. Mais les neuf pièces qu'il composa au milieu du Ier siècle de notre ère, toutes d'après des sujets grecs (*Agamemnon*, *Hercule furieux*, *Hercule sur l'Œta*, les *Phéniciennes*, les *Troyennes*, *Médée*, *Œdipe*, *Phèdre* et *Thyeste*), sont, plus que des adaptations, des recréations personnelles, marquées par le génie : par leur violence, leur lyrisme, leurs joutes oratoires, elles constituent des jalons essentiels : c'est à travers elles que la Renaissance et surtout l'âge classique lurent la tragédie grecque.

La transmission du théâtre grec du Bas-Empire à la Renaissance

L'histoire du texte des poètes tragiques et comiques éclaire la période intermédiaire entre Rome et la Renaissance. De nombreux papyrus – exemplaires de commerce trouvés en particulier en Égypte – attestent la survie du genre jusqu'au début de l'époque byzantine, grâce aux programmes scolaires et à la volonté de l'élite sociale, jusqu'au fond de l'Occident, de maintenir contre vents et marées une connaissance solide du grec. À Burdigala (Bordeaux), dans la Gaule du IVe siècle de notre ère, Ausone recommande encore de faire étudier à son petit-fils

Homère et Ménandre (*Exhortation à son petit-fils*, vers 46). Du côté de la comédie, d'après les fragments retrouvés, la suprématie de Ménandre sur Aristophane fut peu à peu battue en brèche jusqu'à l'époque où l'on copia les rouleaux de papyrus sur des livres en parchemins, ce qui explique que nous n'ayons conservé aucun manuscrit de Ménandre.

Dans les premiers siècles de notre ère aboutit un nouveau phénomène de sélection, à l'intérieur même des œuvres du canon, processus décisif qui avait dû commencer bien plus tôt. D'Euripide seulement, comme on l'a vu, subsistent, dans un manuscrit de Florence du xive siècle, les restes d'une édition où les pièces se succédaient par ordre alphabétique. Pour les autres auteurs, et pour le reste de l'œuvre d'Euripide, nous ne possédons plus que des éditions partielles remontant à des choix anciens dont nous ne pouvons pas identifier les auteurs. Le processus fut probablement lié à l'existence d'éditions destinées à l'enseignement. Cette sélection est en effet composée de pièces pour lesquelles furent établis les commentaires, perdus, qui fournirent les éléments des « scholies » qui, elles, subsistent en marge du texte dans nos manuscrits. Dans le cas d'Aristophane, c'est la pièce la plus éloignée de la comédie ancienne, et la plus facile, le *Ploutos*, qui vient en tête de notre manuscrit le plus complet et le plus ancien, le Ravennas 429 (copié vers 950), et elle est suivie des pièces qu'on pouvait juger les plus instructives pour l'enseignement des lettres grecques, les *Nuées* et les *Grenouilles*. Les critères retenus pour les choix des Tragiques nous échappent. Dans le cas d'Eschyle, la première sélection fut suivie d'une autre, à l'époque byzantine, qui ne retint que trois pièces, le *Prométhée*, les *Perses* et les *Sept contre Thèbes*, dès lors abondamment commentées. Puis, l'*Agamemnon* et les *Euménides* réapparurent. Nous ne devons notre connaissance des deux autres pièces conservées qu'à un seul manuscrit, le plus ancien et le plus important témoin conservé du théâtre grec, le fameux Laurentianus 32, 9 (ou Mediceus) de Florence, copié vers l'an 1000 dans les ateliers byzantins de la glorieuse époque dite « macédonienne » et acheté à Constantinople vers 1423 par Giovani Aurispa pour le compte du collectionneur italien Niccolo Niccoli : il est ainsi le seul à contenir le choix de sept pièces remontant à l'époque romaine. Le même manuscrit contient aussi, d'une autre main, les sept pièces conservées de Sophocle. Un autre manuscrit célèbre, le *Parisinus graecus 2712*, copié au XIIIᵉ siècle pendant la « seconde renaissance byzantine », sous les empereurs Paléologues, contient, d'une même main, six tragédies d'Euripide, toutes les pièces de Sophocle et sept comédies d'Aristophane. Ces grands manuscrits byzantins étaient rares, précieux et souvent connus des spécialistes, de génération en génération. Nos éditions actuelles sont établies à partir de dizaines de manuscrits remontant aux quelques exemplaires qui, comme ces deux manuscrits, ont pu passer de Byzance en Occident aux XVᵉ et XVIᵉ siècles. À partir d'eux, les philologues cherchent à reconstituer des « archétypes » du Bas-Empire romain, qu'ils comparent, le cas échéant, avec les lambeaux de papyrus qui ont été retrouvés.

La première pièce de théâtre grec qui ait été portée à la connaissance du public par une traduction latine fut, semble-t-il, le *Ploutos* d'Aristophane, vers 1400, près d'un demi-siècle avant que ne se répande la connaissance du grec en Italie. C'est l'époque où l'adjectif « tragique » apparaît en français. Érasme, autour de 1500, traduisit deux pièces d'Euripide. L'allemand Philipp Schwarzerd, qui se fit connaître sous le nom grec de Melanchthon (« Terrenoire »), à la fois disciple d'Érasme et très sensible aux thèses de Luther, édite les *Nuées* d'Aristophane en 1520, pour lutter contre la philosophie scholastique. En France, le Collège Royal (le futur Collège de France), fondé en 1530, avait deux chaires de grec. L'une d'entre elles fut occupé par Jean Dorat (1508-1588) : ses leçons portèrent sur l'ensemble du théâtre grec, pour la première fois. Avec Ronsard, Baïf et Tissard, il traduisit Euripide en français, puis s'occupa d'Eschyle, de Sophocle et d'Aristophane. « Et quoi, mon maître, m'avez-vous caché si longtemps ces richesses ? », lui aurait dit Ronsard, entendant sa traduction du *Prométhée*. Son influence fut considérable sur le groupe du Collège de Coqueret et sur la Pléiade, qui mit à son programme la restauration de la tragédie et de la comédie antiques : Baïf traduisit l'*Électre* et l'*Hécube*, Ronsard le *Ploutos*, d'autres plusieurs pièces de la comédie *palliata*. Le XVIᵉ siècle vit aussi sortir les premières grandes éditions imprimées des tragiques, comme celles d'Eschyle et de Sophocle par le directeur de la Presse Royale, Adrien Turnèbe (en 1552-1553), ou par Henri Estienne. La *Poétique* d'Aristote fut diffusée et abondamment discutée au cours du XVIᵉ siècle en Italie, puis en France : les sept livres de la *Poétique* de Jules-César Scaliger (1561) en donnèrent une interprétation à la fois éclectique et dogmatique, inventant la fameuse règle des trois unités.

Cette renaissance du théâtre antique ouvrait de nouveaux territoires à la création. La référence à l'Antiquité, d'un côté, menait à l'élaboration de nouvelles règles, mais elle permettait aussi de se libérer de règles ou d'usages qu'on n'approuvait plus. C'est dans cette perspective que dans l'Angleterre élisabéthaine, Ben Jonson se livre au début de *Everyman out of his humour* à une brève histoire de la *comœdia* antique, où chacun, depuis l'époque où « elle n'était qu'un chant simple et continu » jusqu'à Aristophane et à Ménandre, « selon l'inspiration de son génie et de son jugement, introduisit quelque chose de nouveau » (1599). C'est aussi dans cet esprit de « free power » emprunté à Aristophane (Jonson possédait son œuvre dans sa bibliothèque) qu'il ouvre son théâtre à la poésie lyrique et utilise tantôt le *Ploutos*, tantôt une scène des *Guêpes* ou une idée des *Grenouilles*.

Le théâtre grec et la renaissance de la tragédie en France

Quand le protestant Agrippa d'Aubigné donne pour titre à son œuvre majeure : les *Tragiques* (1576-1616), c'est pour évoquer la France « désolée », la « mère affligée », c'est aussi pour annoncer un drame qui, sous le regard de Dieu, a pour théâtre le monde. Dans le camp catholique, le magistrat Robert Garnier, ami de Ronsard, écrit en préface à sa *Troade* : «Je sais qu'il n'est genre de poèmes moins agréable que celui-ci, qui ne représente que les malheurs lamentables des princes, avec les saccagements des peuples. Mais aussi les passions de tels sujets nous sont désormais si ordinaires que les exemples anciens nous devront désormais servir de consolation à nos particuliers et domestiques encombres.» Garnier (1545-1590) fut le premier à puiser son inspiration non seulement dans la Bible ou à Rome, mais dans le théâtre grec, pour trois des sept tragédies qu'il composa et dont les éditions se succédèrent entre 1580 et 1620. Les éléments typiques de la tragédie ancienne sont là : alternance de passages rhétoriques (dans de violentes scènes d'*agon*) et lyriques (dans les chœurs), récits de messager, mènent le lecteur (peut-être aussi le spectateur, si ses pièces furent jouées) à la catastrophe. Son *Antigone ou la Piété* utilise ainsi tantôt Sophocle, tantôt Euripide, tantôt Sénèque, en modelant sur nouveaux frais une action destinée à la fois à toucher, par la mise en scène d'un affrontement fraternel inexpiable, et à instruire, car Garnier intervient aussi dans les débats de son temps sur la bonne et la mauvaise royauté. L'imitation de l'Antiquité s'était ainsi détachée de la philologie pure.

Ce fut le cas tout au long du XVIIᵉ siècle, un siècle beaucoup moins «helléniste» (le mot apparaît alors, avec un sens péjoratif) que le précédent. Les lettrés connaissant bien le grec étaient très peu nombreux. Comme il n'y eut pratiquement aucune traduction française des tragiques entre l'*Antigone* de Baïf (1573) et André Dacier (*Œdipe* et *Électre*, en 1692, pour illustrer sa traduction de la *Poétique*), ni d'ailleurs de traduction française de la *Poétique* avant 1671, et qu'il fallut attendre la seconde moitié du XVIIIᵉ siècle pour que paraissent des traductions intégrales du théâtre grec, on utilisait les traductions latines, qui ne pouvaient rivaliser avec Sénèque, le principal modèle antique, et de loin. La réalité du théâtre grec antique commençait à être étudiée (D'Aubignac, *Pratique du théâtre*, 1657), mais elle était méconnue par la plupart.

Dans l'*Antigone* de Jean Rotrou (1637), les chœurs ont disparu. On sait quelle liberté Corneille revendiquait par rapport aux règles qu'on croyait tirer d'Aristote et aux « erreurs » des Anciens, quelle incompréhension il manifestait aussi à l'égard des chœurs antiques. Il n'emprunta d'ailleurs que deux tragédies aux Grecs, *Médée* et *Œdipe* (sujet suggéré par Fouquet, 1659).

Racine est l'exception. Son fils Louis évoque ainsi l'amour que, dès l'adolescence, quand il était à Port-Royal, son père voua au théâtre grec : « Son plus grand plaisir était de s'aller enfoncer dans les bois de l'abbaye avec Sophocle et Euripide, qu'il savait presque par cœur. » L'anecdote a été contestée. Ce qui est incontestable, c'est l'excellente connaissance du grec qu'avait acquise Racine. Une autre anecdote, plus sûre, est révélatrice : « Il était à Auteuil, chez Boileau [...]. On vint à parler de Sophocle, dont il était si grand admirateur qu'il n'avait jamais osé prendre un de ses sujets de tragédie. Plein de cette pensée, il prend un Sophocle grec et lit la tragédie d'*Œdipe*, en la traduisant sur-le-champ. Il s'émut à tel point, dit M. de Valincour, que tous les auditeurs éprouvèrent les sentiments de terreur et de pitié dont cette pièce est pleine. J'ai vu, ajoute-t-il, nos meilleures pièces représentées par nos meilleurs acteurs : rien n'a jamais approché du trouble où me jeta ce récit ; et au moment que j'écris, je m'imagine voir encore Racine le livre à la main, et nous tous consternés autour de lui. » Il lisait les auteurs grecs la plume à la main, annotant surtout Sophocle, parmi les tragiques (il en possédait quatre éditions). On lit par exemple en marge de la scène de l'urne, dans l'*Électre* : « Oreste vient lui-même, apportant le vase où il dit que sa cendre est enfermée. Il s'adresse à Électra. C'est le dernier épisode de sa douleur [à elle] et où le poète s'est épuisé pour faire pitié. Il n'y a rien de plus beau sur le théâtre que de voir Électra pleurer son frère mort en sa présence, qui, en étant lui-même attendri, est obligé de se découvrir. » Racine note les belles sentences, les répliques particulièrement appropriées aux personnages, analyse la façon dont l'intrigue construit la psychologie de ceux-ci, note les entrées et sorties, les « artifices » et leur effet sur le spectateur. Mais dans les préfaces de ses pièces, c'est Euripide qu'il revendique comme principal modèle, parfois, il est vrai, pour dissimuler d'autres dettes : la *Thébaïde* doit en fait plus à Sénèque qu'à Euripide, et à Rotrou qu'à Sénèque. Racine fut aussi le seul de son siècle à oser présenter « un échantillon d'Aristophane sur le théâtre moderne », pour se moquer de la judicature, dans ses *Plaideurs*, dont un tiers environ utilise, dans un contexte entièrement renouvelé, les *Guêpes*. C'est dans la préface de son *Iphigénie en Aulide* qu'il livre le mieux ses sentiments à l'égard d'Euripide (1674) : « J'avoue que je lui dois un bon nombre des endroits qui ont été le plus approuvés dans ma tragédie ; et je l'avoue d'autant plus volontiers que ces approbations m'ont confirmé dans l'estime et la vénération que j'ai toujours eues pour les ouvrages qui nous restent de l'Antiquité. J'ai reconnu avec plaisir, par l'effet qu'a produit sur notre théâtre tout ce que j'ai imité ou d'Homère ou d'Euripide, que le bon sens et la raison étaient les mêmes dans tous les siècles. Le goût de Paris s'est trouvé conforme à celui d'Athènes ; mes spectateurs ont été émus des mêmes choses qui ont mis autrefois en larmes le plus savant peuple de la Grèce, et qui ont fait dire qu'entre les poètes Euripide était extrêmement tragique, *tragikotatos*, c'est-à-dire qu'il savait merveilleusement exciter la compassion et la terreur, qui sont les véritables effets de la tragédie. » Il prend ainsi parti, pour la première et dernière fois, dans la querelle des Anciens et des Modernes, contre les déformations que fait subir l'opéra de Quinault et Lulli au modèle grec (ils viennent de monter une *Alceste* moderniste), et c'est pourquoi il se met ensuite à discuter l'interprétation d'un passage de l'*Alceste* d'Euripide. Avec *Phèdre*, surtout, Racine retourne à Euripide, et beaucoup plus audacieusement que ses contemporains qui ont traité le même sujet dans les années précédentes : il lui doit trois scènes, jusque dans les détails, et, bien sûr, la représentation, contraire aux bienséances, d'un amour défendu. Les tragédies sacrées de la fin de sa carrière lui donnent l'occasion d'expérimenter comme une autre « riposte à Lulli » (Knight), deux tragédies avec chœurs et coryphée, avec scènes de reconnaissance et « machines », avec, surtout, la toute-puissance d'une divinité implacable. On ne saurait donc surestimer le rôle moteur que joua l'imprégnation par le théâtre grec dans la création racinienne.

Voltaire, en 1718, à dix-neuf ans, pour se lancer sur la scène tragique, cherche à rivaliser avec Sophocle et Corneille : il fait jouer un *Œdipe*. Une scène au moins est prise à Sophocle, et imposée, non sans mal, aux Comédiens-français. De nombreuses polémiques (et même un *Œdipe travesti*) entourent la représentation. Le débat porte sur les Anciens et sur les Modernes, mais aussi, naturellement, sur la monarchie et la religion (Christian Biet). Son *Œdipe*, maintenant bien oublié (non sans motif), lui valut la notoriété, et fut suivi de multiples adaptations du mythe au cours du siècle. Mais Voltaire prit vite quelque distance à l'égard du modèle grec : dans le *Discours sur la tragédie* qui précède son *Brutus*, en 1730, il estime que, comme aussi Shakespeare en son pays, les Grecs, à une époque où l'art « était dans son enfance », « ont erré en prenant souvent l'horreur pour la terreur, et le dégoûtant et l'incroyable pour le tragique et le merveilleux ». Éditant Corneille plus tard, il note à propos de *Médée* : « Chez les Grecs, et même chez les Romains, qui admettaient les sortilèges, *Médée* pouvait être un très beau sujet. Aujourd'hui, nous le reléguons à l'Opéra, qui est parmi nous l'empire des fables », et il exprime la répugnance d'un peuple « dont le goût s'est perfectionné » devant les « monstres dégoûtants ». En même temps qu'apparaissent les premières traductions françaises des œuvres originales et que naît une esthétique de la traduction, c'est la « tragédie lyrique », l'opéra, qui recueille, avec ses effets spectaculaires et pathétiques, la Grèce fabuleuse et horrible dont le théâtre moderne ne voulait plus guère. Après Lulli, puis Thomas Corneille et Marc-Antoine Charpentier avec leur *Médée* (1693), Rameau renouvelle le genre dans son *Hippolyte et Aricie* (1733) et la deuxième moitié du siècle voit se multiplier les opéras tirés de tragédies grecques, des *Œdipe à Colone*, des *Phèdre*. Gluck donne successivement *Alceste*, *Iphigénie en Aulide* puis *Iphigénie en Tauride* de 1767 à 1779.

L'Allemagne, le théâtre grec antique et le XIXe siècle européen

Naturellement, l'influence du théâtre grec antique n'a pas touché uniquement la France. Il faut par exemple lire l'*Œdipe* tout classique de Dryden en Angleterre (1679), et, un siècle plus tard, les tragédies révolutionnaires d'Alfieri en Italie (*Polynice*, *Antigone*), pour mesurer toutes les ouvertures créées par l'imitation des Anciens. Mais c'est probablement dans l'Allemagne naissante que la référence grecque, parfois même, pour échapper au classicisme franco-latin, l'identification à la Grèce, ont joué le plus grand rôle.

Nous nous limiterons à quelques indications sur le classicisme allemand et son œuvre phare, l'*Iphigénie* de Goethe. En voulant « se rapprocher de la forme antique », Goethe visait un public d'êtres « purs », capables d'apprécier, selon la célèbre formule de Winckelmann, « la noble simplicité et la calme grandeur » (*edle Einfalt und stille Größe*) de l'Antiquité dans toute sa force « naïve ». L'imitation du grec, dans cette pièce et dans d'autres œuvres, allait jusqu'à calquer en allemand tel ou tel tour de la syntaxe ou du lexique de la poésie grecque. Bien entendu, on peut être plus sensible à l'aspect « weimarien » du drame qu'à la recréation de l'Antiquité. Goethe rivalisait aussi avec l'œuvre de Racine. Mais la thématique du « drame dans l'âme », éternel, hors de tout contexte historique, naît au travers de la référence à une Grèce qu'on estime désormais mieux connaître et dans un milieu passionné d'hellénisme. Cette référence n'est pas un simple prétexte. Citons H.R. Jauss : « L'*Iphigénie* d'Euripide [il s'agit de l'*Iphigénie en Tauride*] posait à Gœthe comme à Racine le problème de savoir s'il était possible de faire passer le mythe antique dans une pièce moderne qui ne soit pas simplement un cadre fictionnel ou un champ métaphorique, mais rende au mythe sa fonction tragique. Alors que Racine utilisait le mythe pour porter, dans la clôture de la constellation familiale, les passions archaïques jusqu'au point où nulle solution n'est plus possible, Gœthe s'en sert comme d'un arrière-plan devant lequel s'engage l'évolution qui libérera l'homme de sa faute originelle ou de l'immaturité de son état de nature. »

Parallèlement, la tragédie grecque, et notamment l'*Antigone* de Sophocle, est interprétée, avec une profondeur inégalée, comme étant l'un des moments clefs de l'histoire de l'esprit humain par Hegel. August Boeckh, influencé lui-même par les cours de Hegel, l'appuya de son autorité d'historien et de philologue dans une étude parue en 1824 : « Antigone respecte le devoir intérieur et naturel d'enterrer son frère. Mais en transgressant la loi de l'État, elle dissout le lien social et, en voulant accomplir sa volonté particulière par la force, elle dépasse les bornes de son sexe et de son état de sujette. » Antigone et Hémon, à égalité, sont tous les deux justifiés de défendre leurs droits, et tous les deux coupables de le faire avec excès et démesure. Malgré certaines oppositions (la première et l'une des plus notables est celle de Goethe : pour lui il va de soi que Créon est un tyran tandis que dans le personnage d'Antigone sont unis sens éthique et beauté), cette analyse domina le XIXᵉ siècle. L'*Esthétique* publiée après la mort de Hegel montre comment l'équilibre entre Antigone et Créon est déterminé par une interprétation générale de l'histoire de l'esprit humain et de la beauté. L'art « classique » est l'art « idéal », car, par opposition à l'époque de l'art « symbolique », l'idée s'y trouve « réalisée conformément à son concept ». Une telle réalisation est conflictuelle. « L'idéal, en se déterminant, s'oppose à lui-même », mais chacun des termes de l'opposition participe de l'idéal, « participe de la raison et de la justice ». Dans le cas de l'*Antigone*, l'interdiction de Créon est justifiée : l'individu doit adhérer à la « rationalité objective de l'État » ; mais Antigone est animée d'une « force tout aussi morale », que Hegel appelle d'une formule qui revient souvent : « l'amour sacré pour le frère ». Des deux côtés, on a «une puissance de l'âme, légitime en soi, un contenu essentiel de la volonté libre». En même temps, à côté des nouveaux dieux, ceux de Créon, «les dieux manifestes de la vie consciente et de l'État», l'art classique assure le maintien, et même le maintien «positif», des anciens dieux, «les dieux souterrains de l'Hadès, les dieux intérieurs du sentiment, de l'amour, du sang». La dernière partie de l'*Esthétique* développe de la même façon une théorie de la tragédie et du tragique qui est moins dépendante de l'histoire. Ce que Hegel appelle «la substance morale» est «une totalité» faite de différentes «puissances substantielles qui régissent le vouloir humain», comme «l'amour conjugal, l'amour des parents pour les enfants et des enfants pour les parents, l'amour fraternel, la vie publique, le patriotisme des citoyens, la volonté des chefs [...]». Les individualités agissantes des tragédies «s'identifient» à l'une ou l'autre de ces puissances et se heurtent entre elles : «chacun conçoit le vrai contenu positif de son but et de son caractère comme une négation de celui du but et du caractère adverses et les combat en conséquence, ce qui les rend tous deux également coupables». La solution tragique vient de façon nécessaire : «la justice éternelle se réalise [...] en rétablissant sa substance et son unité morales par la suppression de l'individualité qui troublait son repos». On comprend dans cette perspective le célèbre jugement de Hegel : «De tous les chefs-d'œuvre de l'Antiquité et du monde moderne (je les connais à peu près tous, et chacun peut et doit les connaître), *Antigone* me paraît le plus parfait, le plus apaisant.» Dans cette tragédie, «l'opposition principale», «celle de la vie morale, dans sa généralité spirituelle, qu'incarne l'État, et de la morale naturelle, représentée par la famille» se trouve mise en scène, puis réglée par «la suppression de l'unilatéralité», ce qui assure le retour à l'accord entre les deux sphères, accord et action harmonieuse qui «constituent toute la réalité de la vie morale». Qui plus est, «le préjudice que [les deux héros] infligent à autrui porte justement sur ce qui s'accorde avec leur propre nature. C'est ainsi qu'Antigone, qui vit sous le pouvoir de Créon, est elle-même fille de roi et fiancée d'Hémon, si bien qu'elle doit obéissance aux ordres du prince. Mais Créon, qui est lui-même père et époux, devrait respecter la sainteté du sang et ne pas ordonner ce qui est contraire à cette piété. C'est ainsi qu'à l'un et à l'autre est immanent ce contre quoi ils se dressent, et ils sont entraînés et brisés par ce qui fait partie de la sphère de leur propre vie. »

Friedrich Hölderlin, camarade d'études de Hegel et de Schelling à Tübingen, était peut-être des trois amis le plus enthousiasmé par Sophocle, qu'il traduisit et retraduisit sans cesse. En fait, il conçut peu à peu son entreprise non plus comme une simple traduction, mais comme un dépassement et une amélioration du texte de Sophocle. En traquant la lettre de celui-ci, en restituant, croyait-il, le sens étymologique de chaque mot et la suite littérale de la syntaxe, Hölderlin pensait mettre au jour des virtualités inconnues de l'œuvre et découvrir véritablement à travers l'éloignement infini de l'œuvre antique « le plus difficile, le libre usage de ce qui nous est propre ». L'influence de ses traductions de l'*Œdipe-Roi* et de l'*Antigone* (1804) fut considérable, en particulier au XXᵉ siècle tandis que certains contemporains, dont, encore une fois, Goethe, étaient, eux, très réservés. En face de Créon, qui incarne la loi, l'ordre et tout ce qui a une « forme », Antigone devient une héroïne de ce qui est sans loi, sans forme. Génie prématuré qui annonce la révolution républicaine, elle va jusqu'au blasphème dans la défense de l'esprit divin sans loi.

À la différence des siècles précédents, où l'on ne jouait sur la scène que des adaptations de pièces antiques, et surtout des opéras, le siècle de la « science de l'Antiquité » (*Altertumswissenschaft*) tenta et réussit des reconstitutions intégrales et, croyait-on, à l'antique. La représentation d'*Antigone* du 28 octobre 1841 à la cour du roi de Prusse, à Postdam, eut un tel succès que la pièce (avec la musique de Mendelssohn pour les chœurs) fut reprise à Berlin, Dresde, Paris, Londres et Édimbourg. La mise en scène se voulait conforme aux conditions du théâtre antique ;

en même temps, elle était adaptée au nouveau goût romantique et, à cet égard, surprit les hellénistes habitués à célébrer la majesté de la beauté grecque. L'*Antigone* et l'*Œdipe-Roi*, furent repris à la Comédie-Française en 1893, puis aux « chorégies » d'Orange en 1894, par la troupe du Français, « devant la scène antique restaurée à grands frais », en présence de plusieurs ministres, avec des chœurs de Saint-Saëns, dans une mise en scène beaucoup plus sage et idéalisée que lors des représentations romantiques du milieu du siècle, qui marqua profondément des esprits aussi différents que Maurice Barrès et Charles Péguy.

La *Naissance de la tragédie à partir de l'esprit de la musique* de Nietzsche (1872) est certainement l'un des livres les plus importants dans l'histoire de la postérité du théâtre grec : beaucoup de nos contemporains abordent désormais la tragédie grecque à travers lui. Nietzsche veut revenir à la source, c'est-à-dire à la musique, et retrouver la force originelle de l'inspiration dionysiaque. Le chœur, d'où naît la tragédie, selon lui, n'était ni un « spectateur idéal » (comme le soutenait Schlegel), ni le représentant du peuple : il sortait tout droit du chœur satyrique du dithyrambe qui, comique ou sublime, exprimait le vouloir-vivre dans un monde tragique. Mais, aidé par Socrate et ses efforts pour fonder une « science » opposée à la vision tragique, Euripide fit mourir la tragédie en faisant monter le spectateur sur la scène et la tragédie « dégénéra » en nouvelle comédie attique : en témoignent le développement de l'analyse des caractères, le rôle du *deus ex machina*, la « médiocrité bourgeoise » envahissante. Le livre déclencha une violente querelle, qui vient d'être présentée au public français, entre les partisans de Wagner et de la régénération de l'âme allemande par un retour à la musique, d'un côté, et les philologues, menés par Wilamowitz, de l'autre. Pour montrer qu'Euripide était loin d'avoir assassiné la tragédie, Wilamowitz fit précéder sa monumentale édition de l'*Héraclès* d'Euripide d'une « Introduction à la tragédie grecque » qui est en quelque sorte la réplique de la philologie à Nietzsche et qui, elle aussi, domina longtemps le débat. De là date vraiment la rupture entre l'école historico-critique, dont les méthodes, grâce à leurs progrès et leurs résultats, dominent la philologie jusqu'à nos jours, et les lectures résolues, comme le voulait Wagner, à sortir le théâtre grec, et toute l'Antiquité, « de la sphère des professeurs de grec », et qui eurent tant de succès chez les adaptateurs et les metteurs en scène.

La naissance de la psychanalyse ne fit qu'accroître cette coupure. Freud pourtant ne s'intéressa à la tragédie grecque que de façon très ponctuelle. Mais, comme on sait, la légende d'Œdipe, et plus encore la pièce qu'en tira Sophocle, avec cette longue enquête du héros sur son identité méconnue, lui ont paru figurer de façon exemplaire ses découvertes cliniques. Grâce à Sophocle, il espérait les faire accepter plus facilement par tous comme une vérité universelle et transhistorique : « J'ai trouvé en moi, comme partout ailleurs, des sentiments d'amour envers ma mère et de jalousie envers mon père, sentiments qui sont, je pense, communs à tous les jeunes enfants [...]. S'il en est ainsi, on comprend [...] l'effet saisissant d'*Œdipe-Roi* » (Lettre à W. Fliess du 15 octobre 1897). Le mythe et la tragédie de Sophocle seraient ainsi « une manifestation encore peu modifiée du vœu infantile » (*Cinq leçons sur la psychanalyse*, 1909). Les hellénistes ont eu beau jeu de montrer qu'il y a loin entre l'« Œdipe sans complexe » de Sophocle (selon le titre d'un article de J.-P. Vernant) et le complexe d'Œdipe. Mais cette « nouvelle version du mythe d'Œdipe » (comme l'appelle C. Lévi-Strauss), qui servit parfois, en quelque sorte, de substitut à l'humanisme traditionnel, a eu une grande influence sur les mises en scène du théâtre antique au XXe siècle.

Le théâtre grec et le XXe siècle français

Quand Jacques Copeau, au Vieux-Colombier, restaure le théâtre dans son antique dignité et réinvente le « dialogue », s'ouvre en France une nouvelle période d'imitation du théâtre grec antique, tant au théâtre qu'à l'opéra (Stravinsky, *Œdipus-Rex*, 1927). De Cocteau à Gide, à Giraudoux et à Sartre, grâce à un public nourri aux Humanités classiques et à des auteurs qui sont le plus souvent d'anciens bons élèves et de bons, voire d'excellents hellénistes, l'émulation de la scène attique revit. On pourrait en résumer l'orientation par une remarque d'André Gide dans ses *Considérations sur la mythologie grecque* de 1919, quand il déclare vouloir faire « ce que Sophocle n'a pas pu voir et comprendre et qu'offrait pourtant son sujet et que je comprends non parce que je suis plus intelligent, mais parce que je suis d'une autre époque ». L'imitation est en effet sans cesse troublée par la recherche de la dissonance. Un cas particulier est celui de Paul Claudel. Il consacre de longs mois, jusqu'en Chine, à traduire l'*Orestie*, il y cherche une nouvelle respiration poétique, celle du verset, et adopte lui-même à l'occasion la forme de la trilogie, en la christianisant (*Les Coûfontaine*), mais, en même temps, dans son œuvre personnelle, le théâtre grec antique ne laisse que bien peu de traces, comme s'il s'agissait de deux trajectoires parallèles. Le plus souvent, les écrivains mettent l'Antiquité à la « sauce ultra-moderne », comme le dit Gide à propos de l'*Antigone* de Cocteau (1922, l'année où paraît l'édition Masqueray de la pièce dans la Collection Budé, et 1927), qui suit pourtant assez fidèlement le texte de Sophocle, mais avec décors de Picasso, musique d'Honegger et costumes de Chanel ; Dullin et Antonin Artaud sont parmi les acteurs. Nous ne pouvons ici que survoler ce curieux moment de la réception du théâtre antique, comme Cocteau voulait « survoler » la Grèce. À des degrés divers, l'*Œdipe* de Gide (1930) puis celui de Cocteau (*La Machine infernale*, 1934 ; *Œdipe*, 1937), le *Prométhée mal enchaîné* de Gide (1930), l'*Électre* de Giraudoux (1937) puis *Les Mouches* de Sartre (créées par Charles Dullin en 1943) et l'*Antigone* d'Anouilh (1944), tout en explorant avec avidité la cruauté originelle des mythes grecs (loin du «doux pays d'Attique, où c'était ma raison qui avait raison», que regrette le Pédagogue des *Mouches*), jouent sur l'écart entre des modèles aux trouvailles dramatiques toujours efficaces et un monde moderne dont les thèmes font irruption, à contre-temps s'il le faut.

Trois pièces, en particulier, par lesquelles nous conclurons, mirent en scène avec éclat les drames de la Seconde Guerre mondiale sous le masque de l'Antiquité.

Sartre commence sa carrière dramatique avec *Les Mouches*. «Pourquoi faire déclamer des Grecs si ce n'est pour déguiser sa pensée dans un régime fasciste?», écrivit-il après la guerre. L'objectif, ainsi expliqué, est clair : la pièce vitupérait l'idéologie de la faute et du repentir sur laquelle se fondait en partie le régime de Vichy et lui opposait la nécessité de l'action terroriste. Mais la Grèce n'était pas seulement un déguisement. C'est l'un des seuls fonds où pouvait puiser le Sartre des *Mots*, le lettré qui ne veut plus l'être, mais dont un double reste dans la pièce sous le personnage du Pédagogue. Il emprunte tantôt à l'*Orestie* d'Eschyle, dont les Érinyes, transformées en mouches, fournissent le titre, l'argument et quelques scènes (notamment le réveil des mouches au début du troisième acte), tantôt à Euripide (Électre en souillon, l'*agon* entre la mère et la fille, les remords d'Électre). «Que faites-vous de votre culture, monsieur?» La question que pose le Pédagogue à Oreste, peut-on croire, Sartre se l'adresse à lui-même. La Culture devrait, selon le Maître, affranchir de toute croyance et donner la liberté de ne jamais s'engager. Dans *Les Mouches*, au contraire, la culture, volontairement détournée, a servi à quelque chose. En s'identifiant à Oreste et en invitant le spectateur à faire de même, Sartre met en scène la maturation d'un choix décisif : un personnage empêtré dans sa «situation» devient, fût-ce par le crime, fût-ce au risque de la solitude, un héros libre. Le thème n'est-il pas l'adaptation à l'existentialisme et au «sartrisme» d'une problématique profondément sophocléenne?

L'*Antigone* d'Anouilh fut représentée à Paris le 4 février 1944 au théâtre de l'Atelier. Anouilh n'était pas, lui, un débutant au théâtre, mais c'est la première fois qu'il utilisait un modèle antique, rivalisant ainsi avec Giraudoux et Cocteau. Plus qu'eux encore, il jouait sur la connaissance que son public avait de la tragédie de Sophocle. Antigone « pense qu'elle va être Antigone », « elle pense qu'elle va mourir » : comme Sophocle, Anouilh informe le spectateur avant les personnages, mais en rompant l'illusion théâtrale. Quand il introduit le personnage nouveau de la nourrice, il profite comme Sophocle de ce décalage dans les informations et du quiproquo qui s'instaure pour créer un effet pathétique. Mais il accentue encore le décalage par rapport à Sophocle et prend ainsi même le spectateur lettré au piège : car, dans sa pièce – on n'en acquiert la certitude que peu à peu, en raison de la confusion entretenue entre acteur et personnage –, Antigone a déjà accompli les rites sur le corps de son frère avant le lever du rideau, avant la conversation avec Ismène. Sa solitude en est encore plus totale, plus irrémédiable. L'affrontement entre Créon et Antigone occupe un quart de la pièce et il s'agit d'un véritable dialogue, mené sur le ton d'une réprimande paternelle à un petit enfant. Se laisserait-on prendre ici à l'action si l'on ne connaissait pas la pièce de Sophocle, si, à l'arrière-plan, elle ne surchargeait pas de tragique une intrigue qui perd chez Anouilh beaucoup de vraisemblance, tant Créon veut avoir « les deux pieds par terre » et les « deux mains enfoncées dans [ses] poches » ? Car le dramaturge du XXᵉ siècle mine lui-même le tragique : « Tu y crois donc vraiment, toi, à cet enterrement dans les règles ? » dit Créon, et Antigone reconnaît que son geste est « absurde ». C'est que pour Anouilh, dans la pièce de Sophocle, Créon a visiblement trop « le mauvais rôle ». Il efface donc tous les mobiles qui pourraient justifier Antigone. Créon apprend à la jeune fille que ses deux frères étaient « deux larrons en foire qui se trompaient l'un l'autre en nous trompant et qui se sont égorgés comme deux petits voyous qu'ils étaient ». Enfin, il lui dit qu'il ne sait pas exactement quel corps a reçu les funérailles nationales et quel corps est interdit de sépulture. « Il faut décidément que le mythe soit bien fort pour que le public de 1944 ait [...] reconnu, dans une Antigone aussi défigurée, la première résistante de l'histoire », commente S. Fraisse. Le succès de la pièce a pourtant été considérable, non seulement au théâtre, mais aussi dans l'enseignement secondaire français. Anouilh a su, en particulier, créer une nouvelle version, modernisée, de l'antagonisme entre Antigone et Créon. Le public a manifesté, pendant la guerre, son enthousiasme pour Antigone la résistante mais, après la fin de la guerre, parfois condamné le trop beau rôle laissé à Créon, bel exemple de cette ambiguïté du théâtre que dénonçait Platon.

Terminons notre trop rapide survol par l'une des dernières adaptations marquantes du théâtre grec en Europe, une adaptation qui, elle aussi, appartient déjà à l'histoire. Dans l'Allemagne de l'après-guerre, l'adaptation d'*Antigone* par Brecht, représentée en 1948, publiée en 1949 à Berlin sous le titre *Modèle d'Antigone 1948*, avec de nombreuses explications sur la mise en scène, reprise en 1951 avec un nouveau prologue, est loin d'être aussi ambiguë que la pièce d'Anouilh. C'est le destin de l'Allemagne nazie, interprété de façon marxiste, qui y est inscrit en filigrane. Le sort de Kréon est celui de Hitler, installé au pouvoir, puis lancé dans une guerre impérialiste par la haute bourgeoisie (les Anciens), s'appuyant sur des sections spéciales et sur la hantise de la division pour maintenir son autorité, puis vaincu par une armée populaire, abandonné par ceux qui l'avaient commandité et s'efforçant finalement d'entraîner dans son désastre tout le pays. Antigone, elle, n'aura aperçu que trop tard l'exploitation de l'homme par l'homme qui fondait le pouvoir de sa famille, et sa révolte, fondée sur des motifs accessoires par rapport au fond du problème, aura seulement précipité la fin. La tragédie de l'homme, « pour lui-même monstre prodigieux », tient dans son aptitude à nier la véritable humanité, la nature du peuple. En montant ainsi *Antigone* (dans une adaptation de la traduction de Hölderlin, qui avait été jouée sous le régime de Hitler à plusieurs reprises), Brecht veut se distinguer à la fois des « routiniers », qui reproduisent simplement l'œuvre antique, faisant disparaître « la fraîcheur originelle de l'œuvre », et des metteurs en scène modernistes, qui se limitent à « des effets à sensation [...], surajoutés, imposés à l'œuvre », qu'ils falsifient en fait. Comme il l'explique dans sa préface au *Modèle d'Antigone 1948*, il commença par « rationaliser » l'œuvre et de prime abord, il fut plutôt déçu : il n'aurait pu sans commettre sciemment un contresens identifier Antigone et la Résistance allemande à Hitler. C'est pourquoi le prologue contemporain que Brecht ajoute ne peut que « donner au problème un accent d'actualité », sans plus. Toute la pièce de Sophocle se déroule « dans la sphère étrangère des puissants », loin du peuple ; mais c'est justement là qu'il trouva un intérêt essentiel à reprendre sa thématique : on comprend, dans ces heurts entre les puissants, « la signification du recours à la force quand l'État tombe en décadence ». C'est dans cette optique que Brecht propose un « modèle » très précis d'interprétation et de mise en scène pour une nouvelle *Antigone*. Signalons seulement que les comédiens doivent toujours être assis sur le plateau, exposés aux regards, et n'adopter seulement leur attitude de personnage qu'en rentrant dans l'aire de jeu, violemment éclairée, pour bien faire sentir aux spectateurs la distance qui subsiste, malgré l'adaptation, entre l'histoire d'Antigone et le sort des masses contemporaines.

Au terme de ce bref parcours, il est inutile de souligner la plasticité, non seulement des mythes, mais des drames antiques. Permettront-ils, outre les innombrables mises en scène qui, année après année, les font vivre dans le monde entier, de nouvelles époques de création ? Puisse cette étude ouvrir en tout cas l'accès à ces œuvres fondatrices et susciter le goût de les lire dans le texte original, parfois si difficile, mais, comme le dit un proverbe qu'affectionnaient Socrate et Platon : « Ce qui est beau est difficile. »

CHRONOLOGIE

534 : premier concours tragique aux Grandes Dionysies ; Thespis
526-456 : Eschyle
518-438 : Pindare
496-406 : Sophocle
    493 : Phrynichos, la *Prise de Milet*
485 : premier concours comique aux Grandes Dionysies ; victoire de Chionidès
484-406 : Euripide
484-420 : Hérodote
    476 : Phrynichos, les *Phéniciennes*
    472 : Eschyle, les *Perses*
        (première tragédie conservée)
        victoire du poète comique Magnès
472-399 : Socrate
    468 : Sophocle : *Triptolème* (première victoire de Sophocle)
468-400 : Thucydide
    467 : Eschyle, les *Sept contre Thèbes*
463 (?) : Eschyle, les *Suppliantes*
459-380 : Lysias
    458 : Eschyle, l'*Orestie*
    455 : Euripide, les *Péliades*
        (première participation d'Euripide au concours)
    453 : première victoire du poète comique Cratinos
    450 : première victoire du poète comique Cratès

**449 : premier concours d'acteurs tragiques
aux Grandes Dionysies**

445-385 (?) : Aristophane

445-43 (?) : Sophocle, *Ajax*

442 : Sophocle, *Antigone*

442-440 : premier concours comique aux Lénéennes

438 : Euripide, *Alceste*

436-338 : Isocrate

431 : Euripide, *Médée*

430-27 (?) : Sophocle, *Œdipe-Roi*

428 : Euripide, *Hippolyte*

428-348 : Platon

427 : première pièce d'Aristophane :
les *Banqueteurs*

426-355 : Xénophon

425 : Aristophane, les *Acharniens*

424 : Aristophane, les *Cavaliers*

423 : Aristophane, les *Nuées*.
Victoire de Cratinos avec la *Bouteille*

422 : Aristophane, les *Guêpes*.

421 : Aristophane, la *Paix*. Victoire d'Eupolis
avec les *Flatteurs*

415 : Euripide, les *Troyennes*

414 (?) : Euripide, *Héraclès furieux*

414 : Aristophane, les *Oiseaux*

413 (?) : Sophocle, *Électre*

412 : Euripide, *Hélène*

411 : Aristophane, *Lysistrata* (aux Lénéennes),
les *Thesmophories* (aux Grandes Dionysies)

410-409 (?) : Euripide, *les Phéniciennes*

409 : Sophocle : *Philoctète*

408 : Euripide, *Oreste*

405 : Aristophane, les *Grenouilles*
Euripide, *Iphigénie à Aulis*, les *Bacchantes*
(représentations posthumes)

405-330 : Antiphane

401 : Sophocle, *Œdipe à Colone*
(représentation posthume)

396-323 : Lycurgue

392 : Aristophane, l'*Assemblée des femmes*

388 : Aristophane, *Ploutos*

386 : première reprise d'une tragédie ancienne
aux Grandes Dionysies

384-322 : Aristote

384-322 : Démosthène

372-270 : Alexis

360-290 (?) : Diphile

342-292 (?) : Ménandre

339 : première reprise d'une comédie ancienne

338-326 : Lycurgue est administrateur général
des finances à Athènes

327 : première victoire du poète comique
Philémon

321 : Ménandre, la *Colère*
(première comédie de Ménandre)

316 : Ménandre, le *Dyscolos*

BIBLIOGRAPHIE

Cette bibliographie est sélective et vise seulement à introduire le lecteur intéressé aux études sur le théâtre grec.

OUVRAGES DE SYNTHÈSE

P.E. Easterling, J. Gould, E.W. Handley, B.M.W. Knox, D.F. Sutton, R.P. Winnington-Ingram, *Greek Drama*, éd. par P.E. Easterling et B.M.W. Knox, The Cambridge History of Classical Literature, I, 2, Cambridge University Press, 1989.

P.E. Easterling ed., *The Cambridge Companion to Greek Tragedy*, Cambridge, 1997.

A. Lesky, *Geschichte der Griechischen Literatur*, Berne, 1963 (*A History of Greek Literature*, Londres, 1966).

A.W. Pickard-Cambridge, *Dithyramb, Tragedy and Comedy*, 2ᵉ éd. revue par T.B.L. Webster, Oxford, 1962.

CHAPITRE 1. LA NAISSANCE DU THÉÂTRE

W. Burkert, « Greek tragedy and sacrificial ritual », *Greek, Roman and Byzantine Studies*, 7, 1966, 87-121.

P.E. Easterling, « Tragedy and Ritual », *Metis*, 3, 1988, 87-109.

F. Frontisi-Ducroux, *Le Dieu-masque. Une figure du Dionysos d'Athènes*, Paris, 1991.

R. Ginouves, *Le Théâtron à gradins droits et l'Odéon d'Argos*, Paris, 1972.

F. Stoessl, *Die Vorgeschichte des griechischen Theater*, Darmstadt, 1987.

CHAPITRE 2 LE THÉÂTRE GREC ANTIQUE

D. Bain, *Actors and Audiences. A Study of asides and related conventions in Greek Drama*, Oxford, 1977.

M. Bieber, *A History of the Greek and Roman Theatre*, 2ᵉ éd., Princeton, 1961.

M.H. Delavaud-Roux, *Les Danses dionysiaques en Grèce antique*, Publ. Univ. de Provence, 1995.

P. Ghiron-Bistagne, *Recherches sur les acteurs dans la Grèce antique*, Paris, 1976.

P. Grimal, *Le Théâtre antique*, Paris, Que sais-je ? (n° 1732), 1978.

J.-Ch. Moretti, *Théâtre et société dans la Grèce antique*, Le Livre de Poche (Références, n° 585), 2001.

A.W. Pickard-Cambridge, *The Dramatic Festivals of Athens*, 2ᵉ éd. revue par J. Gould et D.M. Lewis, Oxford, 1988 (éd. augmentée).

A.W. Pickard-Cambridge, *The Theater of Dionysus in Athens*, Oxford, 1946.

A.D. Trendall, T.L.B. Webster, *Illustrations of Greek Drama*, Londres, 1971.

T.B.L. Webster, *Greek Theater Production*, Londres, 1970.

Das griechische Drama, éd. par G.A. Seeck, Darmstadt, 1979.

Nothing to do with Dionysos ? Athenian drama and its social context, ed. John Winkler and Froma Zeitlin, Princeton, 1990.

Tragedy, Comedy and the Polis, éd. par A.H. Sommerstein, S. Halliwell, J. Henderson, B. Zimmermann, Bari, 1993.

CHAPITRE 3. LA TRAGÉDIE

Édition des fragments des auteurs tragiques : A. Nauck, *Tragicorum Graecorum Fragmenta*, 2ᵉ éd., Leipzig, 1964, S. Radt, *Tragicorum Graecorum Fragmenta*, Göttingen, 1977 (Sophocle), 1985 (Eschyle), R. Kannicht et B. Snell, Göttingen, 1981 (fragments *adespota*), A. Pearson, *The Fragments of Sophocles*, Cambridge, 1917. Il existe aussi plusieurs éditions commentées des pièces d'Euripide dont subsistent des vers assez nombreux pour qu'on puisse tenter une reconstitution, comme *Antiope, Hypsipyle, Phaéthon*, etc. Voir EURIPIDES, *Selected Fragmentary Plays*, edd. C. COLLARD, M.J. CROPP, K.H. LEE, t. I, Warminster, 1995. Une précieuse édition commentée, avec traduction française, des fragments d'Euripide est en cours de publication aux Éditions Les Belles Lettres (Collection Guillaume Budé), par F. JOUAN et H. VAN LOOY (deux volumes parus en 1998 et 2000 : *Egée, Eole, Alexandros, Alcméon, Alcmène, Alopè, Andromède, Antigone, Antiope, Archélaos, Augè, Autolykos, Bellérophon, Busiris, Danaè, Dictys, Epeios, Erechthée, Eurysthée, Les Moissonneurs, Thésée, Thyeste, Ino, Ixion, Hippolyte se voilant, Cadmos, Cresphonte, Les Crétoises, Les Crétois, Lamia, Licymnios, Mélanippe, Méléagre, Œdipe, Œnée, Œnomaos, Palamède, Les Péliades, Pélée, Plisthène, Polyidos, Protésilas*).

Il existe deux traductions françaises récentes de l'ensemble des tragédies grecques conservées : *Les Tragiques grecs* [Eschyle, Sophocle, Euripide, Théâtre complet avec un choix de fragments], traduction nouvelle, notices et notes de V.-H. DEBIDOUR, éd. avec une introduction générale et un dossier de P. DEMONT et A. LEBEAU, Paris, Le Livre de Poche, La Pochothèque, 1999.

Les Tragiques grecs [1. Eschyle, Sophocle. 2. Euripide], traduction nouvelle par B. DEFORGE et F. JOUAN, Paris, R. Laffont, Collection Bouquins, 2001.

On trouvera dans le volume III (1-2, 1988) de *Metis, Revue d'anthropologie du monde grec ancien*, deux longues bibliographies, établies par D. JAKOB, « Bibliographie sélective concernant Eschyle, Sophocle et Euripide (1500-1900) » et S. SAÏD, « Bibliographie tragique (1900-1988). Quelques orientations ».

J. ALAUX, *Le Liège et le filet, Filiation et lien familial dans la tragédie*, Paris, 1995.

P.D. ARNOTT, *Greek Scenic Conventions in the Fifth Century B.C.*, Oxford, 1962.

H.C. BALDRY, *Le Théâtre tragique des Grecs* (traduit de l'anglais), Paris, 1975.

W. JENS, *Die Bauformen des griechischen Tragödie*, Munich, 1971.

A. LESKY, *Greek Tragedy* (traduit de l'allemand), Londres, 2e éd., 1967.

C. Meier, *De la tragédie grecque comme art politique*, trad. franç., Paris, 1991.

J. de Romilly, *La Tragédie grecque*, Paris, 1970.

O. Taplin, *Greek Tragedy in Action*, Berkeley, 1978.

J.P. Vernant et P. Vidal-Naquet, *Mythe et Tragédie en Grèce ancienne*, tome I, Paris, 1972, tome II, Paris, 1986.

U. von Wilamowitz-Moellendorf, *Qu'est-ce qu'une tragédie attique ? Introduction à la tragédie grecque*, présentation et bibliographie de C. Noirot, traduit de l'allemand par A. Hasnaoui, Paris, Les Belles Lettres, 2001.

Eschyle

Édition et traduction des œuvres complètes par Paul Mazon, Paris, Collection des Universités de France, 1921-1925. La traduction de P. Mazon est reprise dans le volume de la collection Folio et, avec le texte grec sans apparat critique et une nouvelle annotation, dans divers volumes de la collection *Classiques en poche* des éditions Les Belles Lettres. Recueils d'articles : *Aischylos*, 2 vol. éd. H. Hommel, Darmstadt, 1974, et *Aischylos und Pindar*, éd. E.G. von Schmidt, Berlin, 1981.

V. di Benedetto, *L'ideologia del potere e la tragedia greca. Ricerche su Eschilo*, Turin, 1978.

J. Bollack et P. Judet de la Combe, *L'Agamemnon d'Eschyle. Le texte et ses interprétations*, Lille, 1981-82.

P. Judet de la Combe, *L'Agamemnon d'Eschyle. Commentaire des dialogues*, Lille, 2001.

B. Deforge, *Eschyle poète cosmique*, Paris, 1986.

M. Gagarin, *Aeschylean Drama*, Berkeley and Los Angeles, 1976.

A. Moreau, *Eschyle : la violence et le chaos*, Paris, 1985.

K. Reinhardt, *Aischylos als Regisseur und Theologe*, Berne, 1948, paru en français dans *Eschyle, Euripide*, Paris, 1972.

J. de Romilly, *La Crainte et l'Angoisse dans le théâtre d'Eschyle*, Paris, 1958 et *L'Évolution du pathétique d'Eschyle à Euripide*, Paris, 1961.

T.G. Rosenmeyer, *The Art of Aeschylus*, Berkeley and Los Angeles, 1978.

S. Saïd, *Sophiste et tyran, ou le problème du Prométhée enchaîné*, Paris, 1985.

B. Snell, *Aischylos und das Handeln im Drama*, Leipzig, 1928.

O. Taplin, *The Stagecraft of Aeschylus*, Oxford, 1977.

R.P. Winnington-Ingram, *Studies in Aeschylus*, Cambridge, 1983.

Sophocle

Édition et traduction des œuvres complètes par Paul Mazon, Paris, Collection des Universités de France (consulter le sixième tirage, revu et corrigé par Jean Irigoin, 1989 et suiv.). Recueil d'articles : vol. XXIX des *Entretiens de la Fondation Hardt, Sophocle*, Genève, 1982 et *Sophocle, le texte, les personnages*, éd. A. Machin et L. Pernée, Aix-en-Provence, 1993. La traduction de Paul Mazon est reprise dans le volume de la collection Folio et, avec le texte grec sans apparat critique et une nouvelle annotation, dans divers volumes de la collection *Classiques en poche* des éditions Les Belles Lettres.

Traduction d'*Antigone* de P. Mazon (sixième tirage, revu et corrigé par J. Irigoin), commentée par P. Demont, Le Livre de Poche n° 6909.

V. di Benedetto, *Sofocle*, Florence, 1983.

J. Bollack, *L'Œdipe-Roi de Sophocle*, Lille, 1990.

R.W. Burton, *The Chorus in Sophocles' Tragedies*, Oxford, 1980.

G. Germain, *Sophocle*, Éditions du Seuil, collection « Écrivains de toujours », 1969.

G.M. Kirkwood, *A Study of Sophoclean Drama*, Cornell U.P., 1958.

B. Knox, *The Heroic Temper. Studies in Sophoclean Tragedy*, Berkeley, 1964, et *Oedipus at Thebes* (sur *Œdipe-Roi*), 2e éd., Berkeley, 1966.

J. Lacarrière, *Sophocle dramaturge*, Paris, 1960.

A. Machin, *Cohérence et continuité dans le théâtre de Sophocle*, Québec, 1981.

K. Reinhardt, *Sophokles*, 2e éd. Francfort, 1941, traduction française, Paris, 1971.

C.P. Segal, *Tragedy and Civilization : an Interpretation of Sophocles*, Cambridge Mass., 1981.

C. Whitman, *Sophocles. A Study of Heroic Humanism*, Harvard U.P., 1951.

R.P. Winnington-Ingram, *Sophocles. An Interpretation*, Cambridge, 1980.

Euripide

Édition et traduction de l'ensemble de l'œuvre par P. Masqueray, L. Parmentier, H. Grégoire, F. Chapouthier et F. Jouan, Paris, Collection des Universités de France, de 1959 à 1983. Réédition des *Bacchantes* revue et corrigée par Jean Irigoin en 1995. Il existe aussi deux commentaires de cette pièce en français, par J. Roux, Paris, 1970, 2 vol. et par M. Lacroix, Paris, 1976.

Traduction de M. Delcourt-Culvers dans les deux volumes de la collection Folio. Certaines traductions de la Collection des Universités de France sont reprises, avec le texte grec sans apparat critique et une nouvelle annotation, dans divers volumes de la collection *Classiques en poche* des éditions Les Belles Lettres.

Il existe de très nombreux recueils d'études sur l'œuvre d'Euripide, dont le volume VI des *Entretiens de la Fondation Hardt* (Genève, 1958), *Euripides*, éd. E. Segal, New-York, 1968, *Euripides*, éd. E.R. Schwinge, Darmstadt, 1969, *Euripide*, éd. O. Longo, Milan, 1976, *Directions in Euripidean Criticism*, éd. P. Burian, Durham, 1985.

M. Cropp, K. Lee, D. Sansone edd., *Euripides and the tragic theatre in the late fifth century*, Illinois Class. St., 24-25, 2000.

R. Aelion, *Euripide héritier d'Eschyle*, Paris, 1983.

S.A. Barlow, *The Imagery of Euripides*, Londres, 1971.

V. di Benedetto, *Euripide : Teatro e societa*, Turin, 1971.

A.P. Burnett, *Catastrophe survived. Euripides' Plays of mixed Reversal*, Oxford, 1971.

D.J. Conacher, *Euripidean Drama : Myth, Theme and Structure*, Toronto, 1967.

J. Gregory, *Euripides and the Instruction of the Athenians*, Ann Arbor, 1991.

F. Jouan, *Euripide et les légendes des Chants Cypriens*, Paris, 1966.

M. Halleran, *Stagecraft in Euripides*, Londres et Sydney, 1985.

K. REINHARDT, *Die Sinnerkreise bei Euripides*, repris en français dans *Eschyle, Euripide*, Paris, 1971.

J. DE ROMILLY, *La Modernité d'Euripide*, Paris, 1986.

H. STROHM, *Euripides. Interpretationen zur dramatischen Form*, Munich, 1957.

G. ZUNTZ, *The Political Plays of Euripides*, Manchester, 1955.

CHAPITRE IV : LA COMÉDIE

Édition en cours des fragments des auteurs comiques par R. KASSEL et C. AUSTIN en cinq volumes (*Poetae Comici Graeci*), Berlin, 1983 et suiv.

J.-Cl. CARRIÈRE, *Le Carnaval et la politique, Une introduction à la comédie grecque suivie d'un choix de fragments*, Annales littéraires de l'Université de Besançon, Les Belles Lettres, Paris, 1979.

F.H. SANDBACH, *The Comic Theater of Greece and Rome*, Londres, 1977.

O. TAPLIN, *Comic Angels, and other Approaches to Greek Drama through Vase-Paintings*, Oxford, Clarendon Press, 1993.

Aristophane

Édition et traduction des œuvres complètes par V. COULON et H. VAN DAELE, Collection des Universités de France, Paris.

Traduction des œuvres complètes par V.-H. DEBIDOUR, Collection Folio, Gallimard et par P. THIERCY, La Pléiade, Gallimard.

Traduction de *Lysistrata* par A. WILLEMS, commentée par A. LEBEAU, Le Livre de Poche (n° 3126), 1996.

Étude sur Aristophane, *La Paix*, par Paul DEMONT dans *La Paix* [Un thème, trois œuvres], Paris, Belin, 2002.

Édition en cours des scholies d'Aristophane : *Scholia in Aristophanem*, sous la direction de W.J.W. KOSTER et D. HOLWERDA, Groningen, 1975 et suiv. (en cours de publication).

Étude bibliographique (années 1938-1955) par K.J. DOVER dans *Lustrum*, 2, 1957, p. 52-112.

V.-H. Debidour, *Aristophane*, Paris, Collection « Écrivains de toujours », Seuil, 1962.

K.J. Dover, *Aristophanic Comedy*, Londres, 1972.

V. Ehrenberg, *The People of Aristophanes*, Oxford, 1951 (seconde édition).

T. Gelzer, *Aristophanes der Komiker*, dans Real-Encyklopœdie, Suppl. XII, col. 1391-1570, 1970.

J. Henderson, *The Maculate Muse*, New-Haven, Londres, 1975.

N. Loraux, « L'acropole comique », dans *Les Enfants d'Athéna*, Paris, 1981.

G. Mastromarco, *Introduzione a Aristofane*, Roma-Bari, 1994.

P. von Moellendorff, *Grundlagen einer Ästhetik der Alten Komödie, Untersuchungen zu Aristophanes und Michail Bachtin*, Classica Monacensia, Bd 9, Gunter Narr Verlag, Tübingen, 1995.

C. Moulton, *Aristophanic Poetry*, Göttingen, 1981.

P. Rau, *Paratragodia*, Munich, 1967.

A. Solomos, *Aristophane vivant*, Paris, Hachette, 1972.

L. Strauss, *Socrate et Aristophane*, trad. franç., L'Éclat, 1993.

J. Taillardat, *Les Images d'Aristophane*, 2ᵉ éd. revue, Paris, Les Belles Lettres, 1965.

P. Thiercy, *Aristophane : Fiction et Dramaturgie*, Paris, Les Belles Lettres, 1986.

C. Whitman, *Aristophanes and The Comic Hero*, Cambridge, 1964.

Entretiens de la Fondation Hardt pour l'Antiquité classique, vol. XXXVIII : « Aristophane », éd. J.M. Bremer et E.W. Handley, Genève, 1993.

Les Cahiers de Fontenay, 17, 1979 (« Aristophane, les femmes et la cité », éd. par D. Auger, M. Rosellini et S. Saïd).

Aristophane : la langue, la scène, la cité, Actes du colloque international de Toulouse (17-19 mars 1994), éd. M. Menu, P. Thiercy, Levante editori, Bari, 1997.

Ménandre

Traduction complète des pièces et fragments conservés par A. Blanchard, dans : Menandre, *Théâtre*, texte traduit, présenté et annoté par A. BLANCHARD., Paris, Le Livre de Poche classique (n° 14302), 2000.

Édition et traduction par J.-M. JACQUES, Collection des Universités de France, Paris : *Samienne* (1971) et *Dyscolos* (2ᵉ éd. revue, 1976), *Le Bouclier* (1998).

Édition des pièces et fragments par F. H. SANDBACH, *Menandri Reliquiae Selectae*, Oxford Classical Texts, 1972 (commentaire de A. W. GOMME et F. H. S ANDBACH, Oxford, 1973).

Le texte de la première représentation publique du *Dyscolos* (juin 1959, Université de Genève) et l'adaptation, dirigée par A. Hurst, produite par la Radio suisse romande, de la *Samienne* et du *Bouclier*, sont réunis dans Ménandre, *Théâtre*, Éditions de l'Aire, Aigle (Suisse), 1981.

A. BLANCHARD, *Essai sur la composition des comédies de Ménandre*, Paris, Les Belles Lettres, 1983.

T.B.L. WEBSTER, *An Introduction to Menander*, Manchester, 1974.

Entretiens de la Fondation Hardt pour l'Antiquité classique, vol. XVI : Ménandre, éd. E. G. TURNER, Genève, 1970.

CHAPITRE V : APERÇUS SUR LA POSTÉRITÉ DU THÉÂTRE GREC

B. LE GUEN ed., *De la scène aux gradins*, numéro spécial de *Pallas*, Toulouse, 1997.

B. LE GUEN, *Les Associations de technites dionysiaques à l'époque hellénistique. I. Corpus documentaire, II. Synthèse*, Nancy-Paris, De Boccard, 2001.

B. LE GUEN, « Théâtre et cités à l'époque hellénistique », *Revue des Études grecques*, 108, 1995, p. 59-90.

ARISTOTE, *Poétique*, Introduction, traduction nouvelle et annotations de M. MAGNIEN, Paris, Hachette, Le Livre de Poche classique (n° 6734), 1993.

J.-Chr. DUMONT et M.-H. FRANÇOIS-GARELLI, *Le Théâtre à Rome*, Le Livre de Poche (Références, n° 549), 1988.

R. PFEIFFER, *History of Classical Scholarship*, Oxford, 2 vol., 1968 et 1976.

M. DELCOURT, *Étude sur les traductions des tragiques grecs et latins en France depuis la Renaissance*, Bruxelles, 1925.

R. Bray, *La Formation de la doctrine classique en France*, Paris, 1966.

R.C. Knight, *Racine et la Grèce*, Paris, 1949.

C. Biet, *Œdipe en monarchie : tragédie et théorie juridique à l'âge classique*, Paris, Klincksieck, 1994.

H.R. Jauss, « De l'*Iphigénie* de Racine à celle de Goethe », *Pour une esthétique de la réception*, trad. par C. Maillard, Paris, Gallimard, 1978 (1975).

S. Fraisse, *Le Mythe d'Antigone*, Paris, A. Colin, 1974.

G. Steiner, *Les Antigones*, trad. Paris, Gallimard, 1986.

Querelle autour de « La Naissance de la Tragédie », Écrits et lettres de F. Nietzsche, F. Ritschl, E. Rohde, U. von Wilamowitz-Möllendorf, R. et C. Wagner, trad. par M. Cohen-Halimi, H. Poitevin, M. Marcuzzi, Paris, Vrin, 1995.

C. Astier, *Le Mythe d'Œdipe*, Paris, A. Colin, 1974.

C. Stein, « Œdipe-Roi selon Freud », in : M. Delcourt, *Œdipe ou la légende du conquérant*, Paris, rééd. Les Belles Lettres, 1981, p. V-XXVII.

P. Brunel, *Pour Électre*, Paris, A. Colin, 1982.

H. Flashar, *Inszenierung der Antike*, Munich, 1991.

INDEX MYTHOLOGIQUE ET HISTORIQUE

N.B. : Les index qui suivent ne sont pas exhaustifs ; ils renvoient aux emplois jugés utiles pour la compréhension.

INDEX DES TERMES TECHNIQUES

INDEX DES PIÈCES DE THÉÂTRE ANTIQUES

Les folios en gras renvoient aux pièces résumées dans le texte.

TABLE

Composition réalisée par COMPOFAC - PARIS

Achevé d'imprimer en octobre 2008, en France sur Presse Offset par
Maury-Imprimeur - 45330 Malesherbes
N° d'imprimeur : 141249
Dépôt légal 1re publication : mars 1996
Édition 03 - octobre 2008
LIBRAIRIE GÉNÉRALE FRANÇAISE - 31, rue de Fleurus - 75278 Paris Cedex 06

42/0525/8